# El BDSM,

## un amor diferente

por

Cerinto

Dedico este libro a todos aquellos o aquellas para quienes el acto sexual es un acto placentero.

Mía es la puerta secreta. Soy la diosa amable que alegra el corazón de los hombres. Soy la Madre de todos los seres vivientes y derramo amor sobre la Tierra. Álzate y ven a mí, porque yo soy el alma de la Naturaleza que da vida al Universo. De mí proceden todas las cosas y a mí retornarán. Adoradme, oh, vosotros los afortunados, porque mis rituales son actos de amor y de goce. Yo hago brotar los capullos primaverales y esparzo la alegría entre las flores.

La Diosa Madre del Asia Menor

# Negación de responsabilidad

Parte del contenido de este libro se inspira en páginas web de Internet.

En caso de que alguien crea violados sus derechos de autor, bastará con hacérmelo saber para que yo borre inmediatamente el texto en cuestión.

# Introducción

Un libro es como un viaje; empieza con inquietud y termina con melancolía.

José Vasconcelos

**Ohne das Tier in uns wir sind kastrierte Engel.** *(Sin el animal que llevamos dentro somos sólo ángeles castrados)*

Hermann Hesse

*¡Tam multae scelerum facies!* (*¡Son tantos los rostros del crimen!* )

Virgilio, poeta romano

El bien y el mal no son 'constantes', sino 'valores funcionales', así que la bondad de las acciones depende de las circunstancias, y la bondad de los seres humanos de la habilidad psicotécnica con la que se explotan sus cualidades.

Robert Musil

El Todopoderoso lo castigó poniéndolo en manos de una mujer.

El Libro de Judith, la Biblia.


*Les peuples, la chair à canon amoureuse du canonnier.* (Los pueblos, la carne de cañón enamorada de quien la cañonea)

Victor Hugo


**Para escribir un buen libro, hay que tener ante todo algo que decir; y luego es preciso ser sincero y creer en lo que se hace.**

Champfleuri

# Contenido

# Guía del lector

Por orden de aparición se da a seguir la lista de los personajes principales de la obra

- MARIO/MARISA: La muerta.
- AMANDA PRATO: La investigadora
- MIGUELA ARROYO: su asistente
- MONCHO – Un comediante
- AGATA – Un travestido
- FISTO – Un cliente asiduo de Paddles-3
- BABY – Una joven de compañía
- COMISARIO GÓTICO – Un Amo
- GUSTAVO: Otro Amo
- MANUEL – Un presentador
- MADAME CELIA – La dueña de los clubes Paddles
- MARIO – Un muchacho infortunado
- ISA – Una compañera de clase de Mario
- ANTONIA, TONA – La hermana de Mario
- DAMIAN – Un primo de Mario
- DIANA MARTÍNEZ – La dueña de la tienda El Marica
- RONALDO – Un muchacho en la tienda
- MARTINA – Una empleada de la tienda
- PETRA – Otra empleada de la tienda
- CARLOS – Otro muchacho infortunado
- JUANITA – Una niña en la tienda

- MARTA – La hermana de Carlos
- PEPITO – Otro muchacho infortunado
- PETUNIA – Una señorita de compañía en Paddles-3
- ALFREDO – El aparca coches del club
- AMA NUÑA: Un Ama.
- AMA EMILIA: Otra Ama.
- JUAN, MOSES, RAIMUNDO: Esclavos de Emilia
- AMA MALVADA: Otra Ama
- CAROL GÓMEZ: Una cómplice de Madame Celia.
- JAIME OSTOS – Nombre falso de Carol Gómez
- MADAME EXTINCIÓN – Otra Ama

# Capítulo 1

## Se encuentra un cadáver y se empieza una pesquisa

Me aproximé al cadáver perfumado: desprendía un olor provocativo; un olor tan penetrante y convincente que no pude evitar olfatearlo como lo hubiera hecho un perro de caza adiestrado para el caso. Dilaté ávida las aletas de la nariz para no dejar escapar ningún efluvio que me pudiera poner sobre la pista de aquel muerto.

Yo conocía aquel perfume; ¿dónde lo había olido por última vez? También a mí me gustaba andar envuelta en un olor que aun siendo suave llamase la atención de todo el mundo. Me gustaba oler bien, me gustaba causar buena impresión y que los demás se volviesen a mirarme cuando pasaban por mi lado. Quizá era yo provocativa, como lo era aquel muerto que allí se presentaba, tal vez algo exhibicionista, a juicio de algún alma demasiado severa. Pero ahora no me correspondía analizarme, no era el mejor momento para hacerlo, tenía que bajar de las alturas del ensueño para enfrentarme a la realidad.

Una realidad que había comenzado aquella misma mañana, hacía pocas horas, cuando apenas despierta del tranquilo sueño y todavía desperezándome en la cama me había sobresaltado el estridente tono de llamada del teléfono móvil. No me apartaba de este aparato; lo tenía siempre al alcance de la mano y lo llevaba conmigo a sol y a sombra, como se suele decir, igual que si se hubiese convertido en un miembro más de mi cuerpo del que me hubiera sido difícil prescindir. Me había acostumbrado a él de tal manera que si por acaso lo perdiera o me lo robasen, me sentiría como desnuda en plena calle, expuesta a las incertidumbres de una vida en la que ya no se sabe qué hacer o que esperar. Una vida sin sentido ni orientación.

Estos pensamientos, extraños en mí, que soy una persona realista y tengo los pies bien plantados en el suelo, a lo menos es lo que me gusta creer de mí misma, me llevaron a preocuparme de si no estaría cayendo también yo en una adicción, eso que los entendidos llaman la adicción a la tecnología, tan preocupante hoy como cualquier otra de las más conocidas y clásicas, las drogas o el tabaco, el trabajo abrumador y sin sentido, el sexo a todas horas o cualquier otra costumbre más o menos apartada de lo convencional como por ejemplo comer en exceso o darse un atracón de dulces. Una adicción de nuestros tiempos, en suma, inconcebible para nuestros abuelos, que no comprenderían nuestra actual vida azarosa, el continuo ir de un lado a otro sin meta fija, el Internet, las redes sociales y todas esas cosas de las que puestos a hablar no se acabaría nunca.

Dejé de lado estas consideraciones tal vez fuera de lugar en el momento para concentrarme en lo que hacía. Cogí el teléfono, presioné la tecla verde y me lo arrimé al oído, no sin antes apartar de la cara el pelo que me lo estorbaba.

Aló, dije al micrófono; ¿quién me llama? Rogué que no fuese alguien que quisiese gastarme la broma de despertarme a aquellas horas, ni alguno que buscara vengarse de haber ido a la cárcel por causa mía como resultado de los casos que yo había resuelto hasta la fecha.

Por fortuna esta vez no se trataba de nada semejante. Me llamaban de la oficina para decirme que en las afueras de la población se había encontrado un cadáver y que debía darme prisa en acudir al lugar para llevar a cabo el examen primero exigido por el reglamento.

Dejad que me presente. Me llamo Amanda Prato y soy comisario jefe de la zona sur del Morrazo, la península que limita por el norte la ría de Vigo. Como se sabe, Vigo es una de las ciudades más populosas de la Comunidad gallega, que a su vez forma parte de la nación española que otros llaman España, sin darle más vueltas. Me corresponde acudir al lugar en que haya ocurrido un accidente, tomar nota de todo y, en suma, dar los primeros pasos para poner en marcha la complicada maquinaria oficial de una investigación policíaca.

Miguela Arroyo era mi ayudante, más joven que yo unos años y recién incorporada al Cuerpo; nuestros jefes la habían puesto a mis órdenes para que diera sus primeros pasos en la profesión.

Apagué la llamada, salté de la cama con rapidez, me vestí y arreglé a toda prisa, telefoneé a mi ayudante y tras dar un beso y un abrazo apresurados a mis dos hijos, que ese día no tenían colegio porque era sábado, conduje hasta donde vivía Miguela para recogerla al paso y dirigirnos luego las dos a la sede de la comisaría central de policía, recientemente ampliada y reformada; allí nos recibió nuestro jefe que nos puso al tanto de los detalles del caso y nos urgió a entrar en acción sin perder un minuto.

No esperamos a que nos lo dijera dos veces. Salimos pues, mi compañera y yo, del edificio y nos lanzamos raudas como otras tantas centellas al coche que nos aguardaba en el aparcamiento de las instalaciones; el farolillo azul intermitente estaba ya encendido y la sirena dispuesta a abrirnos paso en medio de la circulación de la ciudad.

La urgencia del caso no nos permitía tener en cuenta consideraciones tales como la incomodidad de los transeúntes, de modo que pisando a fondo el acelerador nos dirigimos a toda velocidad a nuestro destino.

A aquella hora temprana de la mañana el tráfico era escaso, de modo que enseguida llegamos al puente colgante de Rande que atraviesa la Ría de Vigo y luego enfilamos el que llaman corredor del Morrazo o vía rápida para distinguirla de la otra más antigua y lenta que se ciñe a la costa. Hacía poco que la habían construido y estaba como si dijéramos en período de pruebas, hasta el punto de que a menudo salía en los diarios y se volvía tristemente conocida por el número elevado de accidentes que en ella tenían lugar y que exigen corregir con retraso los defectos de trazado que los autores del proyecto técnico no han sabido o querido prever.

El caso es que por ella llegamos con rapidez al lugar de los hechos. Estaba en las afueras de Moaña, uno de tantos pueblos marineros de la costa norte de la Ría de Vigo frecuentados durante los meses del calor por muchos veraneantes que viviendo el resto del año en la Meseta acuden a Galicia a pasar sus vacaciones. El lugar del macabro hallazgo se hallaba a unas pocas centenas de metros de donde comenzaba el sendero peatonal ecológico que los residentes llaman de la Braña; se lo ha habilitado siguiendo el serpenteante curso del agreste río montañoso que baja de las cimas de la columna dorsal de la península del Morrazo y para aumentar el atractivo turístico de la zona se han recuperado varios de los antiguos molinos de agua, alguno de los cuales está todavía en funcionamiento para deleite y recreo de los visitantes.

Se adelantaron a recibirnos los dos números de la Guardia Civil que habían acudido los primeros tras haber sido avisados por el senderista que había hallado el cadáver y que no había podido decirles otra cosa que lo que saltaba a la vista. Había salido de casa para dar su paseo matinal acostumbrado por el sendero ecológico cuando se había topado de manos a boca con el desusado espectáculo. Los agentes habían tomado nota de sus datos, por si más tarde fuera necesario convocarlo para responder a las preguntas a que por ventura hubiera lugar, y sin más lo habían dejado marchar.

Nosotras, después de haber escuchado de ellos los pormenores de la primera impresión, nos aproximamos al muerto.

Como he dicho al empezar este relato, aquel cuerpo olía intensamente a Gabrielle No. 8; fue lo primero que me sorprendió en todo el asunto; de aquel muerto se desprendía un delicioso perfume cuyo encanto exquisito, delicado e indefinible, para decirlo con las palabras con que lo presentaba la publicidad, lo ponía al alcance de tan solo unos pocos que supieran lo que tenían entre manos, provistos además de abundantes medios económicos, dado el alto precio a que vendían el sofisticado producto las boutiques especializadas en él.

Además del aroma, sorprendía al espectador la ausencia de cualquier signo de violencia; la muerta parecía estar plácidamente dormida. A primera vista no se veía ninguna herida ni otra cosa semejante que llamase la atención. La visión del cadáver hubiera podido resultar incluso placentera. ¡Hay tanta paz y serenidad en el rostro de algunos muertos! No parece si no que se han dormido tan solo.

Siguiendo con lo que decía, añadiré que me tengo por una hábil y eficiente investigadora, como no dejarían de acreditar, si alguien quisiera tomarse la molestia de consultarlos, mis numerosos diplomas en las más prestigiosas Escuelas del ramo de detectives e inquisidores del planeta. Por ello habré de decir que los pechos de aquella víctima quizá propiciatoria, pues se la dijera una ofrenda a quien sabe qué dioses o seres que en la ocasión los sustituyesen, se alzaban abundantes y erectos, por no decir insinuantes (como si aún les durase el efecto de las caricias recientes) bajo el cendal de tul u organdí de una camisola diáfana que mal disimulaba y cubría su indiscutible encanto.

¡Qué envidiables redondeces! ¡Qué maduro atractivo! Y como a primera vista cabía apreciar, eran así tan sugerentes sin haber necesitado la concurrencia impertinente ni ayuda de inoportunos, por no decir peligrosos, implantes de la aborrecible silicona, que en lugar de realzar el natural producto sólo hubiesen contribuido a darle un desagradable toque artificial y mecánico.

Digo que aquella mujer entonces a la vista no parecía haberse aplicado implantes de silicona en los pechos, como muchas lo hacen en los tiempos que corren, porque no se veía en ellos la menor traza de una cicatriz que lo sugiriera. Por suerte para ella, la Naturaleza la había dotado con generosidad y ella no había tenido que recurrir para realzar sus encantos, como hubiera dicho algún cursi, a prótesis artificiales de ningún género.

Me costó un esfuerzo penoso dejar de contemplarlos con algo que tal vez se pareciera a la envidia, pues nosotras, las mujeres modernas y bien empleadas en una honrosa y honesta profesión tenemos a orgullo ser más lisas que tablas y más delgadas que los vulgares fideos, en lugar de estar sujetas como los demás mortales a las debilidades de las que, al contrario que nosotras, viven atrasadas; digo pues que tras haberme abismado en aquellos pechos preciosos por varios largos minutos que se me hicieron muy cortos, aparté suspirando la vista para mirar alrededor buscando otros detalles.

A nosotras, a Miguela y a mí, nos competía tan solo contemplar el escenario. De buscar y tomar huellas con el instrumental apropiado se encargarían los especialistas que ya habían sido llamados y en cualquier momento se presentarían en el lugar de los hechos.

Era el mes de octubre de un año cualquiera, un año como tantos otros, de los que en nada se hubiese distinguido, al menos en lo que tenía algo que ver con el orden público y las buenas costumbres, si no fuera la abundancia de sucesos sangrientos que por vez primera en la Historia, la más reciente en todo caso, ocupaban las últimas páginas de los periódicos del aquel tiempo convulso.

Hombres que sin razón aparente degollaban a sus mujeres y luego se suicidaban, entremezclados con algún caso que otro de mujeres que apuñalaban a sus maridos, novios que maltrataban de obra o de palabra a sus novias o compañeras sentimentales, madres que drogaban con Orfidal a sus hijas a las que habían adoptado en China y después las asfixiaban, padres que mataban a sus hijos pequeños y luego los quemaban en un horno artesano, en suma, un goteo cotidiano y perverso de asesinatos y muertes sin otra explicación racional que la necesidad de rellenar las páginas de sucesos de un diario cualquiera.

Había que continuar examinando aquella muerta. Seguí mirando el bulto. Se la había hallado en las afueras del pueblo, tendida boca arriba –en decúbito supino, según la jerga legal- y con las piernas abiertas más allá de la anchura de los hombros. Estaba tendida sobre un mullido lecho de musgo y doradas hojas otoñales que alguien le había dispuesto con delicado arte y cuidado, como si hubiera querido evitar asperezas e innecesarias molestias a aquel cuerpo que aun muerto no podía menos que parecer deleitoso. El lecho estaba encima de un montículo que se había levantado en una estrecha franja de terreno despejado a mitad de distancia entre el cañaveral que crecía en las márgenes del modesto río y los árboles y la abundante vegetación de ribera del monte contiguo. Todo aquello recordaba un ara o altar sagrado para una insólita ofrenda a quien sabe qué dios pagano de la antigüedad.

Los sotos o bosques de ribera se desarrollan junto a los cauces fluviales, como era el caso que teníamos entre manos, o donde el agua del subsuelo es superficial. Por lo general se los encuentra a lo largo de las orillas de los ríos, aunque también jalonando ramblas y arroyos. Su vegetación consiste ante todo en árboles como los chopos, álamos, sargas negras y más esporádicamente sauces blancos y fresnos; o arbustos como la sarga o sargatillo y los juncos.

Predominaban en éste en que nos hallábamos los altos alisos, que los lugareños llaman *amieiros*, los esbeltos sauces o *salgueiros* y algunos carballos, *castiñeiros* y *loureiros*, es decir, robles, castaños y laureles; todas ellas especies autóctonas del bosque típico gallego. Un extraño olor penetrante almizclado me distrajo por unos momentos la ocupada atención. Salía de un profundo agujero en el suelo cuyas características especiales lo señalaban como la madriguera de un tímido tejón. Era una cavidad estrecha y cilíndrica cuya entrada a medias oculta estaba cubierta por las hojas marchitas que sus ocupantes habían puesto allí con toda intención, pues de esa rústica manera protege a su prole en el tiempo de cría aquel humilde animal.

Para quienes por ventura lo ignoren, debo aclarar aquí que el almizcle es una sustancia grasa y untuosa que segregan algunos mamíferos, y cuyo olor intenso excita la concupiscencia; por ello se lo emplea como materia base de ciertos preparados cosméticos y de perfumería. Llamo aquí concupiscencia el apetito desordenado o difícilmente vencible de placeres sensuales o sexuales.

Prosigo. En el húmedo terreno se veía aún con toda nitidez las huellas que habían dejado quienes habían traído hasta allí a la mujer tan vilmente asesinada. Eran huellas diminutas, espaciadas y profundas que alfombraban el suelo blando arcilloso; recordaban las que dejan en el barro las patas de las gallinas o los picotazos que en un árbol hubiese dejado un pájaro carpintero de las inmediaciones.

A aquella temprana hora de la mañana volaban por allí numerosos pájaros; en su mayor parte mirlos y tordos. Me llamó la atención su algarabía, que me pareció desusada, como si aquellas aves humildes hubieran querido decirme algo al respecto de lo allí sucedido. Me pregunté si por acaso venturoso algún aficionado observador de ellas habría dispuesto en algún lugar escondido una cámara oculta que sin pretenderlo hubiese captado la escena de los asesinos en el momento de depositar el cuerpo inerte en aquel rincón apartado.

Tal cosa había sucedido en Enemigo Público, una película americana del actor Gene Hackman. En ella un aficionado que pretende recoger el comportamiento de las aves con una cámara disimulada entre la maleza, graba sin saberlo el asesinato de un congresista de los EEUU en la orilla de un lago, y de ser cierto que la realidad copia con frecuencia la ficción, nada hubiera impedido que hubiera sucedido igualmente en el caso presente.

Sin embargo, y aquí por desgracia, la costumbre de instalar cámaras de vigilancia en los lugares públicos para controlar el comportamiento de los ciudadanos no se había por el momento generalizado, mucho menos en los espacios abiertos de un bosque aislado como este en que ahora nos encontrábamos nosotras, como se había generalizado en los USA debido a las leyes promulgadas por el Presidente George Bush a raíz del suceso de las Torres Gemelas de Nueva York, en el que unos supuestos terroristas musulmanes al mando del árabe Bin Laden habían estrellado contra ellas sendos aviones de línea y provocado así la muerte de 3000 gentes anónimas, sacrificadas como en este caso, el crimen que me disponía a investigar, a dioses despiadados de la razón de Estado, que es lo mismo que decir del gobierno y la política de aquel modélico país conservador.

Rechacé con pena aquella fantástica ocurrencia para centrarme en los alrededores. En las pantanosas pozas cercanas nadaban cachazudos algunos patos, y de pie sobre sus finas patas alguna que otra garza pequeña oteaba el horizonte atenta a los movimientos inquietantes, quien sabe si amenazadores, del grupo de seres humanos que inesperadamente habían venido a perturbar la ordinaria quietud de aquellos solitarios parajes.

¡Qué extrañas calma y placidez las del ambiente!

Recurriendo de nuevo al cine, recordaban las del recogido prado inglés en el que David Hemmings, el fotógrafo protagonista de Blow Up, cinta del director italiano Antonioni distribuida en España con el título de Deseo en una mañana de verano, con un tele objetivo retrataba igualmente sin quererlo la preparación de un crimen, cuando de acuerdo con su amante de turno, Vanessa Redgrave trama asesinar a su marido, que en la intimidad del hogar aburguesado ha dejado de serle entretenida novedad.

Volviendo al cadáver allí de cuerpo presente, además de aquel intencionado catafalco o túmulo solemne en el que siguiendo algún extraño ritual tal vez de misa negra se la había depositado, llamaba la atención su indumentaria. A juzgar por la apariencia, no se trataba de una mujer cualquiera, como a bote pronto y sin pensarlo se hubiera podido esperar de alguien hallado a la incómoda intemperie, un vagabundo, una persona sin amigos ni familia, una suripanta de la mala vida, una sin techo, sin dirección ni domicilio conocido, cuyo cadáver nunca reclamaría nadie, dejada de la mano de Dios, o como se diría en una serie televisiva corriente americana, una fracasada y perdedora: ésta olía a buena posición social, a lujo y a dinero, a vida acomodada y fiestas orgiásticas nocturnas de lo mejorcito de la buena sociedad. Estaba bien vestida; su ropa era cara y de marca y me trajo de inmediato a la memoria la pasarela de moda de Donatella Versace que solo unos días atrás habían publicado a porfía las revistas especiales para el público femenino; en ella habían predominado el lujo y el glamour.

En el párrafo anterior y a propósito del catafalco o montículo en que se había hallado el cadáver, me he referido a las misas negras. Para aquellos que por acaso lo ignoren debo advertir que se llama misa negra aquella en la que la sagrada ceremonia de la misa se oficia del revés. El oficiante u oficiantes se la ofrecen al diablo en lugar de ofrecérsela a Dios; para ello emplean signos satánicos en lugar de los símbolos cristianos y en vez de consagrar el pan y el vino, consagran la sangre de un animal; a veces consagran incluso la sangre de una persona, porque las personas, igual que los brutos, son perecederas, que es lo mismo que decir condenadas a morir. Las misas negras pretenden burlarse de la ceremonia religiosa cristiana y ante todo del sacrificio de nuestro Señor en la cruz. En ellas se da importancia especial a la Hostia consagrada (el cuerpo de Jesús). Se la pisotea, se la mezcla con drogas o se la hace intervenir en actos sexuales.

En la mayoría de los grupos las ceremonias son puramente simbólicas; pero hay otros más radicales en los que el sexo y la violencia son fundamentales y se llevan a cabo violaciones y homicidios sangrientos.

Por lo general se las suele celebrar el 30 de abril y la noche del americano Halloween. Una mujer desnuda sirve como altar o ara de la ofrenda, porque ella es el mejor símbolo de un receptor pasivo natural y representa a la madre Tierra; a un lado de ella y al alcance del sacerdote se dispone sobre una mesa los demás utensilios. Recubriendo con tapices negros los muros de la cámara ritual se representa el poder del demonio y de las tinieblas. También se visten de negro los asistentes, los cuales llevan al cuello además unos amuletos en los que está grabado el Baphomet o el pentáculo tradicional de Satán.

Quizá os preguntéis con algo de fastidio qué cosa es un pentáculo, a lo cual yo os responderé como sigue: Un pentáculo (palabra que deriva del latín pentaculum) es una placa de metal grabada con símbolos mágicos que funciona como un amuleto contra enfermedades debidas al mal de ojo o provocadas por una mala conjunción de los astros.

En la antigüedad el principal símbolo grabado solía ser la estrella de cinco puntas, y de ahí que además de darle ese nombre se lo llamase también pentalfa, pentáculo o pentagrama. Rennet, Obispo protestante de Peterborough, una localidad poco conocida del centro de las islas británicas, decía sobre un pentáculo: "Dibujado o tatuado en una persona, señala los cinco lugares en donde el divino Salvador fue herido, y por lo tanto los demonios lo temen y huyen de él despavoridos".

Según el Diccionario, un pentáculo es un talismán u objeto mágico, por lo general en forma de disco y grabado con un pentagrama u otra figura con lo cual simbolizaría el elemento tierra.

Satisfecha la curiosidad del lector, añadiré que el Baphomet es un ídolo o deidad que los caballeros de la orden del Temple veneraban; una cabeza barbuda dotada de unos cuernos pequeños.

Tras haber echado una ojeada a los alrededores para empaparme bien del escenario y del ambiente me acerqué de nuevo a la mujer asesinada acabada de encontrar en aquellos parajes.

Ya habían llegado los especialistas; sacaron de sus mochilas todos los instrumentos necesarios para desarrollar su actividad y fui prestando atención a los detalles que ellos me iban señalando. Empezaron por hacerme observar los pantalones que vestía aquella mujer; eran unos pantalones que usan los jinetes, de la conocida marca Lexhis Aroa Competición mujer; su tejido era suave, ligero y duradero; se ajustaban y ceñían al cuerpo como una segunda piel y su cintura era baja, en especial adaptados para practicar la equitación aristocrática; su color beige que insinuaba el tostado hacía pensar en el verano y la cosecha, la abundancia y el derroche; tenía de fibras sintéticas la culera y estaban reforzados en la sugerente entrepierna, como suelen estarlo los de los militares.

Eran muy agradables al tacto, imitaban la piel del melocotón, y, al igual que un guante de cuero de cabrito nonato se ajustaría sin hacer ni una arruga a la mano que lo llevase, le moldeaban los sugerentes y bien torneados muslos que se adivinaba bajo ellos sin indicios de la atroz celulitis ni pizca de grasa en demasía; eran unos pantalones también dichos de piquillo, que se enfundaban en unas interminables botas negras, a las que, a juzgar por el modelo, había diseñado Úrsula Mascaró, la conocida empresaria de calzado de marca; unas botas especiales para ejercicios de doma y amaestramiento, de flexible y lustroso cuero en plena flor y forro de piel de ternera; le llegaban hasta la rodilla y terminaban en agudos e interminables tacones de aguja, extrañamente inmaculados dadas las circunstancias del agreste lugar circundante; unos tacones insólitos que sugerían a su vez los ritos reservados de algún culto esotérico propio de tan sólo algunos iniciados selectos.

Unas espuelas inglesas dichas de contacto, príncipe de Gales, pavonadas, de gallo recto de 3 cm y de estrella redonda lisa, completaban el atuendo de aquel sugerente cadáver. Como se sabe, el jinete clava las espuelas en los ijares del caballo para que el dolor lo obligue a ir más rápido.

No me era desconocido lo que estaba viendo. En otra que no fuera yo, estos conocimientos podrían parecer desusados, si se tiene en cuenta la profesión que ejercía, una comisario de investigación criminal; pero la cosa se explica con facilidad; mis padres, que en gloria estén, paz a su alma, deseaban que su única hija, la niña de sus ojos, hiciese carrera en la vida, y por otra parte podían permitírselo, pues no les faltaban los medios económicos para aspirar a una situación mejor que la suya; por ello me habían inscrito cuando adolescente recién salida de un estricto colegio de monjas, en un club de equitación para gentes que ascendían en la escala social.

Por arriba, la mujer muerta vestía una camisola o blusa de lienzo delgado, como la que las gentes de categoría suelen llevar sobre la lencería; esta blusa le cubría los prominentes pechos, que para unos ojos masculinos resultaban incitantes; unas puntillas y encajes de rara factura, le guarnecían los puños y la abertura del pecho.

Se parecían mucho a los encajes llamados de Camariñas, la región de la Galicia española que ha ganado fama merecida gracias a esta industria artesana. Sobre ella, sobre la blusa, llevaba un chaleco de piel vuelta que por lo inusual y exclusiva hacía pensar en algún raro animal tal vez en peligro de extinción; y para rematar el conjunto una bien cortada levita de caza, de terciopelo y color ala de mosca, estampada con bajo relieves y entallada en la apetitosa y triunfante cintura, todo lo cual remataba con arte el cuadro singular a la vista.

A continuación, la cabeza. Asimismo su pelo era digno de admiración; una espesa y reluciente mata de cabellos dorados que todas las mañanas, si se echaba a volar la imaginación, alisaría con rara y delicada destreza una experta doncella mediante un cepillo de empuñadura de nácar. Hoy se los cubría con un leve y coqueto sombrerito de caza tipo casco de montar, de la firma Balenciaga, sin que faltara la pluma obligada en estos casos, una pluma de marabú sofisticada. Según los entendidos, el marabú o boa de plumas tiene una indiscutible carga erótica.

Era una mujer bien parecida, no cabía duda, por no decir más que hermosa y en la flor de la edad. Ciertamente no se podría decir que se trataba de una mujer de su casa, dedicada a sus labores y al cuidado de su hogar, su marido y sus hijos. Traté de imaginármela en su vida diaria. ¿Qué me sugería? Una mujer que seguramente a los 20 años había abortado, a los 30 se había casado con alguien que le doblaba la edad y la había quitado de apuros; que alcanzados los 40 y por guardar las formas y quedar bien ante sus conocidos se decidiría a tener el primer hijo para darlo luego a criar a un ama tal vez pasiega y que a los 50 se divorciaría, para ser libre por fin y dueña de hacer lo que le viniera en gana.

Dejé a un lado la caprichosa fantasía y me fijé en la disposición de sus miembros; era algo que llamaba igualmente la atención, como si el asesino o asesinos tal vez, hubiese querido sugerir con ella alguna cosa, algo así como transmitir un signo inteligente a quienes la descubrieran, una especie de marca de fábrica o firma de autor, el guiño intencionado de alguien que desea dar señales de sí, pasar a la posteridad, dejar huella visible en el suceder de los iguales monótonos días.

Como ya he dicho, estaba boca arriba y a ambos lados de la maciza figura abría los dos brazos, con las palmas de las manos abiertas igualmente hacia arriba en el gesto común de quien ofrece alguna cosa. También se abría obscenamente de piernas, como para complacer sumisa al mirón tal vez perverso que con la imaginación pensase poseerla.

A la derecha del cuerpo se extendía una fusta caprichosa hecha de materiales escogidos; le realzaban el mango unos extraños signos grabados a fuego con la luz de un láser especial, según más tarde descubrirían los expertos; entre ellos parecía destacar una espiga de trigo; un ornamento que llamaba la atención en estas circunstancias porque lo habían lucido las modelos de la pasarela de moda que había celebrado Infraleve por las mismas fechas que el otro de Versace.

En ambas muñecas llevaba ajorcas o esclavas de oro y platino engarzadas en coral, lo que conducía a descartar como móvil del crimen cualquier robo vulgar. Eran de Tiffany & Co. la joyería más prestigiosa de los Estados Unidos y de referencia en el mundo entero. De ser ciertas las habladurías del cine, en el papel de Holly Golightly, el personaje famoso de la película Desayuno en Tiffanys, la actriz Audrey Hepburn se refugiaba bajo el resplandor de las joyas de la legendaria firma para superar un mal día.

Al cuello un collar de cuero, provisto de ganchos y adornado con púas, y pendiente del cinturón, de cuero repujado, un reloj Patek Philippe, la marca suiza de relojes de lujo no menos famosa.

Como ya he dejado apuntado más arriba, del conjunto se desprendía una seductora fragancia a Gabrielle número 8, un perfume equilibrado, elegante y sensual, con facetas contradictorias e impulsos carnales y púdicos, de atenernos a la cuidada publicidad de aquel producto. Un perfume de mujer con aroma de mujer, tal como en el momento de su creación lo había definido la diseñadora de moda Gabrielle Chanel, fundadora de la conocida firma que llevaba su nombre. Lo que indicaba que el cadáver era reciente, se lo había depositado allí aún no hacía mucho y la intemperie y los elementos naturales no habían tenido tiempo de disipar los enervantes efluvios.

Estaba cuidadosamente maquillada y en el rostro le resaltaban los labios carnosos, lo que llevaba a pensarla una adicta al botox. Por otro lado la tersura de la piel sugería que en fecha aún reciente se hubiese sometido a una sesión de esculpido del cuerpo, una cirugía sin cirugía para remodelar la silueta, reducir la celulitis y atenuar la flaccidez, como aseguraban los que de aquello entendían.

La falta absoluta de vello o de cualquier sospecha de bozo en el labio superior apuntaba a que se hubiese también depilado, con el seguro y cómodo láser de diodo muy probablemente, el mejor para eliminar el pelo del cuerpo -decía la publicidad de la clínica en que la operación se llevaba a cabo.

Sobre la base de mi modesta experiencia y habida cuenta del modo en que la piel aún juvenil reflejaba la luz de la temprana mañana, yo hubiera apostado a que aquella mujer se había aplicado al terso rostro una crema hidratante triple acción Ideal Resource, de Darphin Paris. Hubiera sido lo más indicado.

En el dedo anular de la mano derecha, ya de por sí cosa extraña, dado que por lo general se los pone en la izquierda, llevaba un anillo de Emporio Armani cuya forma y características me llamaron fuertemente la atención.

Era una extraña sortija de hierro, revestida por dentro con una anilla de oro, sortija cuyo engaste, ancho y pesado, como el de un anillo pero algo más abultado, llevaba incrustado también en oro el dibujo de una especie de rueda de tres radios en forma de espiral, parecida a la rueda solar de los celtas. De momento lo dejé de lado con la intención de ocuparme de él más adelante y con mayor detenimiento

A un costado había un bolso de pana y piel de la marca Luella Bartley, adornado con imágenes de escenas de caza. Por si alguien no lo sabe, Luella Bartley es una famosa estilista británica que tras haber colaborado en Vogue y otras revistas de moda no menos glamurosas, se había metido de lleno en el mundo de la creación y en fecha reciente había lanzado en el mercado un modelo de bolso llamado Giselle que había subido al primer puesto de las listas de ventas con inusitada rapidez en lo que a los complementos del vestido se refiere.

Completaban el atuendo del personaje notable unos cascos sin música pendientes del cuello y a modo de adorno un colgante de plata Complete Technique, con forma de auricular, igualmente decorado con la rueda solar mencionada más arriba. Para protegerse del frío reinante se cubría las manos con unos guantes de lana y piel, de Barbour.

Y llevaba en el bolsillo un Smartphone de la generación más reciente, con pantalla táctil de 3 pulgadas, wifi y cámara de fotos de 2 megapíxeles; un teléfono de ayer y de hoy, como hubiera dicho un comercial de la marca encargado de vender el producto, nada mal si se atiende a lo que por término medio llevamos quienes hemos de hacer números para llegar a fin de mes.

¡Ahorra y vive mejor! Nos dice la publicidad, para animarnos a comprar en estos tiempos de crisis. Es un eslogan supuestamente eficaz, pese a que pueda parecer contradictorio a una mente analítica, puesto que mal se puede hacer economías comprando cualquier gadget o artilugio moderno que no es imprescindible ni lo echaríamos de menos si nos faltase. Pero así es el mundo en el que nos toca vivir, como diría un filósofo.

También la rica melena estaba partida en bandós o mitades iguales, cada una de las cuales se doblaba asimismo en ángulo recto y sus extremos apuntaban hacia arriba. Y por último los dos faldones de la levita se doblaban también a ambos lados del cuerpo y apuntaban hacia arriba. Si tenemos en cuenta que a las 9 de aquella fría mañana otoñal la cabeza apuntaba en línea recta hacia el Este, al sol que en aquel momento salía y la ciudad santa de Jerusalén, no será de extrañar que lo primero que me vino a las mientes fue el Menorá, el candelabro ritual de los siete brazos característico de las sinagogas judías. Se lo usa en el Hanukka o festival de las luces que en el calendario judío tiene lugar a finales de noviembre o diciembre y con cuya vela del centro se enciende las seis laterales.

Volviendo al cadáver de la mujer misteriosa, hallado justo al final del otoño y comenzar el invierno, en efecto, en la distribución de los brazos y piernas que con el pelo, la cabeza y los hombros y el traje formaban una figura extrañamente simétrica había algo que lo sugería.

Aquí haré un aparte para reproducir la noticia del macabro hallazgo tal como la habían publicado los diarios principales de la Comunidad.

# Prefacio

1º de abril de 2011: Un senderista descubre un cadáver en el río Fraga. La Guardia Civil aguarda los resultados de la autopsia ya que el cadáver no ofrece ninguna pista significativa.

La brigada de la Policía Judicial de la Guardia Civil ha abierto una investigación para esclarecer un macabro hallazgo realizado por un senderista que recorría el río de la Fraga. En este río, también llamado *dos ladróns*, nacido en Gorgollóns, en la península del Morrazo, al otro lado de la ría de Vigo, a 610 m de altitud en el monte Xaxán, se juntan las aguas de la cuenca hidrográfica más importante de Moaña. Hace de frontera natural con la parroquia de Meira y a lo largo de sus 6,7 km de longitud se desliza entre frondosos bosques, hasta la playa que llaman *As Xunqueiras*.

Los hechos se produjeron en torno a las nueve de la mañana del pasado fin de semana, cuando un testigo dio aviso al 112 de que había encontrado unos restos en un tramo de este parque natural que se extiende por los términos municipales de Moaña y Meira. El cadáver, que ayer por la mañana fue trasladado al Instituto Anatómico Forense de Vigo no ha ofrecido por el momento ninguna pista sobre la identidad de la víctima, según manifestaron a este diario fuentes del Instituto Armado, que dijeron estar a la espera de que la autopsia, prevista para hoy, pueda facilitar algún dato de relevancia para la investigación.

Según los datos de que hasta el momento se dispone, la víctima se encontraba al borde de un prado a unos cientos de metros de la desembocadura del río. De hecho, fue el Grupo Especial de Intervención en montaña de la Guardia Civil, el GREIM, quien ayer se desplazó desde su base hasta este paraje natural para recoger los restos humanos y trasladarlos en la correspondiente bolsa de plástico desde la zona en la que fueron hallados hasta las proximidades de la costa; aquí una forense y un secretario judicial se hallaban a la espera para dar cuenta del levantamiento del cadáver y su posterior traslado hasta el Instituto Anatómico de Vigo, donde se le practicará la autopsia.

Dado que debido a la falta de indicios claros es difícil extraer unas primeras conclusiones sobre la víctima, la Guardia Civil mantiene abiertas todas las líneas de investigación y no descarta ninguna hipótesis. Sin embargo, fuentes policiales señalaron ayer a este diario que por el momento lo más probable es que se trate de un senderista que caminara solo y fuera asaltado por una banda de delincuentes, quizá en un ajuste de cuentas por alguna antigua fechoría. Aunque tampoco se descarta cualquier otra posibilidad y se cotejará los datos de que se disponga con los de otras desapariciones denunciadas en la provincia, por si estos pudieran ofrecer posibles pistas sobre la identidad de la víctima.

Asimismo, alguno ha sugerido que lo extraño del caso es que nadie hubiera localizado antes el cuerpo, si se tiene en cuenta que dado el lugar en que se lo ha encontrado difícilmente pasaría desapercibido, ya que a diario recorren el sendero del río Fraga cientos de aficionados a las rutas naturales.

# Capítulo 2

## Las herramientas con las que se investiga un crimen

Habíamos completado el primer examen visual del escenario del crimen, el examen in situ, en el lugar del suceso, y ahora había que levantar el cadáver y llevarlo al Instituto Anatómico Forense para que allí se lo examinara a fondo y se le hiciera la autopsia siguiendo el protocolo oficial.

Los especialistas se afanaban en torno.

En toda investigación criminal se aplica una rutina o protocolo convencionales. Una vez hallado un cadáver, el proceso que se siga dependerá del tiempo transcurrido desde la muerte. Lo primero que se hace es identificarlo visualmente, que dicho en términos sencillos significa mirarlo con atención. Si el cadáver es reciente, como lo era en el presente caso, es decir, si hace poco que la persona ha muerto y no se aprecia en él ninguna señal de descomposición, se lo examina a ojo con el máximo cuidado para recoger minuciosamente y retener en la memoria y anotar sus características particulares. Es lo que habíamos hecho mi compañera y yo tal como se lo describe en el capítulo anterior. Si el cadáver no es reciente y la persona ya lleva muerta varios días y está más o menos irreconocible, hay que examinarlo de manera diferente y para ello se observa y toma nota de los rasgos generales, el sexo, la estatura, el cabello, y en resumen todo lo que pueda contribuir a identificarla.

Después del examen visual cuidadoso viene el de sus pertenencias personales y demás objetos presentes en la escena, para ver de descubrir en ellos algún detalle que pueda caracterizar a la víctima, como por ejemplo la forma o material originales e insólitos de algún anillo o pulsera, de un pírsin, de un colgante, collar o gargantilla y en general de cualquier otro objeto que por algún motivo parezca sobresalir del conjunto; también se atiende al corte y modelo de las prendas de ropa y a su calidad, para averiguar su procedencia, así como a las etiquetas que por acaso llevasen, del taller en que se las hubiese confeccionado o de la lavandería o tintorería por las que tal vez hubiesen pasado, con especial atención a si se las halla en algún idioma determinado que no sea el propio del lugar del hallazgo, si por alguna razón se sospecha que el muerto no pertenece al país o la comunidad donde se lo ha encontrado. Son elementos que si bien no descubren su identidad, ayudan a establecerla.

En la actualidad y gracias al progreso de la técnica, la policía científica dispone de otras herramientas, antes impensables, para ver incluso lo más oculto a la mirada común. Se las usa para descubrir las trazas que un criminal pueda haber dejado en el lugar del delito. No solo las clásicas huellas digitales o las del calzado, también otros indicios casi invisibles que las nuevas tecnologías descubren. Las técnicas químicas, biológicas, electrónicas, nuevos instrumentos de pesquisa, ponen al alcance del investigador muchos más indicios que antes para aclarar lo sucedido. No solo importa individualizar el DNA o cualquier otra traza química, sino también relacionar unos con otros los detalles y unirlos mediante razonamientos que permitan luego hallar la solución del caso.

Analizar la escena del crimen es parte fundamental de la investigación y la mayoría de las veces resulta determinante para resolverlo. Las labores del Departamento se inician tan pronto llega a la central el aviso de que algo ha sucedido. Por poner un ejemplo corriente de entre los muchos que pudieran presentarse: "Central, estamos en el lugar, hay una pistola dentro del coche, se ve trazas de manchas, pedimos la ayuda del servicio técnico para tomarlas" —hubiera dicho el funcionario encargado del caso.

Proteger el lugar del suceso es muy importante. No se debe tocar nada ni moverlo de sitio o quitarlo antes de llevar a cabo todos los procesos técnicos y científicos pertinentes. Se toma en consideración cualquier detalle, aun el más insignificante. Con atención y método se busca las huellas digitales. Señalados los lugares u objetos en los que pueda haberlas, se los tratará con cautela, para no contaminar la superficie

Por medio de sustancias reactivas particulares se pone al descubierto la firma del criminal. Aquí los expertos leen lo que nadie lograría ver a simple vista. Además de los elementos evidentes, tales como cuchillos, pistolas y otros objetos igualmente obvios, importa buscar trazas de los invisibles, tales como las huellas digitales, las trazas biológicas, líquido seminal, la saliva, todos ellos de primer orden en una investigación.

El análisis cuidadoso de este material da al investigador muy buena información que a veces lo pone en el buen camino para descubrir lo que busca. Se examina la pistola, si la hay, con la luz especial de unas lámparas que emiten radiaciones electromagnéticas. Con polvo dactiloscópico se pone de relieve las improntas de los dedos sobre el cargador, que a seguir se exportan mediante una tira adhesiva.

Se llama AFIS el sistema automático de identificación de huellas dactilares. Es un programa de ordenador que compara en un santiamén las huellas halladas por acaso en el lugar de un crimen con las que almacena en el disco duro. Si hay alguna coincidencia, la señala.

Una vez se disponga de las huellas y de cualquier otra traza, lo primero es consultar una base de datos que contiene más de 70 millones de ellas. Hubo un tiempo en que de una mancha de sangre, del tamaño de una moneda corriente, se conocía el grupo sanguíneo de un sujeto, lo que permitía excluirlo de un delito, pero no indicarlo como el autor. Hoy, de una traza infinitesimal invisible a simple vista se puede obtener con certeza el perfil de un sujeto y de ahí dar un gran paso en la investigación. En lo que respecta a las trazas hemáticas los operadores disponen del luminol, una sustancia química que revela incluso manchas microscópicas. Es tan sensible que puede poner de manifiesto la sangre aunque no sea visible.

Las huellas digitales son determinantes. Las leyes europeas obligan a todos los países a guardarlas con los documentos de identidad correspondientes. Son únicas, no hay dos personas que las tengan iguales. El perito dactiloscopista debe buscarlas en el lugar de los hechos a poder ser sin que se lo haya alterado, pero aun modificado cabe encontrar algún elemento dactilar susceptible de estudio, una vez descartados los vecinos y todo aquel que haya estado allí y se haya registrado su presencia.

Son impresiones digitales latentes las que voluntaria o involuntariamente se deja estampadas al tocar un objeto; los vestigios ocultos que dejan los pulpejos de los dedos, las palmas de las manos y las plantas de los pies sobre cualquier objeto pulido con el que entren en contacto o simplemente rocen. Las producen los depósitos incoloros de grasa y sudor que generalmente cubren la epidermis de los dedos. Pueden ser visibles o invisibles, positivas o negativas; son positivas las de los dedos manchados de una materia colorante (visibles) o húmedos por el sudor (invisibles), mientras que las negativas son las impresiones en una sustancia plástica (cera, chicle, etc.).

Hay tres clases de huellas dactilares:

a) Las huellas moldeadas se producen por el simple contacto con superficies blandas o flexibles y quedan impresas legiblemente. Las superficies blandas pueden ser: chicle, cera o parafina, jabón, mantequilla, etc. Generalmente en estas huellas no se puede emplear el revelador, sólo se podrán tomar fotografías.

b) Huellas dactilares visibles son las que un delincuente deja en el lugar; pueden estar impregnadas de una sustancia colorante como sangre, pintura o polvo mezclado con sudor. Los delincuentes suelen ensuciarse las manos al entrar en la casa-habitación y dejan un sedimento de mugre en los marcos de puertas y ventanas. También un homicida puede mancharse de sangre los dedos si hay lucha y dejar huellas digitales visibles en todo lo que toque. Hay que fotografiarlas.

c) Las huellas dactilares latentes son aparentemente invisibles, pero la iluminación indirecta las deja ver, más no lo suficiente como para estudiarlas, por lo que se les aplica reactivos que las hacen surgir de inmediato. Se las encuentra en objetos lisos tales como vidrios, platos, vasos, botellas, espejos, porcelana, cajas de caudales, muebles de madera barnizados, armas, cofres y muchos otros objetos pulimentados.

En lugares y objetos cuya superficie es áspera, porosa o absorbente, se revela las huellas latentes mediante polvos finos, pero éstos manchan el fondo; conviene usar nitrato de plata, yodo metálico y otros reactivos químicos. Así se las ha revelado en objetos de madera sin pintar, tales como cajas, barriles, escaleras, mangos de martillos y hachas, etc; en objetos de papel como cartas, cheques, cajas de cartón y otros objetos semejantes, y en camisas, cuellos, pañuelos, sábanas y otros.

Las impresiones dactilares latentes demuestran que el presunto criminal ha estado en el lugar de los hechos, o ha tenido en sus manos un objeto determinado, por lo cual nadie debe tocarlo, si no es el especialista, quien deberá usar guantes y tomar precauciones para no borrar huellas o dejar las suyas propias.

La dactiloscopia es factible e infalible. En innumerables ocasiones se ha demostrado su superioridad sobre los métodos del pasado, tales como marcas, tatuajes o cicatrices, ropas distintivas, fotografías o la antropometría, y hasta la fecha, no se tiene dato o registro de haber encontrado a dos personas con características dactilares idénticas.

Igualmente es única la geometría de los dientes, lo mismo que sus defectos y las correcciones que se les haya aplicado, por lo que se procede a hacer un estudio odontológico de la persona, para determinar si en su lugar de procedencia seguía algún tratamiento o si llevaba prótesis dental o relleno en la boca.

También se recoge muestras para luego determinar el ADN, si a ello hubiere lugar. De una célula cualquiera de un cabello, de otro material orgánico o de la sangre se consigue la secuencia genética de un individuo. En el laboratorio se le extrae el DNA. El núcleo de los miles de millones de células del cuerpo contiene 46 cromosomas y sus genes; bastan algunos fragmentos; son una tarjeta de identidad completa, imposible de falsificar. No hay dos individuos que tengan el mismo DNA, por lo tanto se puede identificar a quienquiera que sea a partir de su propia cadena de bases.

Una investigación científica es un mundo de tecnología puntera. Pero sólo el operador podrá vislumbrar, entre centenares de imágenes, el detalle revelador.

Se buscará a fondo y con método, sin omitir ningún sitio en el que se pueda encontrar algún elemento de estudio.

En esto como en todo lo demás, los descubrimientos recientes desplazan a los que los han precedido, de modo que éstos últimos van quedando arrinconados y son sustituidos por los nuevos más eficaces.

Así hace poco tiempo se ha descubierto los llamados topógrafos corneales, algo así como un mapa de la cara interior de la córnea del ojo y de la cara exterior. De ellas, la cara interna no es modificable y por ello es más segura para identificar a una persona que los métodos que se ha venido utilizando hasta el momento.

# Capítulo 3

## El forense examina los restos

En el caso que mi compañera y yo teníamos entre manos, en ninguna ficha de que las autoridades dispusieran figuraban las huellas dactilares de la muerta. Y mucho menos los mencionados topógrafos corneales, que todavía estaban en fase de prueba antes de que se los aplicase en general a los casos corrientes.

Y en cuanto a la ropa, parecía que alguien se hubiera preocupado en descoser de ella todo lo que pudiera facilitar la identificación de la dueña. Sólo destacaba la buena calidad de los tejidos y su corte exquisito, lo que junto a su naturaleza infrecuente, pues en el lugar en que se la había hallado, la equitación no era un deporte popular o común, apuntaba a un nivel social y recursos económicos por encima de la media. Eso reducía bastante las posibilidades y nos indicaba por dónde debíamos empezar la indagación, a saber, por la gente ociosa y de posibles.

La gente capaz de permitirse comprar los complementos diversos que se había hallado en el cadáver y en los que algunos indicios parecían por lo menos prometedores. Además de su diseño original, que apuntaba tal vez a grupos o particulares congregaciones y sectas, todos ellos eran objetos caros y de marcas famosas, únicamente asequibles a gentes para quienes el dinero no representara un problema, de modo que siguiéndoles la pista tal vez nos llevasen en la buena dirección.

Por otro lado, el lugar en que se lo había hallado, disimulado o mal oculto entre la maleza a la orilla de un arroyo provinciano, aunque no demasiado alejado de la población del entorno, hacía pensar que el asesino o asesinos no andaban lejos, dado que aparentemente no habían dispuesto ni del tiempo suficiente para ocultarla mejor, ni de los medios para transportarla a un sitio remoto en que se hiciera difícil hallarla. Por el contrario, todo el montaje apuntaba a que se la había querido dejar poco menos que en evidencia y donde cualquier caminante o senderista dominguero pudiera hallarla sin dificultades. No hay que olvidar tampoco el aspecto simbólico de la mise in scene (puesta en escena), al que ya me he referido y que hacía pensar en un rito satánico o algo parecido.

Debidamente levantado el cadáver siguiendo el protocolo establecido y llevado a la morgue de la ciudad capital, había que proceder a examinarlo con más detenimiento en busca de las señales corporales a las que ya me he referido y que pudiesen ayudar a identificarla, tales como lunares, verrugas, antojos, cicatrices quirúrgicas, las marcas dejadas por antiguas lesiones, deformidades a primera vista ocultas, vello indebido en las partes del cuerpo ordinariamente lampiñas y otras características por el mismo estilo.

Según el forense que hizo la autopsia, la mujer había muerto sofocada, como si alguien le hubiese cubierto la cara con una almohada o cualquier otro objeto blando y voluminoso que le hubiese impedido respirar. Cosa extraña, parecían faltar todos los otros síntomas de sofocación que se dan en casos semejantes y se hallan bien documentados en la bibliografía al respecto; no se apreciaba señal alguna de congestión facial o cianosis, el color azulado de la piel, que indica falta de oxígeno en la sangre, ni tampoco de edema o de venas hinchadas, que por lo general los acompañan. Tampoco se apreciaban trazas de que hubiese tratado de agarrarse la garganta con las manos, el signo universal de sufrimiento en caso de asfixia o ahogo. O ella no lo había hecho, o de alguna manera se le había impedido hacerlo.

Sin embargo, en el examen posterior del cuerpo fuimos más afortunados. En los hombros presentaba algunos tatuajes o marcas escarificadas o hechas a fuego en forma de una abreviatura o ideograma que de momento no pudimos interpretar. También se le había clavado en el redondo ombligo un piercing, o pírsin si lo decimos en el lenguaje que acepta la Academia, y que representaba el círculo de tres partes del que ya he hablado al mencionar la sortija o anillo que llevaba en el dedo.

Dejadme decir para aquellos desacostumbrados a las palabras difíciles o poco comunes, que se entiende por escarificar el cuerpo de alguien la práctica que consiste en hacer en alguna parte de él cortaduras e incisiones muy poco profundas con el fin de facilitar la entrada o salida de ciertos líquidos. Es la técnica que utilizan los profesionales del tatuaje.

Publicado en los medios locales el hallazgo macabro, junto con la foto y descripción corporal de la muerta, nadie se había presentado para decir haberla conocido o tratado. Parecía haber salido allí de la nada, una extranjera, una extraña, en el sentido más amplio del término. Del todo ajena a aquel sencillo medio prácticamente rural.

Para empezar, no tenía en el dedo anular la decoloración circular de la piel que hubiese resultado de haber portado en él un anillo de desposada del que se hubiese voluntariamente despojado por alguna desconocida razón, o del que la hubieran despojado para ocultar alguna cosa que hubiera sido mejor no saber; ignorábamos pues si estaba casada o lo había estado, ni si en el momento de la muerte tenía un compañero o compañera sentimental, como en estos tiempos se dice, lo cual hubiera podido sugerir un crimen pasional o por celos. Un crimen machista, para usar el lenguaje actual a la moda. La sugerencia judía de que ya he hablado, a propósito de la disposición general del cuerpo encontrado, que de golpe me había traído al recuerdo el candelabro de los siete brazos tan característico de esa confesión religiosa, me había llevado a pensar ante todo en un crimen de la extrema derecha que con él hubiese querido hacer una advertencia a alguien o vengarse de alguna supuesta contravención de quien sabe qué código nazi.

# Capítulo 4

## Una mayúscula sorpresa

Por motivos de la profesión y compromisos anteriores tuve que ausentarme unos días. Cuando regresé, me aguardaba una buena sorpresa, si así se la puede llamar. Aquella hembra, a la que muchos hombres hubiesen considerado de bandera, como en ciertos círculos populares se suele decir, y por la que con gusto masoquista se hubieran tal vez arruinado, como en los tiempos primeros del romanticismo y a juzgar por la literatura de buen tono de la época se arruinaban por una cocotte o en términos castizos una perendenga teatral los señoritos de la sociedad parisina del siglo XIX; o como en situación semejante y manteniéndonos en el terreno literario se había arruinado Sinuhé el egipcio, personaje ficticio del autor finlandés Mika Waltari, no era una mujer: era simplemente un hombre vestido con ropas de mujer.

Pasada la sorpresa inicial, lo primero que se me ocurrió fue preguntarme si me encontraba ante alguien al que sencillamente le gustaba vestirse de hembra, como por juego, digamos, y para matar el ennui, como dirían los franceses, el aburrimiento, un aburrimiento o hastío que según un filósofo actualmente en el candelero afecta a casi todos en este mundo que se ha vuelto de pronto 'pos-moderno', o alguien que llevando al extremo las cosas no se contentaba con travestirse tan solo, esto es cambiar la apariencia por medio de la ropa que se ponía, sino que aspiraba a convertirse por los medios que fuese en una mujer de verdad, en resumen, un transexual.

Si se trataba solo de un travestido, había que reconocer que era bello y que hubiese podido dar un magnífico semental o macho cabrío con solo quererlo. Pero como bien dice el refrán, Dios da pan a quien no tiene dientes. Tal vez se vestía de mujer para no asustarlas y vivir entre ellas como una más, sin arriesgarse a que lo rechazaran, pues como es bien sabido y a mediados del siglo pasado sostuvo convencido el escritor humorista catalán Noel Clarasó, los hombres y las mujeres se llevan, por naturaleza, como el perro y el gato y hay declarada entre ellos una guerra que nunca terminará. En los tiempos que corren, cuando cada dos por tres sale en las Noticias que uno, o una, que también las hay, ha matado a su pareja, seguramente las feministas me darán la razón. En todo caso era una lástima que unos atributos viriles tales como los que aquel muerto exhibía se desperdiciasen y echasen a perder por falta de uso. Pues como también nos hace saber la ciencia médica, la función hace al órgano, y nunca mejor dicho.

Que nadie se sorprenda si llamo semental al ejemplar de varón que me había caído en las manos, pues es bien sabido de quienes aman el cine y buscan en él cómo orientarse y aprender a vivir como se debe, el agitado revuelo que en el siglo XVIII causaba entre las féminas el castrado soprano Farinelli, cuya infortunada condición le impedía ciertamente tener descendencia, pero no satisfacerlas hasta el más delirante goce sensual. En este caso el instrumento era lo que valía, y su función era solo secundaria.

Quizá por eso mismo, las atraía de él sobre todo la imposibilidad de que las dejase preñadas, porque nada ha preocupado más a las mujeres de todos los tiempos que el temor a quedarse embarazadas en el momento más inoportuno y menos deseado y comprometer así la desenfrenada libertad para hacer y deshacer con el propio cuerpo lo que les venga en gana, como reivindican las desaforadas feministas de los tiempos que corren. Entre ellas las activistas de FEMEN, esa asociación de mujeres que mostrando al descubierto los pechos con el mayor impudor en los actos públicos más sonados del globo terráqueo pretenden, según una de sus portavoces, cambiar de los pies a la cabeza la sociedad patriarcal en la que todos vivimos.

Virgen santísima, tú que concebiste sin pecar, haz que yo pueda pecar sin concebir -al parecer y según propia confesión, rogaba antaño ante una imagen de la Virgen María una joven adolescente de quince años a la que unas monjas habían educado religiosamente y como Dios manda en un colegio de buen tono para jóvenes de la burguesía acomodada.

No existía aún la píldora, la que se toma antes o la del día después, y para usar espermicidas había que saber de su existencia, cosa que exigía poco menos que un grado de estudios superiores, porque las clases bajas no estaban para estos refinamientos y preferían acudir a los remedios de la abuela que la experiencia de siglos había consagrado. Y en caso de que éstos fallasen, a las agujas de calcetar o hacer punto de cualquier comadrona entendida en la peculiar cirugía necesaria al caso improvisada a toda prisa y corriendo.

En caso de que el infortunado hubiese sido un transexual, una de esas personas que dicen llevar en su interior un personaje de sexo contrario al que les ha tocado en suerte, hay quien dice que debido al nacimiento y DNA, la primera pregunta que me venía a la mente era cómo explicar que alguien, de un determinado sexo, nacido con los órganos que por él le correspondían y como es de suponer con las hormonas adjuntas genuinas, un buen día aceptase de buen grado negar su realidad anatómica y fisiológica para vivir una vida que no le correspondía.

Según algunos estudiosos modernos, solo interviene el azar. Te ha tocado a ti la china o lotería perversa y no te queda otro remedio que fastidiarte y aceptarlo lo mejor que puedas. O haciendo de la necesidad virtud, proclamar a los cuatro vientos que tanto derecho tienes tú a la vida y la conquista de la felicidad, como querían los americanos que con Jorge Washington declararon la independencia de su nación, como otro cualquiera de los nacidos en este mundo. Un derecho que sin embargo muchos se niegan a reconocer, como lo atestigua la noticia salida un día de estos en los periódicos. Según ella, esa noticia, una infortunada transexual de 50 años que se había tomado en serio lo que la ministra de la igualdad de un gobierno anterior había dicho, de que todos somos iguales y podemos elegir libremente lo que ella llamó nuestra orientación sexual, cuando transitaba en paz y gracia de Dios por una plaza de la ciudad se le habían acercado un par de chicos que con buenas maneras le habían pedido lumbre para encender el cigarro. (Y no hago aquí un juego de palabras ni les presto ningún significado metafórico o perverso). Llena de buena voluntad, ella había abierto el bolso que le pendía del hombro y había querido sacar de él el encendedor, en cuyo momento ellos, que inicialmente se le habían acercado como amigos igual que el lobo de la fábula había abordado en el bosque a Caperucita, habían visto seguramente algo que la denunciaba como de la otra acera y diferente a los demás, y sin más preámbulo o introducción habían comenzado a llenarla de groseros insultos y a pegarle y maltratarla hasta el punto de hacerla caer al suelo y golpearse la cabeza contra las losas, de lo cual había resultado que perdió el conocimiento. Por fortuna en ese momento pasaban por el lugar unos representantes del colectivo o asociación de lesbianas, gais, transexuales, bisexuales y heterosexuales que tras echar en cara a los agresores su inmoderada conducta y amenazarlos con poner denuncia ante las autoridades, la levantaron del suelo y le hicieron oler un frasco de amoníaco que llevaban para defenderse de ataques similares si se daba el caso, con lo cual ella recobró los sentidos y dio gracias al cielo que la había sacado sin mayores males de aquel inesperado percance.

Algunos siglos atrás el autor de tantas afamadas piezas de teatro, el inglés William Shakespeare, había puesto en boca de Hamlet la misma eterna pregunta: Ser o no ser, esa es la cuestión.

Comentarios aparte y volviendo al asunto, el descubrimiento sorprendente reducía mucho el círculo en que se podía llevar a cabo la investigación, puesto que lo limitaba a gentes de costumbres sexuales por lo menos curiosas que, de momento y pese a la publicidad a favor de tales costumbres que ha irrumpido con fuerza entre nosotros en los últimos tiempos, son sólo una reducida minoría de la población. Y al mismo tiempo apoyaba la hipótesis de que el fallecido o fallecida hubiese venido de fuera, porque de haber vivido en las inmediaciones del lugar en que se lo encontró, su condición desviada o perversa difícilmente hubiese pasado desapercibida. Yo la llamo desviada y perversa, pese a que los defensores de la moderna aberrante libertad para hacer lo que uno quiera, considerada señal de adelanto y progreso aunque sea un evidente despropósito, la consideran legítima y puesta en razón. Allá cada cual con sus preferencias y gustos.

Me viene ahora a la memoria, a propósito de la aberrante libertad para hacer lo que uno quiera, lo que exclamaba horrorizado el escritor ruso Dostoievski cuando en la Rusia de los Zares crecía el nihilismo: 'Si Dios ha muerto, ¡todo está permitido!' Lo de que Dios había muerto lo había dicho más o menos por las mismas fechas otro escritor, esta vez alemán, Federico Nietzsche.

# Capítulo 5

## El mundo de los travestidos

De los travestidos y su mundo particular, y mucho menos de los transexuales y cambio de sexo, ni mi compañera ni yo sabíamos prácticamente nada. Y para averiguar quién ha podido matar a un individuo nada mejor que bucear en su vida, en su ambiente. Así que comenzamos por informarnos del asunto consultando lo que se ha escrito al respecto.

En los tiempos modernos se conoce varios tipos de travestido. En primer lugar y ciñéndome tan solo al travestismo masculino, hay los hombres que se visten de mujer para representar en el teatro algún papel en el que hacen la caricatura de algo o de alguien. Son los que en su ambiente se conoce como transformistas o drags, y se llama burlesque el subgénero dramático en el que actúan.

En el ambiente en que me muevo es muy conocido un cómico al que llaman Moncho y que desata las risas de la gente vistiéndose de mujer y adoptando en el escenario los gestos afeminados y actitudes que se considera propios de ellas. A veces hay en el público alguno que queriendo hacerse el gracioso lo insulta llamándolo marica, a lo que él suele contestar con alguna frase mordaz que hace quedar en ridículo al que así lo provoca.

Hace ya varias décadas tuve ocasión de visitar en Buenos Aires un local de este género.

Por lo general estos actores así disfrazados se burlan de personajes populares tales como una tonadillera de moda, un político famoso o cualquier otro que se haya dado a conocer por su profesión o alguna otra característica poco común. También hacen blanco de sus críticas alguna costumbre social que por haberse prolongado más allá de lo razonable las generaciones nuevas consideran ridícula. Recuerdo a este respecto la sátira feroz y enormemente cómica con la que el escritor Wenceslao Fernández Flórez combatía en Relato Inmoral, una de sus obras más logradas, la moda reciente en su tiempo entre los hombres económicamente bien situados de tener una querida además de la esposa legítima y ponerle un pisito discreto, con todos los extremos a que había que llegar para mantener una respetabilidad en la que ya nadie creía. Pues bien, el travestimiento o cambio de sexo de los personajes a que me refiero es sólo simbólico y superficial, ya que una vez terminada la función y bajado el telón se limpian el maquillaje en el camerino y tras despojarse del equívoco atuendo y colgarlo en la percha hasta el día siguiente, recuperan la identidad que les corresponde.

También en Mallorca, hace algunos años, triunfaba con éxito en los escenarios un grupo de jóvenes nada mal parecidos que con su vestimenta, sus gestos amanerados y sus canciones ambiguas recordaba a los travestidos, por no decir a los francamente homosexuales; pero según decía la crítica, no se trataba de otra cosa que del más puro teatro.

Hay luego los que usan ropa del género opuesto al suyo para escandalizar simplemente y mostrarse a los demás como rebeldes rompedores de unos convencionalismos sociales que les parecen estrechos e injustos. En uno de los pueblos del Morrazo llama la atención de los viandantes y los ocasionales turistas un hombre maduro y mal afeitado que con cara de pocos amigos y mal vestido de hembra despacha en un quiosco de la avenida central la Prensa diaria. Ya sea por la fuerza de la costumbre o por su hosco semblante que lleva a pensar a quien lo ve no le gusten las bromas, sus convecinos lo dejan en paz y lo aceptan ya sea como una pieza más del mobiliario urbano, ya como una atracción turística que añadir a las demás.

Si miramos atrás en la Historia nos encontramos con un montón de figuras ilustres masculinas que gustaban de vestirse de mujer y afectar que lo eran. Famoso entre todos fue Heliogábalo, un emperador de los romanos que con sus desenfrenos en este sentido escandalizó a los senadores más conservadores o bien pensantes de entonces, pues como se decía en la época ¿quién podía soportar verse gobernado por un príncipe que ofrecía a la lujuria todas las cavidades de su cuerpo? Un príncipe o mandatario, como ahora dicen los que están al día en estas cosas, que además se complacía en representar en el escenario la célebre fábula de París, aquella en la que el agraciado mancebo ha de decidir cuál de las tres Gracias es la más hermosa y merece llevarse la manzana de oro, fábula en la que él mismo desempeñaba el papel de Venus y dejando caer de pronto a sus pies la ropa que llevaba puesta, completamente desnudo, poniéndose una mano sobre el seno y la otra sobre las partes genitales, también llamadas pudendas, se arrodillaba y alzando el trasero lo presentaba a los compañeros de libertinaje para que estos se despachasen a su sabor. También se arreglaba la cara como se pinta la de aquella diosa y cuidaba de tener perfectamente liso y brillante todo el cuerpo, ya que estimaba que lo mejor que podía ofrecerle la vida era ser considerado digno de satisfacer los gustos libidinosos de la mayor cantidad de hombres posible. Finalmente, llegó al extremo de no ocuparse de otra cosa en Roma que de tener emisarios cuya función era buscar exactamente a los jóvenes mancebos mejor formados para sus abyectos gustos e introducirlos en el palacio para que él pudiera gozarlos.

Todo un carácter, por lo que se ve.

Heliogábalo era hijo de Julia Semia, la ramera, la prostituta, la zorra que nunca se entregaba a los machos que la deseaban, sino a los que ella elegía, como asegura el autor francés que ha escrito su biografía; vivía como una cortesana, incapaz de dominar sus mínimos antojos y todos enrojecían ante su desvergüenza. Una mujer que respondía a ese canon de la belleza femenina un poco entrada en carnes. Según los cronistas de la época los tenía bien puestos, los atributos viriles, se entiende, y lo dominaba a él con mano de hierro. Él era un pelele en manos de ella, que por otra parte parecía tener hacia su hijo lo que hoy llamaríamos inclinaciones incestuosas, como entre los antiguos griegos las había tenido Electra, el personaje de la obra de Sófocles. Puede que la actitud rompedora de él se debiera en gran parte a estos antecedentes hogareños. Antecedentes y situación que se volvería a encontrar siglos más tarde en el caso de la reina de Francia Catalina de Médicis y su hijo Enrique III. También ella era mujer de pelo en pecho y armas tomar, como vulgarmente se dice, y tenía en un puño a sus cuatro hijos varones, mientras él gustaba de dejarse ver en público vestido de mujer, maquillado el rostro y haciendo alarde de toda una colección de adornos y complementos tales como pendientes, collares, pulseras y volantes y perifollos de seda al tiempo que adoptaba actitudes sexuales por lo menos equívocas.

Entre las mujeres es bien conocido el caso de la escritora del siglo XIX George Sand, renombrada en su tiempo por moverse sin inoportunas inhibiciones gazmoñas en los ambientes refinados del París de la época vestida de hombre. Entre otras anécdotas referentes a su carácter autoritario se cuenta que el compositor romántico polaco Federico Chopin se enamoró perdidamente de ella a primera vista en un verdadero coup de foudre cuando la vio entrar con paso firme y marcial en un hospital o sanatorio en que él se reponía de uno de los ataques de tuberculosis que de vez en cuando le daban. La he visto representada en el cine como una mujer mal encarada y prepotente con bastantes kilos de más y que aparte de fumar como se decía antiguamente que solían fumar los carreteros y gentes de la profesión, en materia sexual tomaba la iniciativa tumbando de espaldas sin andarse con demasiados rodeos a los hombres que atrapaba en sus redes, en tanto que sus ocasionales parejas eran tímidas y nada atrevidas en tales materias, a causa de su extraordinaria sensibilidad romántica, según decían algunas lenguas femeninas maldicientes. Sin embargo otras lenguas igualmente femeninas pero menos escrupulosas, a las que se suele llamar viperinas, derivado de víbora, un animal que tiene la lengua bífida, es decir, doble, solían afirmar sin complejos que a ellos les iba la marcha. Que hubiesen pertenecido a la escuela de Sacher-Masoch, vamos, para entendernos, si en tales momentos semejante escuela hubiera estado de moda. El libro La Venus de las pieles, de tal autor, apareció en 1870, en tanto que los amores de Chopin y la Sand transcurrieron en los años 40 del mismo siglo. Se sabe que Chopin se enamoró por primera vez a los 18 años de una condiscípula en el Conservatorio de música de Varsovia y que dijo de ella a un amigo: tengo mi propio ideal, al que no puedo olvidar y en silencio sirvo y adoro desde hace medio año. Posteriormente en 1836 George Sand, de 32 años, ya casada y madre de varios hijos, y Chopin, de 26, bastante más joven que ella pues, fueron presentados en casa de unos amigos comunes y ella murmuró al oído de la anfitriona: Ese señor Chopin, ¿es una niña? Por su parte Chopin comentó con un amigo al salir del hotel: ¡Qué antipática es esa Sand! ¿Es una mujer? Me cuesta creerlo. Pero como frecuentemente sucede, pronto se metieron bajo las mismas sábanas, aunque aquella luna de miel no tardó más de un año en desvanecerse, pues pasados ocho de la relación ella confió a una amiga: Hace siete años que vivo como una virgen, con él y con los demás.

Otros travestidos de este tipo han sido mujeres que para evadir las normas sociales se disfrazaron de hombre y en ese papel ocuparon puestos relevantes en su sociedad; tales fueron, por poner un ejemplo, la llamada papisa Juana, una adolescente alemana que en el siglo VIII y según la leyenda actualmente admitida se vistió de hombre y tras numerosas peripecias en las que engañó a todo el mundo, llegó a ser Papa de Roma; Juana de Arco, otra que tal que vestida de hombre y puesta al frente de los ejércitos franceses de la época luchó en la guerra de los 100 años contra los ingleses invasores y los derrotó en varias batallas; luego ellos la capturaron y probablemente para quitarse de encima la vergüenza de verse vencidos por una simple mujer lograron que las autoridades eclesiásticas de aquel siglo atrasado la quemaran viva en la plaza mayor de Orleáns; Catalina de Erauso, que se disfrazó para huir del convento en que contra su voluntad la habían enclaustrado y luego fue exploradora, tal vez para compensar con la libertad de la jungla y los espacios abiertos el encierro primero, y Sor Juana Inés de la Cruz, que se vistió de varón porque en la Universidad de su tiempo y lugar no aceptaban mujeres y adelantándose a sus contemporáneas ella se sentía más que preparada para cursar estudios superiores y en inteligencia académica competir con los hombres.

Pero en el caso que yo tenía entre manos se trataba de un travestido varón que nada tenía que ver con el travestismo femenino.

# Capítulo 6

# El BDSM

La persona de que nos ocupábamos no parecía encuadrarse en ninguna de estas categorías. A juzgar por lo que habíamos visto, parecía más bien encajar en el grupo de los llamados transexuales, personas que debido a quien sabe qué trauma temprano o ambiente psicológico malsano en el que se criaron, se sienten insatisfechas con el papel biológico que les ha asignado la naturaleza, renuncian a él definitivamente, y por medio de una operación quirúrgica y la ingestión de determinadas hormonas esperan convertirse corporalmente al menos en aquello para lo que nunca nacieron.

Ante la revelación de su bien escondido secreto, cobraban sentido la indumentaria del cadáver y los demás accesorios que la acompañaban. No sólo disimulaba su verdadero sexo la víctima, vistiéndose del modo contrario al que le dictaban las normas sociales, sino que también se la hubiese podido suponer adepta a las prácticas del BDSM, sigla con la que se conoce una moderna corriente contracultural llamada de la domi-sumisión o sado-masoquismo del juego, en la que según la definición corriente y admitida, los dos de una pareja se turnan para adoptar temporalmente y en el mejor de los casos por común acuerdo, la posición sumisa o dominante en la relación.

En su acepción más común, se entiende por BDSM toda una serie de actividades sexuales diferentes centradas en especial en los juegos eróticos de la dominación-sumisión. Se lo asocia estrechamente con la llamada subcultura del cuero, al principio limitada en exclusiva al mundillo de los homosexuales, pero que después se extendió a todo tipo de personas sin tener en cuenta la que hoy se dice su orientación sexual. Las iniciales de algunas de esas prácticas: B por Bondage o ligadura; D por Disciplina y Dominación: S por Sumisión y Sadismo, y M por Masoquismo, forman el acrónimo o sigla BDSM.

Hasta hace relativamente poco tiempo se consideraba todo esto como una más de las enfermedades mentales y se enviaba a los manicomios a sus practicantes; pero en la actualidad ningún manual de psiquiatría menciona la D/S o el BDSM como una aberración, siempre que se los entienda como un juego consensuado entre adultos. Todo lo contrario, se mantiene bien diferenciados las parafilias (es decir, las desviaciones sexuales graves, que pueden suponer delitos, como por ejemplo abusar de los niños, la paidofilia, el exhibicionismo, el frotteurismo, que viene de la palabra frotarse uno contra otro, el sadismo sexual, el voyeurismo, el fetichismo, la pederastia) que esas sí que por el momento al menos se sigue considerando aberraciones, y los juegos eróticos o los estilos de vida alternativos, que ya son tolerados cuando no aplaudidos e incluso propuestos y fomentados como actividades de descubrimiento del propio cuerpo e inclinaciones; de la misma manera que a la hora de juzgar la salud mental de un individuo se distingue entre las creencias culturales (el más allá, los fantasmas, las supersticiones) y los delirios psicóticos.

Hay otras parafilias que se tiene por sanas porque en principio y según se cree no hacen daño a nadie; tales son las llamadas telefónicas a personas que se anuncian como contactos o a números específicos para tal uso, meterse en el ano o la vagina objetos poco usuales (por ejemplo zanahorias), o inyectarse líquidos a través del ano normalmente, las lavativas, como método preferido o exclusivo para lograr la excitación o satisfacción sexual.

Una persona que afirma haber visto a su padre ya muerto y hablado con él no suele ser considerada psicótica, si se limita a decirlo y no se le va la olla, como vulgarmente se dice, y comienza a hacer barbaridades que lo pongan en peligro a él o a sus vecinos. Se lo cree un ejemplo de creencia cultural propia de su medio ambiente. Y aquí me viene a la memoria el personaje de Shakespeare, Hamlet, que tras haber hablado con el fantasma de su padre, terminó causando más o menos directamente la muerte de un montón de personas; sin que, al menos que yo sepa, nadie haya dicho nunca que Hamlet fuera una persona psicótica. O el caso de Hitler y sus seguidores nazis, para quienes los judíos eran la causa de todos los males del mundo y bastaba con exterminarlos sin dejar uno vivo para que reinara de nuevo el Paraíso terrenal de nuestros primeros padres Adán y Eva antes de cometer el pecado de morder la manzana. O la idea de que matando a los tullidos e inválidos se les hacía un favor, porque se les evitaba los sufrimientos derivados de su infeliz condición, y la otra de que castrando a los deficientes mentales se mejoraba la raza porque se evitaba que se reprodujesen.

Fueron ideas que estuvieron en alza y gozaron de mucho favor en los años 20 y 30 del pasado siglo en lugares tan modernos y avanzados como Suecia,

Holanda e incluso los EE UU. Eran creencias culturales y muy pocos, si algunos, las consideraban indicios de pura y dura psicosis.

En referencia a los nazis. Si se lee los diarios que algunos de ellos dejaron y los documentales en que se recogió su vida diaria se llega a la conclusión de que eran personas del todo 'normales', es decir, igualitas, igualitas a cualquiera de las de su entorno, sin que ello les impidiera llevar a cabo las atrocidades que cometieron. Lo que hace pensar que las atrocidades de hoy podrán llegar a ser el pan nuestro de cada día de mañana. Esto de la salud mental de un individuo parece ser un terreno muy resbaladizo y depender más de lo que se considera pensamiento políticamente correcto en un momento determinado que de alguna razón objetiva. Quizá fuera mejor no ahondar demasiado.

Volviendo al BDSM se supone que para ser aceptable tiene que ser sano o sensato; pero si lo pensamos bien y como se deduce de todo lo que he escrito más arriba, no es fácil poner límites a lo que es sano o insano, sensato o insensato dentro del comportamiento, y en éste, dentro de la vida sexual. Al menos es lo que dicen quienes defienden las nuevas tendencias.

Se explicaban así las botas de tacones de aguja, la fusta hallada al costado del muerto, la ropa apropiada a la equitación, sugeridora del juego que sus practicantes llaman el caballo erótico, al que al parecer se entregaban en los momentos de ocio aristócrata y cuando el británico spleen o cansancio del mundo y sus vanas mentiras y pompas los afectaba y vencía, la extinta Diana de Gales y su guardia de corps; la princesa del pueblo, ella, cuyo ascenso a los altares de la Iglesia no sé si vaticana o anglicana han propuesto con celo ardiente algunos devotos exaltados. No me invento yo lo que digo acerca de los gustos sexuales de la difunta princesa; antes bien lo publicaron los medios tabloides, conocidos igualmente como Prensa amarilla, revistas del corazón o cotilleo y literatura rosa.

También y en general predomina entre personajes tales, los adeptos al BDSM, el culto de la apariencia, hoy se dijera de la imagen, puesto que dependen de ella para conseguir los favores de quienes comparten sus gustos. De ahí la abundancia de pulseras y anillos y demás complementos hallados en el cadáver.

No era de extrañar que a bote pronto, cuando por vez primera la vi muerta y tendida en el prado donde se la había hallado, su condición insólita me hubiese pasado desapercibida; pues desnudado como cumple aquel cuerpo, se vio que los atributos dichos viriles del sujeto, también llamados paquete, no saltaban precisamente a la vista. Mediante unas anchas tiras de cinta adhesiva de la que se utiliza para embalar en las oficinas de correos los ordinarios paquetes, se los recogía y ocultaba entre los muslos.

Era una lástima semejante disimulo, pues si me remito a la propia experiencia, sin que ello signifique en ningún modo jactarme de ella, aquel individuo estaba bien dotado y con dificultad se lo hubiese imaginado nadie echando mano de la Viagra y prótesis parejas. Pero como bien reconoce la sabiduría popular, Dios da pan a quien no tiene dientes. Estaba bien dotado, pero en lugar de aprovecharse de su privilegiada condición y sacar buen partido de ella usando su prodigiosa herramienta para los fines que la sabia Naturaleza le había señalado al nacer, la disimulaba y escondía.

A no ser que todo aquello sucediese contra su voluntad y alguien perverso lo hubiese obligado a tan antinatural actitud. Para entendernos, que lo hubiera obligado a castrarse, simbólicamente al menos, ya que no de veras y físicamente.

No hubiese sido algo tan raro como podría parecer, porque es bien sabido que hace ya muchos años, antes de la era cristiana, en el Asia Menor se veneraba a la diosa Cibeles, la Diosa Madre, como la llamaban sus adeptos, quienes no tenían inconveniente en rebanarse las partes con un cuchillo de piedra de bordes bien afilados y ofrecérselas todavía sangrantes. Lo hacían en medio de cánticos y alegres invocaciones mientras la llevaban en procesión sobre los hombros. En nuestros tiempos la castración pura y dura ya no es tan bien vista como otrora lo fue, por lo que se recurre a la otra solamente simbólica, tan frecuente como la que la precedió siglos atrás. Si antes los varones normales y corrientes usaban el pene mayormente para procrear y traer al mundo abundante descendencia, ahora lo usan ante todo para tener satisfecha a la hembra, que a su vez ha venido a ocupar el puesto de la antigua diosa.

No creáis que exagere. Cada día se habla más en la Prensa de los varones que se hacen ligar los canales seminíferos para poder satisfacer a su pareja sin ponerla en riesgo de preñez no deseada. Siempre que su pareja sea una mujer, claro está; porque de lo contrario, si su pareja es de su mismo sexo, es decir, un varón, la precaución es inútil, como bien comprenderá el lector que se tome la molestia de reflexionar sobre el asunto; y de momento al menos, mientras los hombres (y mujeres) de Ciencia no consigan cambiar el sexo a un varón e implantarle un útero y todas sus funciones y anexos.

Cosa no tan imposible como a primera vista pudiera parecer, dada la mentalidad que a estas alturas de la evolución se va imponiendo a la chita callando. Y por otro lado se está a punto de conseguir la píldora anticonceptiva masculina, si no se la consiguió ya, para que no sean ellas en exclusiva las que tengan que preocuparse de tomarla si no quieren quedar embarazadas.

La igualdad por encima de todo. Una igualdad que muchos consideran aberrante.

Dejando a un lado la imaginación y bajando a la prosa de todos los días, se imponía indagar en los círculos relativamente restringidos en que tales gentes se desenvuelven y viven. Acerca de ellos abundaba por lo menos la literatura calificada de maldita.

Se llamaba así, literatura maldita, la que Jacques Prevert, un notorio bibliómano y editor francés, había conservado al resguardo de ojos indiscretos en una cámara secreta a la que sólo unos pocos de sus más íntimos amigos tenían acceso y a la que con singular propiedad había llamado justamente L'enfer, el infierno. En lo que no le faltaba razón, pues a ella iban a parar más pronto o más tarde los libros que por su contenido profano y más bien tirando a pornográfico, con terca severidad y ejemplar contumacia la santa madre Iglesia católica había ido agregando al Índice de los libros prohibidos y condenando ocasionalmente a las llamas de la hoguera. Las llamas temporales, se entiende, puesto que como bien se comprende sería harto difícil convocar las eternas.

Contenido pornográfico, digo, o también escatológico, esto es, relativo a los excrementos y suciedades, como aclara puntilloso el Diccionario corriente de la Lengua

Española; teniendo en cuenta que por excrementos y suciedades se ha de leer en el contexto de la jerga eclesiástica el perecedero cuerpo mortal de aquí abajo y de todos nosotros.

En uno de esos libros nefandos, titulado Los tacones de aguja, se describía con singular pormenor la trayectoria vital de un joven aristócrata rural de la campiña inglesa que habiendo quedado huérfano de padre a edad relativamente temprana se ve entregado por vía testamentaria al cuidado y custodia de una tía y su hija, la prima de él, que a través de un programa cuidadosamente estudiado para educar sus juveniles instintos todavía en flor lo van transformando paulatinamente en un marica travestido.

Pero de esto me ocuparé más adelante.

# Capítulo 7

## Un plan de actuación

Aquí estábamos pues, Miguela y yo, dispuestas a lanzarnos de cabeza en la indagatoria. Lo primero que nos correspondía hacer era trazarnos un plan de actuación. Comenzaríamos a investigar en los ambientes nocturnos especiales de la ciudad capital.

Para empezar, recordamos que unos días atrás se había publicado una noticia que los periódicos habían titulado La sauna de los travestidos. Al parecer la policía había llevado a cabo una redada en una sauna gay cuya clientela era en su mayor parte sadomasoquista. Habían arrestado al dueño y lo acusaron de haber abierto y mantener operativa una casa indecente. Contiguas a las instalaciones de la sauna propiamente dicha, aquel individuo había acomodado para el sexo S/M (sado/masoquista) una serie de habitaciones. En una de ellas la policía había descubierto a un hombre socialmente notable cuya desaparición habían denunciado sus familiares algunos meses atrás sin que hasta el momento se hubiese logrado dar con su paradero. El dueño de la sauna lo mantenía allí cautivo a la espera de que sus allegados pagaran por él un elevado rescate. En el secuestro estaba implicado un trío S/M. El asunto había sido muy comentado. Durante mucho tiempo había sido la comidilla de todos los periódicos, pero con el paso de los días una noticia había dejado el sitio a la otra y el caso había caído casi en el olvido.

Decidimos acercarnos a aquel lugar para echar una ojeada y ver qué se podía averiguar. Después de la redada y amortiguado el escándalo, lo habían vuelto a abrir. El local era discreto y no llamaba demasiado la atención. La puerta de la entrada pasaba fácilmente desapercibida. Nadie que no estuviera en el secreto habría adivinado la clase de actividades que en el interior se practicaba. En el amplio vestíbulo nos recibió el encargado, un hombre de modales insinuantes y untuosos, que es lo mismo que decir amanerados, hombre ya en la treintena y cuyo pelo lacio comenzaba a escasear. Los pocos cabellos que aún le quedaban estaban cuidadosamente ondulados y ni un solo rizo parecía salido fuera de su sitio, como si su dueño acabara justamente de dejar la peluquería.

Una vez roto el hielo y habiendo sabido quienes éramos nosotras y qué nos había llevado hasta allí, se mostró bien dispuesto a darle a la lengua y hacernos confidencias. Según nos dijo con desenvoltura y cierta vanidosa complacencia, aquel era el único espacio del género que quedaba en la ciudad y antes del último escándalo solían frecuentarlo exclusivamente los travestidos. Al parecer, aun en los mejores tiempos, cuando se los toleraba de buen grado y las autoridades estaban dispuestas a hacerse las desentendidas, había habido solo tres de esos lugares; dos de ellos ya habían cerrado; sólo quedaba éste en el que nos encontrábamos ahora. La policía seguía hostigándolo y había que tener sumo cuidado y respetar muchas normas para poder continuar su explotación. Por todas partes colgaban avisos con diversas advertencias: estaba prohibido consumir drogas y licores fuertes dentro de las instalaciones, practicar sexo explícito (penetración, masturbación) a la vista de todos y en general dar en exceso la nota; para divertirse en el club había que atenerse a todo un listado de reglas de conducta. Meses antes y como consecuencia de un asesinato muy comentado en los medios de comunicación, la policía había irrumpido en un local de la zona y debido al hostigamiento la mitad de los bares leather (del cuero) de la prostitución masculina había perdido su licencia de bebidas alcohólicas. El comité del desfile del orgullo gay había querido hacer aprobar una resolución que prohibiera en ellos la indumentaria S/M y la ropa de cuero. Al parecer, los miembros de este grupo de personas reivindicaban en exclusiva este tipo de indumentaria y se sentían molestos de que se los confundiera y mezclara con los travestidos; ellos eran otra cosa, más respetable que los otros, se dijera, y no convenía que se metiera a todos en el mismo saco.

De todas maneras, nos dijo, dados los recientes acontecimientos que la Prensa había publicado y que habían provocado mucha conmoción en la ciudad, los antiguos clientes habían dejado de aparecer por allí y él no podía decirnos nada acerca de la persona cuyas fotos le mostrábamos. Nos sugirió que indagásemos en otros lugares más modernos y puestos al día. Pero antes de que nos fuéramos quería darnos las direcciones de algunos travestidos muy conocidos en la ciudad. Tal vez si nos poníamos en contacto con ellos podríamos adelantar en nuestras pesquisas.

Los acontecimientos a que se refería y que la Prensa había publicado hacía sólo unos días eran la paliza que dos travestidos habían dado a un joven que se negó a pagar un servicio.

Al parecer la Policía había detenido a dos jóvenes travestidos de unos veinte años de edad y de nacionalidad dominicana y venezolana acusados de dar una brutal paliza a un joven de la ciudad. El suceso había ocurrido entre las 3.00 y las 4.00 horas de la madrugada en un piso de una céntrica calle en el que residían los arrestados.

Tras contactar por Internet con la que creía una mujer, la víctima, un hombre en la treintena, se había dirigido al apartamento para mantener relaciones sexuales con ella. Sin embargo al llegar descubrió que la tal era en realidad un travestido transexual.

Quiso irse sin más, pero el travestido le exigió que le pagase, a lo que el hombre se negó alegando que no había recibido ningún servicio.

Se pelearon y el transexual se abalanzó sobre él y comenzó a darle puñetazos y patadas.

El ruido de la refriega y los gritos que daba el agresor alertaron a su compañero de piso que acudió en su defensa armado con dos cuchillos de al menos 20 centímetros. El joven recibió entonces una puñalada en la sien y en otro lugar de la parte posterior de la cabeza no bien especificado por las autoridades, tras lo cual y haciendo gala de gran entereza y presencia de ánimo abandonó el lugar como mejor pudo, al mismo tiempo que iba dejando a su paso un gran reguero de sangre por el apartamento, las escaleras e incluso en el portal del inmueble, así como en la acera tras haber alcanzado la calle.

Nadie acudió en ella a socorrerlo o preguntarle qué le había pasado; en primer lugar porque a semejante hora avanzada de la madrugada las calles y plazas suelen estar desiertos y no se ve en ellas ni un alma, y aun si no lo estuviesen y como es natural la curiosidad que la gente pudiera sentir por lo inusual e imprevisto se hallaría aletargada o dormida; y en segundo lugar porque, como dice la voz popular, de noche todos los gatos son pardos y un reguero de sangre en el cuello de alguien o dondequiera que sea pasa fácilmente desapercibido y a nadie llama la atención; son las consecuencias que se ha de esperar de la vida nocturna en las ciudades y las malas costumbres.

Digo pues que una vez en ella, en la calle, el agredido se sacó del bolsillo el teléfono móvil que en los tiempos que corren ya todo el mundo lleva consigo a dondequiera que vaya y sin perder la calma ni de otra forma alterarse llamó al 091, el número de la Policía, que acudió sin hacerse rogar y lo halló todavía consciente. El joven les contó con todo el detalle que su lastimoso estado le permitía lo que le había ocurrido y les dio la dirección del piso de sus agresores que aun en medio de las naturales confusión y desconcierto no había olvidado. Siguiendo las indicaciones verbales del joven y el rastro de sangre que había dejado tras de sí tras haber abandonado el lugar, los agentes llegaron a él y llamaron contundentemente a la puerta. En un primer momento los travestidos se negaron a abrir alegando diversas razones, tales como que aquellas no eran horas de molestar a nadie y sacarlo del lecho, que en las democracias el domicilio del ciudadano es sagrado e inviolable mientras no se demuestre lo contrario, o que se hallaban en paños menores y no sería decente dejarse ver en tal estado por gente extraña, pero finalmente y ante la amenaza de que si no lo hacían de grado la cosa pasaría a mayores y se llamaría a los bomberos para que echasen abajo el obstáculo y se abriesen paso por fuerza, lo hicieron; aunque de mala gana, todo hay que decirlo.

Una vez en el interior del apartamento los agentes les pidieron los papeles que los identificasen, y una vez sabido quiénes eran y tras leerles sus derechos constitucionales los detuvieron con arreglo a las normas que rigen en tales casos; uno tenía 24 años y el otro 26. Se los llevó a la comisaría donde tras interrogarlos como manda la ley se los acusó del delito de homicidio en grado de tentativa y se los puso a disposición judicial. La víctima fue trasladada al más cercano hospital público de la ciudad en el que se le aplicó los primeros auxilios que el caso requería, se le prestó la ayuda psicológica pertinente para ayudarlo a sobreponerse al trauma que el suceso le había causado y se le curó las graves o leves lesiones que presentaba debido a los golpes que había recibido de los malhechores y al ataque con el arma o armas blancas de que los tales le habían hecho objeto.

Tras haber escuchado con atención el relato de aquel obsequioso empleado y agradecerle las atenciones que nos había mostrado, nos dirigimos a la cabina telefónica más próxima y desde ella llamamos al primer número que él nos había facilitado. Nos salió la voz del contestador automático. El travestido en cuestión se hacía llamar Ágata y se anunciaba en la Prensa en los siguientes términos: de nuevo con vosotros ha llegado aquí para complaceros Ágata la original; atiendo a parejas y altos ejecutivos, te encantará estar conmigo, no te decepcionaré; podrás comprobar lo hermosa y cariñosa que soy, comparto cualquier fantasía que se te ocurra y te aseguro que una vez me hayas conocido ya no querrás separarte de mí, mi bella pollona te encantará, estaré disponible solo por pocos días, no te lo pienses más y llama ya. Edad 25 años.

No quisimos ir más allá en nuestras pesquisas; no nos pareció que valiese la pena seguir por semejante camino; a juzgar por lo visto no parecía ofrecernos nada que nos sirviese de ayuda. De modo que acordamos ceñirnos a nuestros planes originales y atenernos a ellos.

Estábamos como al principio y puesto que hasta el momento la búsqueda de locales exclusivos para travestidos había dado tan pobres resultados, decidimos indagar en los que se especializaban en prácticas sadomasoquistas para el público en general; ahora se los llamaba locales BDSM, porque el término S/M que lo había precedido tenía connotaciones de homosexualidad que podrían echar para atrás a quienes quisieran probar las nuevas tendencias, mucho más populares y abiertas que las antiguas a toda clase de adeptos.

Empezamos pues por averiguar qué locales especializados en prácticas BDSM había en la población. Bastantes años atrás no se encontraba otros que los del movimiento del cuero y a ellos acudía en exclusiva la comunidad homosexual masculina; pero con la divulgación moderna de las prácticas de sexo alternativo, léase el BDSM, empezaron a generalizarse los lugares orientados a los hétero, que se habían hecho necesarios porque sólo ellos podían permitirse ofrecer instalaciones y accesorios difíciles de encontrar en el ámbito privado, tales como cruces de san Andrés, potros, poleas, argollas y en general todo lo necesario para esta clase de actividades hasta hace relativamente poco consideradas marginales.

La mayoría eran de los que en la jerga común se llama amigos, con lo que se quiere dar a entender que acogen a una clientela mixta, es decir, de gente ordinaria y de la otra que pudiéramos llamar extraordinaria. Por lo general estos locales son más tolerantes que sus homólogos en lo que respecta a la indumentaria. Los locales estrictamente BDSM suelen imponer a sus visitantes un riguroso código de vestuario y comportamiento; con ello se logra que en ellos la seguridad y la armonía social estén más garantizados que en el resto de los locales de ocio de la noche urbana. La seña de identidad principal de la comunidad BDSM es el consenso. Por consenso se entiende el acuerdo tácito entre todos los clientes acerca de lo que allí se hace y se ve, nada es forzado ni dejado al acaso, con lo que estos establecimientos son más seguros que una discoteca convencional, por ejemplo para una mujer que los visite sin ir acompañada de nadie que la proteja en caso de necesidad ni conocer por anticipado lo que allí se irá a encontrar.

Había en la población un número no pequeño de ellos, y sus propietarios les habían dado los nombres más variados y ocurrentes. Había un Adán y Eva, El Gato Negro, La Luna Negra, la Mansión del Dolor, el Castillo Terrible, La Catacumba, El Infierno, Paddles (en castellano, raquetas o palas), Edén parejas, un Domus Aurea, un Azotes y un largo etcétera en el que los respectivos dueños o administradores habían dejado correr libremente la imaginación para dar a entender las ceremonias que se llevaba a cabo en aquellos considerados antros del placer tal vez marginal y perverso.

Nos decidimos pues a comenzar por uno de ellos elegido al azar y al comienzo de la noche nos presentamos en él dispuestas a entrar de lleno en aquel nuevo mundo que se nos ofrecía tan prometedor en experiencias fuera de lo corriente y conocido.

## Capítulo 8

## Un local llamado Domus Aurea

Una vez provistas pues de una colección de primeros planos del rostro de la muerta -o del muerto, como lo prefiera el lector- nos vestimos del modo que correspondía para pasar inadvertidas y no llamar demasiado la atención y que se nos considerara clientes como otros cualquiera de los que allí acudían y nos dirigimos a un conocido local entonces de moda para ver de hallar entre los reunidos algún indicio que nos ayudara a descubrir la identidad de la persona acerca de la cual ahora investigábamos.

El local se llamaba Domus Aurea, que como muchos lectores sabrán era el nombre dado a la mansión o palacio que el emperador romano Nerón se había hecho construir en una de las colinas de Roma para celebrar en él las horrendas orgías sexuales y las bacanales que la Historia le atribuye.

Lo frecuentaba la gente que para desconectar por unas horas al menos de la atroz monotonía en la que vivía buscaba emociones fuertes que la hiciesen sentirse viva de nuevo. Tal era el pretexto que en general se daba para justificar la asistencia a semejantes lugares. Nada hay como el sexo para hacer revivir a quienquiera que sea.

Se puede afirmar sin temor a exagerar que ciertas escenas eróticas son capaces de resucitar a un caballo, como solía sostener desenfadada una compañera mía de estudios.

Situado en un barrio periférico, era aquel un lugar de referencia para todos los amantes del BDSM o sexo alternativo, como prefieren llamarlo muchos de quienes lo frecuentan. Se entraba en un hall o vestíbulo y en el rellano de la escalinata que conducía a las instalaciones del primer piso figuraba bien visible un decorativo triskel de regulares dimensiones.

El triskel es un símbolo geométrico y curvilíneo formado por tres brazos en espiral que se unen en un punto central configurando una hélice, al estilo de los símbolos solares, como la esvástica nazi. Para los celtas, representaba la evolución y el crecimiento, el equilibrio entre el cuerpo, la mente y el espíritu; el principio y el fin, la eterna evolución y el aprendizaje perpetuo.

Significaba aprendizaje y la trinidad que forman el pasado, el presente y el futuro; y solo los druidas podían llevarlo a la vista; con él aliviaban las fiebres y curaban las heridas.

Se lo ha encontrado en los petroglifos o diseños simbólicos grabados en los gallegos penedos o rocas graníticas de diversos lugares del mundo, entre ellos las regiones españolas autónomas de Galicia, Asturias, Cantabria y el País Vasco. En la actualidad es el signo que distingue a la comunidad BDSM.

Recuérdese que este símbolo figuraba en la sortija y el piercing o pírsin de la muerta.

Según los entendidos en la cosa, su creador, un americano del ambiente de Nueva York, había querido que se pareciera al tan conocido del Yin y el Yang, los representantes respectivos del lado masculino y del femenino de la personalidad en la cultura china.

Como bien se sabe, para los chinos la interacción de dos fuerzas en equilibrio, dos polaridades dinámicas y complementarias produce los cambios que mantienen el mundo en movimiento. (Igual que en la respiración, inhalar-expirar, una no puede existir sin la otra). Se representa el Yin/Yang mediante un círculo dividido en dos mitades por una línea en forma de S que separa lo oscuro (yin) y lo claro (yang), con un punto central de diferente color en cada una de ellas.

De manera semejante los tres bordes curvos del triskel corresponden a las subculturas B/D (Bondage y Disciplina), D/S (Dominación/Sumisión) y S/M (Sado/Maso) que dieron lugar al término genérico. El metal de que está hecho alude a los grilletes o esposas carcelarios que simbolizan servicio y posesión; los tres orificios negros escenifican el control sobre el lado oscuro de la sexualidad, mientras que la esquemática figura de los trazos en aspa o hélice, semejando el movimiento de los brazos cuando aplican una azotaina a un trasero, representa el spanking o zurra erótica en el culo. El círculo externo en el que se encierra lo demás se refiere a la unidad en el seno de la protectora comunidad.

El mismo símbolo decoraba la sala, así como la llamada bandera del orgullo del cuero o movimiento leather, la famosa bandera del llamado orgullo gay tan conocida en la actualidad. La forman seis bandas de otros tantos colores del arco iris cada uno de los cuales significa algo preciso: el Rojo, la vida; el Anaranjado, la curación; el Amarillo, la luz del Sol; el Verde, la naturaleza; el Azul, la serenidad, y el Violeta, el espíritu, y en su conjunto representan la diversidad que se da en la comunidad gay. También esa bandera nació en los Estados Unidos, pero ahora se ha extendido y ya se la usa en todo el mundo. A veces se la llama bandera de la libertad porque anteriormente se usaba banderas similares a esta como símbolo de unidad internacional de toda la gente del planeta.

Pero no hace aún muchos años y para distanciarse del mundo de los homosexuales masculinos y de la cultura del cuero que en sus orígenes les pertenecía en exclusiva, se propuso para el BDSM una nueva bandera, la masterslave flag o Dom/sub flag, según sus creadores más acorde que la otra con la verdadera esencia del grupo. Se parece a un pictograma y la forman una pieza vertical de color rojo que simboliza la autoridad y la firmeza, y tres bandas horizontales asimismo de color rojo con las que se sugiere la pasividad o sumisión, todo ello sobre un fondo negro.

Diré que un pictograma es un signo que representa en pocos trazos sencillos un símbolo, un objeto real o una figura. En la actualidad se lo entiende como un signo claro y esquemático con el que se quiere transmitir un mensaje sin recurrir a las palabras; con el objetivo de informar acerca de algo o señalarlo. Se dice que un signo es bueno y eficaz si todo el mundo lo entiende fácilmente con sólo verlo tres veces, y si en su diseño no hay nada que sea superfluo y distraiga la atención de lo que se quiere decir.

Como ya he dicho, el movimiento leather o del cuero nació en los USA y al principio estuvo limitado a los grupos homosexuales. Sus prácticas e indumentaria aluden a la sexualidad propia de esos grupos. El color negro de las ropas y los artículos de cuero la distinguen de la sexualidad convencional que estas gentes llaman vainilla. El movimiento leather exalta los que comúnmente se acepta como signos de la más acentuada masculinidad, a saber, el vello del pecho, el sudor, la musculatura abultada, el aspecto amenazador y agresivo y la ropa de cuero. El actor americano Marlon Brando lo escenificaba muy bien en la película "Los ángeles del infierno". "Tras sus gafas de cristales oscuros se agazapaba el vibrante poder sexual de un jaguar", decía la publicidad con que se la había lanzado. El cuero de color negro realza la masculinidad de quien lo viste y sugiere la potencia sexual, mientras la afición por las motos pone de relieve la vida independiente y sin trabas.

La vida en la selva, vamos, tal como la concibe la literatura romántica. Unos que devoran y otros que se dejan devorar sin remedio, así de sencillo.

La mayor parte de la gente que acudía al local era habitual en el ambiente. A pesar de la decoración, tal vez algo hortera para los que entrábamos allí por primera vez, el sitio era agradable y cuidada la atención. Aclararé lo que se entiende por hortera; lo es aquello que pretende ser elegante o moderno pero en realidad resulta vulgar, ordinario y de mal gusto. Había dos plantas; en la superior estaban el bar para la clientela en general y un pequeño escenario en el que se representaba pantomimas y otros espectáculos de la especialidad de la casa.

Abajo, otra barra de bar que atendían los propietarios en persona, el vestuario para los que quisieran cambiar de ropa y travestirse, y los servicios; además de la consabida mazmorra y el salón para los juegos eróticos, con algunos muebles apropiados al caso, tales como los potros de tormento, las argollas para suspender de las paredes o del techo a quienes lo solicitasen, las poleas, las cruces de san Andrés y toda una colección de diversos instrumentos para aplicar a los participantes distintos géneros de azotainas y otros tipos de abusos. Había también un jacuzzi y camas enormes.

Según se nos hizo saber, el local abría habitualmente los fines de semana, el viernes y el sábado, de las 10 y media de la noche en adelante, hasta la madrugada, y se admitía a todo el mundo, solo o acompañado, con pareja del mismo sexo o del sexo contrario, sin distinción de edad ni cualquier otro tipo de discriminación, siempre que se estuviese dispuesto a aceptar y guardar las normas y no armar escándalo. Se permitía todo tipo de juegos en cualquier parte de las instalaciones: azotes, masturbaciones y desnudos, incluso junto a la barra del bar.

A cambio de una generosa propina se nos condujo a una mesa discreta y apartada en la que podíamos observar a los demás sin llamar la atención ni ser observadas. Al principio, para nosotras, primerizas que no conocíamos a nadie, todo aquello nos resultaba un poco monótono, ya que se echaba en falta algún Relaciones Públicas que se encargase de hacer las presentaciones para que los clientes de gustos parecidos se conociesen y tratasen. Abundaban las parejas vestidas de código SM, fetichistas del látex, algún travestido y encaramada a un taburete del bar una sumisa encadenada y desnuda.

Esta joven parecía hallarse por completo a su gusto y con el aire de quien no ha roto un plato en su vida tomaba a pequeños sorbos una bebida de color verde esmeralda. Se me ocurrió preguntarme si el color de la bebida tenía algo que ver con el ambiente, pues el común de los mortales llama chistes verdes a los que son de color subido; en otras palabras, los que aluden al sexo. No sé, quizá llevada por el aburrimiento y la impaciencia de que empezase pronto la acción me estaba pasando de lista.

Aquel día se ofrecía en el local un par de espectáculos que, según decía el programa de mano que se nos había entregado a la entrada, tenían un propósito cultural, es decir, de aprendizaje y enseñanza.

En un determinado momento y cuando ya habíamos tenido tiempo de echar una ojeada a lo que estaba pasando, se presentó sobre la pista una animadora que ante todo expuso el programa de lo que estábamos a punto de presenciar y después insistió en que terminada la actuación los clientes debían mezclarse unos con otros para hablar y conocerse mejor, romper el hielo, como se suele decir; sobre todo los que eran novatos en esta clase de espectáculos y se estrenaban en ellos. A continuación apareció el actor principal, un hombre extraordinariamente robusto que parecía ya bien entrado en la cincuentena y cuyos músculos súper abultados lo señalaban como frecuentador adicto de los gimnasios preferidos de los culturistas; lo acompañaban diligentes y obsequiosas dos de sus asistentes preferidas. En colaboración con ellas llevó a cabo su número.

Se trataba de una sesión de Tortura de tetas, como se apresuró a indicarnos. Con grandes aspavientos y exagerados esfuerzos comenzaron suspendiendo de unas cuerdas de nailon que pasaban por unas poleas sujetas al techo, cuerdas también de color verde, como la bebida que ya he mencionado, a una chica joven que tenía todo el cuerpo cubierto de los más extraños y fantásticos tatuajes; círculos, espirales, puntos de diversos colores, unas figuras en forma de cometas, otras que parecían la cola de algún extravagante animal... en general todo un muestrario de la más desenfrenada fantasía que se mezclaba al azar en aquel cuerpo de carne. Asistido por una de las ayudantes, aquel hombre le torturaba los pezones; primero se los apretaba con los dedos, se los retorcía, tiraba de ellos y en general los sometía a toda clase de vejaciones a cada cual más caprichosa. A todo ello la que hacía de víctima parecía reaccionar emitiendo unos sonidos confusos que tanto podían ser gemidos y ayes de placer torturado como de dolor placentero.

Al principio el público asistente no pareció dar muestras de sentir nada especial, como si lo que veían no les importase lo más mínimo, no les importase un pimiento o estuviesen a ello acostumbrados como al pan de cada día y les costase entrar en situación. Ante ello los actores decidieron abandonar esta variedad de tormento y pasar a la siguiente. Se trataba de refregar a la joven los pechos con papel de lija primero y toda una serie de instrumentos abrasivos después. Había donde escoger. Limas de uñas, un cepillo de cerdas metálicas, una especie de estropajo igualmente metálico de los que se usa en la cocina moderna y así sucesivamente.

Quizá para aliviar los estragos que esta forma llamémosle ruda y desenfadada de tratarle las tetas pudiera haber causado en la víctima, su aplicado verdugo procedió a acariciarlas y untárselas con una gran variedad de lociones, pomadas, ungüentos y extractos de plantas.

Comenzó por el mentol, que en un primer instante da una sensación de frío que poco después se transforma en otra de calor e incomodidad.

También el alcohol ordinario tiene efectos semejantes; si se lo aplica sobre los pezones y se deja luego que se evapore a su aire, proporciona en ellos una sensación de frío tanto mayor cuanto más se los haya torturado antes mediante una concienzuda abrasión.

Pero no todo iban a ser contemplaciones y blanduras; para evitar que el momentáneo alivio pudiera llamar a engaño a la joven así torturada y hacerle concebir falsas esperanzas de que todo aquel tormento se iba pronto a acabar, el que actuaba de verdugo le aplicó sobre los pezones con una paleta a propósito una papilla o ungüento preparado a partir de una guindilla u hortaliza picante de esas poco menos que prohibidas que casi incendian la boca del incauto que se atreve a ingerirlas e incluso hay que manejar con guantes para no quemarse indebidamente las manos.

Y se coronó la actuación con un manojo de ortigas frescas del día. Su simple contacto provocó en los pechos ya tan castigados una irritación urticante y desesperante que a juzgar por los quejidos y desgarradores lamentos de la infortunada estuvo muy lejos de ser cualquier cosa siquiera medianamente placentera.

Aquí los torturadores se tomaron un bien merecido descanso para fumar un cigarrillo y comentar lo que hacían, mientras también descansaba la víctima, al parecer ignorante de lo que estaba aún por venir o indiferente a lo que le estaban haciendo.

Terminada pues esta parte, se pasó a la siguiente, el clavado de agujas. Con amplios ademanes y gestos, para hacer ver a los asistentes que se tomaba las necesarias precauciones higiénicas, el verdugo se calzó unos guantes de látex o polivinilo y desinfectó con una gasa esterilizada la zona en que se disponía a insertarlas. A continuación fue hincando en los blandos globos de leche todo un muestrario de ellas, desde las de coser ordinarias hasta las que en tiempos pasados se empleaba para hacer los colchones y finalmente las de calcetar de toda la vida. Cosa curiosa, apenas había derramamiento de sangre. Como en cierta otra ocasión en la que en un local que entonces estaba de moda habíamos presenciado, Miguela y yo, un espectáculo en el que un fulano que según él decía practicaba la medicina alternativa y echaba las cartas a quien quería conocer su futuro se atravesaba con una rígida y brillante aguja de acero especial al cromo o al vanadio para hacerla más fuerte e inoxidable el muslo de su pierna derecha sin que de él brotase ni una gota de sangre, mientras los asistentes mirábamos fascinados la operación sin poder apartar los ojos de ella. Cuando terminada la función nos habíamos acercado a él para preguntarle cómo era capaz de hacer lo que hacía sin inmutarse ni aparentar sentir algún dolor o preocupación, él nos había respondido que la cosa no era para tanto y engañaba a la vista, pues en la zona del cuerpo que aparentaba traspasarse con tanta indiferencia no había vasos o nervios que lo desaconsejasen; por otra parte él sabía bien lo que hacía, le gustaba hacerlo y en general lo pasaba bien.

Allá cada cual con sus gustos y sus manías, había pensado yo en aquella ocasión, no sin añadir para mí misma que en este mundo el número de chalados es infinito; como el de los necios que la Biblia menciona.

# Capítulo 9

## Seguimos en el mismo lugar

Volviendo al local en que nos encontrábamos, todo lo que hasta aquí he descrito iba unido a un abundante repertorio de humillaciones verbales de lo más variado: ora se le decían palabras obscenas que se suponía la excitaban, ora se la insultaba llamándola puta, guarra, pervertida y así en general otras expresiones del mismo género que prefiero omitir para no escandalizar en demasía al lector.

Le tocaba el turno ahora a las ataduras. Una de las asistentes trajo al escenario un manojo de cuerdas de los más diversos materiales, de nailon, cáñamo, yute, algodón, poliéster... y de todos los colores del arco iris: se podía decir que alegraban la vista, era toda una fiesta.

Según los expertos en tales materias, atar unos pechos no es cosa fácil dada la variedad de sus texturas y tamaños. Unas tetas casi se atan solas y otras son escurridizas y difíciles de atar.

En el caso de que se trataba se empezó realzándolas rodeando el torso de la muchacha con unas apretadas vueltas de cuerda por encima y por debajo del llamado surco submamario.

Una vez realzadas y enhiestas sobre el campo torácico, el verdugo les dio una serie de cachetes y golpes para calentarlas y reanimarlas y hacerlas así más sensibles a los azotes que vendrían después.

Ahora la ayudante en funciones le presentó en una bandeja al son de una música estridente que crispaba los nervios un grupo de látigos de múltiples colas que los entendidos llaman gatos o "floggers", del inglés to flog, que significa azotar.

Empezó despacio al principio, con poca velocidad y espaciando los golpes. Las azotó de arriba abajo, describiendo un semicírculo más o menos vertical hasta impactar con la teta, recogiendo con la otra mano las colas del látigo y repitiendo. Luego las golpeó de lado a lado, describiendo un semicírculo más o menos horizontal. A continuación en molinillo, cuando ya las tetas estaban calientes, y finalmente describiendo un "8". Para rematar con el impacto directo, como "traca final" de despedida.

Había terminado la primera parte del espectáculo. En medio de una salva de aplausos y ovaciones de los asistentes, los actores se retiraron a un espacio contiguo para hacer aguas, tomar un bocado o cualquier otra cosa que se terciase, y tras un intervalo de algunos minutos aparecieron de nuevo en la pista para comenzar la segunda ronda de torturas. Hay que decir que hasta el momento la joven que hacía de víctima parecía haberlas sufrido de buena gana y sin manifestar otro síntoma de incomodidad que algún que otro alarido que venía a prestar así como una especie de realce al conjunto. Es lo más probable que en su calidad de actriz de actuaciones semejantes ya estuviese acostumbrada a lo que le estaban haciendo y que además todo ello fuese una pantomima o simulación carente de riesgos antes que algo que ocurriese en realidad.

Se comenzó con una sesión de tortura eléctrica. Una de las azafatas había traído a la pista un aparato que llaman TENS ideado sobre todo para estimular los músculos y nervios de todo aquel que se preste al experimento, es decir un artilugio para aplicar al cuerpo descargas eléctricas de baja intensidad. Dado que nos limitábamos a ver y que solo a través de las exclamaciones y posibles gritos de la víctima hubiésemos podido hacernos una idea de lo que ella estaba supuestamente sintiendo, la cosa resultaba más bien aburrida. Felizmente el espectáculo duró poco y pronto dejó paso a unos electrodos específicos para la tortura de tetas que llaman Varita Violeta y consiste en esencia en una bobina Tesla de mano; un transformador de alta tensión, alta frecuencia y baja intensidad al que se acopla diversos electrodos, que básicamente son unos tubos de cristal llenos de un gas noble (argón o neón). Al acercarlos al cuerpo, un arco eléctrico cierra el circuito con tierra y se iluminan desprendiendo luz violeta si el gas de relleno es argón o rojo si es neón. ¡Qué bonito!

El espectáculo es muy llamativo pues se trata de electricidad en estado puro que se puede ver y aun oír. Incluso el olor, una mezcla del olor al ozono que produce y a "pollo frito" contribuye a ello.

Siguieron escenas de lastrado, que consiste en colgar todo tipo de pesos de unos pezones ya bastante trabajados.

Dicen los entendidos que aunque cualquier cosa con un peso de, digamos por debajo de unos 200 gramos, llaves, velas, candados, una grapadora... puede ser susceptible de ser utilizado para lastrar, lo más factible, asequible y discreto es utilizar plomos de pesca. ¡Ellos sabrán! Ninguna de nosotras era especialista en actividades del género.

Por fortuna no se les ocurrió o lo evitaron con cuidado llevar la cosa al extremo y suspender por las tetas a la joven, lo que hubiese equivalido a lastrarlas con el peso de la voluntaria víctima. No es algo que se aconseje hacer de buenas a primeras, pues no hay en ellas ningún elemento de soporte especialmente resistente como para aguantar el peso del resto; es casi seguro que se causaría lesiones. Se ha visto fotos de tales tormentos e incluso alguna vez llevarlo a cabo en un escenario. Dejando al margen algunas "barbies" tetudas que apenas pesan como una pluma y los trucos del oficio, se dice que las personas con mucha experiencia en el uso de las cuerdas y duchos en las suspensiones, son capaces de hacerlo; pero es muy probable que se trate de puro "ilusionismo" y que solo parezca que son las tetas las que soportan el peso, aunque en realidad sean otras zonas del cuerpo más seguras y apropiadas las que carguen con él.

Después se pinchó los pezones de la chica con unas pinzas extravagantes que recordaban a las que se utilizan en muchos países para sacar las castañas del fuego. Las hay de muchos tipos. En las sex shop especializadas en S/M se las encuentra para todos los gustos. Un sistema de estiramiento de pezones por pinzamiento se llama "Nipple Pullers" (para tirar de los pezones). Pero el modelo ideal es la pinza japonesa o de mariposa. Es perversa; su forma hace que la pinza traslade a su "boca" el peso de un objeto convirtiéndolo en presión de mordida. El suplicio es doble, pues al dolor de la tracción se le suma el que produce la tenaza. Esto además refuerza el anclaje, asegurando más la pinza sobre el pezón, lo que las hace ideales para lastrar. Son muy útiles para torturas refinadas.

Su superficie de aplicación es bastante pequeña, aunque tienen el detalle de estar protegidas por una goma con protuberancias. Por sí mismas ya ejercen una presión considerable, pero si las lastramos o tiramos de ellas su presión aumenta proporcionalmente.

Las pinzas de madera o de tender la ropa no soportan tanto peso, pero sirven para cargas pequeñas o medias.

Esta fue la primera de las dos performance o representaciones que se había previsto para la fiesta de aquella noche, a la que los organizadores habían dado el nombre de Nuevas experiencias: La noche de las nuevas experiencias.

# Capítulo 10

## La noche de las nuevas experiencias

Para nosotras al menos, no cabía duda de la novedad de lo que habíamos presenciado: aquellas experiencias nos eran nuevas por completo, pues ya fuese por la educación conservadora que habíamos recibido o porque aquello nos pareciese indigno de nuestra profesión y poco serio, nunca nos había tentado explorar tales ambientes; pero esta vez las circunstancias nos habían obligado a ser fieles al dicho popular según el cual "nunca te acostarás sin saber una cosa más".

Había transcurrido sin otros incidentes la primera parte de aquella noche instructiva, y en la pausa que la siguió, mientras los actores se preparaban a continuar educándonos, quisimos aprovechar al máximo el tiempo de que disponíamos y de acuerdo con ello llamamos a nuestra mesa a los encargados del local y tras decirles quienes éramos y la razón de que nos encontrásemos allí, les mostramos las fotos de la mujer hallada muerta.

No dieron muestras de inmutarse ni de una impensada turbación que hubiera podido traicionarlos de haber estado implicados en el caso; y tras haberlas mirado con detenimiento tal vez algo morboso, nos las devolvieron y nos aseguraron no reconocerla ni recordar haberla visto nunca por aquel lugar. Tampoco el director de la *troupe* y sus compañeras de actuación supieron darnos ningún dato que pudiera ayudarnos. A primera vista aquel individuo o individua ya cadáver no parecía haber sido cliente de aquel antro. Por el momento aceptamos sin ponerla en discusión la palabra que se nos daba y nos hicimos a la idea de que estábamos tan solo al comienzo de la investigación y como era de esperar nos quedaba aún mucho camino por hacer.

No quisimos quedarnos para ver la segunda función de la noche; no nos parecía que fuésemos a ganar mucho con ello y además la velada estaba ya muy avanzada y nos llamaba la cama. Como hubiese dicho un refinado italiano, *piano, piano ci va lontano,* o en más puro español, poco a poco hila la vieja el copo, de modo que nos dispusimos a marcharnos y dejar para el día siguiente la continuación de las pesquisas.

Pero antes de irnos quisimos echar una mirada al menos a las demás secciones de aquel curioso lugar. Descendimos pues a la planta baja, donde estaban la mazmorra y la sala de juegos complementaria. En la primera, la mazmorra, una mujer ceñida en un apretado corsé de ballenas a la moda 'retro' que le proyectaba hacia adelante los abultados pechos, azotaba con un látigo de múltiples colas de piel cruda de buey sin domesticar el trasero de un hombre desnudo de edad más que mediana y prominente vientre; ella vestía además unas medias negras caladas que se le ajustaban al muslo como una segunda piel y que iban sujetas a un erótico liguero, mientras él, doblado por la cintura, apoyaba el velludo pecho sobre una tabla estrecha de madera tendida entre dos caballetes, como las que usan las amas de casa para planchar la ropa de una semana a la otra; no había nadie contemplándolos; el único público asistente eran otras dos mujeres vestidas igual que la primera y que parecían limitarse a disfrutar con particular deleite el refinado espectáculo.

La azotaina debía de resultar muy excitante, pues el miembro viril del afortunado caballero que la recibía, miembro que podíamos ver en toda su magnífica grandeza desde la privilegiada barrera en que nos encontrábamos, parecía apuntar hacia adelante con resuelta determinación, como dispuesto a llevar a cabo al momento y sin hacerse rogar las mayores hazañas que se le pudiese exigir, una nueva variante de los antiguos doce trabajos de Hércules tal vez o algo equivalente.

No tuvimos ocasión sin embargo de ver en qué paraba todo aquello y de qué proezas aquel sujeto hubiese sido capaz, si se le hubiese dado rienda suelta, pues al cabo de un rato la mujer que lo azotaba pareció satisfecha con los resultados obtenidos y dejó de pegarle. Las otras dos parecieron decepcionadas y dejaron escapar un suspiro no se sabe bien si de desencanto o de alivio, no ha quedado claro. En todo caso no se veía bien qué se hubiese podido esperar si la cosa hubiese seguido adelante. A fin de cuentas, tanto la víctima como el verdugo eran de carne y hueso y, como tales, sujetos a las humanas limitaciones. Todo lo que sube, acaba por fuerza bajando, y toda hinchazón desmesurada termina inevitablemente en un ruinoso desinflado, pues como antaño decía el título de una película famosa "más dura será la caída". La mujer había hecho simplemente lo que tenía que hacer.

Una vez terminada la preparadora azotaina, aquella que lo había puesto en estado de complacer a cualquier hembra por exigente que fuese y las otras dos que actuaban de público a modo de pasiva asistencia, se aproximaron al caballero, y con alarde de buenos modos y persuasiva dulzura femenina lo obligaron a lamer y chupar con fruición verdadera o fingida el descomunal consolador de caucho que mientras tanto se habían ido colocando en los bajos por medio de unos arneses.

¡Qué magnífica herramienta! Ya la quisieran para sí, de carne y sangre reales, muchos varones que presumen de machos y van por la vida de conquistadores.

Sin mostrar repugnancia ni manifestar de otro modo disgusto o repulsión, él hizo a conciencia lo que se le pedía y ensalivó, sin olvidar resquicio o pliegue, aquel morboso instrumento con el cual ellas se disponían a encularlo más tarde, no sin antes, todo hay que decirlo, haberle abierto y distendido el inicialmente apretado esfínter por medio de un puño también descomunal asimismo de caucho, operación que los anglosajones, tan adelantados y puestos al día en los últimos avances del progreso, llaman *fisting*; que viene de la palabra *fist*, o puño, en castellano.

Pese a haber comenzado el asunto con esa preparación o calentamiento de tipo deportivo, no hay que olvidar sin embargo que antes de llevar a cabo la insólita intrusión es necesario tomar primero la prudente medida de untar bien el artilugio, ya sea con vaselina u otra crema a propósito, con el fin de hacer más llevadera para el cuitado y menos arriesgada para la integridad corporal de su ano la penetración deslizante. Pues según referencias y consultada la literatura al respecto, en varias ocasiones ha tenido que intervenir más tarde el cirujano para enmendar y recoser el desgarro que el desordenado impulso y juvenil entusiasmo habían provocado en el intestino recto del paciente.

Todo sucedió como se había previsto y tras una serie de entradas y salidas en aquel orificio que se le ofrecía pasivo, la cosa llegó a su fin. No había nada más qué ver. Ahora sí que se había terminado el espectáculo. Era hora de irse.

Dejamos el lugar un si es o no es ligeramente excitadas y húmedas. Tal vez nuestros atentos y paternales jefes, que nos habían metido en aquel fregado y boca del lobo, no habían contado con esto: los daños colaterales, por llamarlos de ese modo moderno, por ventura causados a nuestro equilibrio anímico.

# Capítulo 11

## El local llamado Azotes

Pasamos bien aquella noche; quiero decir que tras la insólita experiencia y en contra de lo que muy bien cupiera esperar dada la naturaleza de lo presenciado, conseguimos dormir sin pesadillas ni excitantes sueños eróticos. Como asegura el dicho popular 'a todo se acostumbra uno' y lo que al principio pudiera parecer escandaloso y hubiera suscitado el reproche y repulsa de la gente pacata y circunspecta, al final termina por aceptarse como lo más natural y sencillo del mundo.

¡Ay, no somos nadie y las más firmes convicciones y propósitos de llevar una vida recta y sensata se desmoronan y disuelven como azucarillos en el agua por la acción inclemente del tiempo!

Era ya otro día y nuestra obligación seguir investigando. De modo que tras esta primera búsqueda en un local anodino o de bajo perfil, como se ha puesto de moda llamar en la actualidad a lo que no se sale de lo más común y corriente, y en el que los extremos eróticos no parecían ser el plato fuerte del extraño menú de perversiones, acordamos ampliar nuestra pesquisa para explorar ambientes más al rojo vivo, por decirlo de tan gráfica manera.

Era muestra de ellos el siguiente, a medias clandestino y prohibido por las autoridades y a medias tolerado por ellas, que sugiriendo las prácticas especialidad de la casa, llamaban Azotes y cuya dirección nos había dado uno de los muchos confidentes o soplones del mundo del hampa con los que suele contar cualquier Administración que se precie, al menos si hemos de atenernos a la ficción televisiva del horario nocturno.

Estaba en las afueras, en un barrio de la periferia. Traspasada una puerta discreta que no llamaba en particular la atención de los transeúntes, se entraba a un portal pobremente iluminado, al fondo del cual nos esperaba inmóvil un barroco ascensor lleno de historia que con un poco de ironía y buena voluntad podríamos llamar vintage, es decir, de estilo retro o clásico, pues se trataba de uno de aquellos antiguos armatostes, pródigos en espejos y molduras y en general decoraciones caprichosas hallados en las casas señoriales o de la alta burguesía de antaño y semejantes a transparentes jaulas que subían renqueantes y sin apresurarse por un pozo abierto hasta el piso más alto de aquellos edificios.

Como Miguela, la compañera y cómplice que mis jefes me habían señalado para llevar a cabo la empresa que teníamos entre manos, se mostrara reticente a entrar en aquel rancio cubículo e hiciera el gesto de echarse para atrás no del todo convencida de la conveniencia de aventurarse en semejante emprendimiento, me reí con ganas. Según las apariencias yo era más desinhibida y osada que ella y encontraba divertida la situación. De un jovial empujón la hice entrar en aquel anticuado artilugio y apreté el botón del piso al que nos dirigíamos. Con un traqueteo molesto, el cacharro empezó a subir lentamente. Llegamos así a una especie de corredor o pasillo al que daba una ancha puerta entreabierta. La traspasamos decididas a echarnos en la boca del lobo y entramos en un *loft* o salón grande y oscuro que a aquellas horas estaba lleno de humo y gente ruidosa y animada, la mayoría de ella joven y desconocida.

La velada apenas comenzaba; la mitad de las quizá treinta personas o más que en aquel momento llenaban el recinto se sentaba a las mesas colocadas en torno a una amplia pista o espacio central despejado y se limitaba a beber con parsimonia la consumición que había pedido mientras miraba con curiosidad lo que ocurría ante sus ojos. En primer plano un enano de espesa barba negra rizada lanzaba por la boca impresionantes llamaradas de fuego que caldeaban bastante el ambiente tanto en sentido propio como en el figurado, si se me entiende lo que quiero decir. En los laterales del improvisado escenario algunos hombres yacían tendidos en el suelo desnudos y maniatados para evitar que se tocasen las partes si debido a la excitación continua a la que se veían sometidos les venía la gana de hacerlo; eran hombres musculosos y no llevaban sobre el cuerpo otra prenda de ropa que unos pantalones cortos de látex o de cuero que se les ajustaban estrechamente a las caderas y muslos y dejaban adivinar fácilmente a quien quisiera mirarlo el bien dotado paquete de sus atributos viriles. Se ofrecían en pasiva actitud a todo el que deseara divertirse con ellos, mujeres y hombres indistintamente, sin odiosas discriminaciones debidas al sexo, como debe ser y manda la Constitución.

Aunque por el momento solo lo hacían las azafatas contratadas para dar vida al espectáculo y con su ejemplo animar a las más tímidas y reprimidas a imitar su comportamiento, se permitía a cualquiera de las espectadoras que así lo quisiese aproximarse a ellos y una vez debidamente descalzas introducirles en la boca abierta con mansedumbre y ansiosa expectación el dedo gordo de un pie envuelto en la media de nailon correspondiente o el extremo aguzado de los barnizados tacones altos de sus zapatos, de acuerdo con el capricho de cada protagonista.

Ellos no dejaban de corresponder a tan extraña atención chupando con humilde ansia que antes parecía delectación amorosa que sádica humillación lo que tan amablemente se les ofrecía.

En un ángulo del espacio abierto la anfitriona azotaba con una nudosa vara de bambú que empuñaba diestramente en la mano derecha mientras con la izquierda la agarraba de los largos y sedosos cabellos, a una joven de formas más que rellenas la cual mantenida con los brazos en alto por una soga que pasaba por una polea colgada del techo y a juzgar por la expresión de placer que se le veía en el rostro parecía deleitarse en aquel incruento suplicio y estar pasándolo de lo mejor de este mundo; ajena al tormento o tal vez inmune al dolor que en buena lógica los golpes deberían causarle, ella los recibía sin la menor queja y parecía llevar con paciencia y resignación ejemplares, por no llamarlo estulticia, es decir, necedad y tontería, aquella orgía y desenfreno paganos más propios de las bacanales de siglos hace ya mucho tiempo idos que de los nuestros modernos, mecánicos y austeros; debo añadir que para prevenir tal contingencia, es decir cualquier importuno alarido o grito estridente se le había puesto en la boca una de las que los entendidos en estas materias llaman mordazas de bola.

Los verdugones o morados que los despiadados golpes le causaban en los blancos y carnosos muslos tal vez ya algo tomados de la antiestética celulitis impresionaran incluso al más indiferente y bragado de los asistentes al perverso espectáculo.

No era esto todo. Una mujer gorda, vestida de negra amazona, es decir, una hembra resuelta y musculosa tal vez adicta al 'botox' o practicante de artes marciales, azotaba asimismo con saña entusiasta real o fingida a otra delgada de su mismo sexo atada a una cruz de san Andrés levantada en un ángulo. Para quienes lo ignoren diré que se llama cruz de san Andrés a la que forman dos anchos tableros en X y debe su nombre a que en los tiempos pasados de los mártires cristianos había habido uno, llamado justamente Andrés, que no queriendo hacer sombra a su divino Maestro Jesús o ponerse a su altura dejando que lo crucificasen en una cruz normal y corriente, también llamada latina, de dos palos cruzados en ángulo recto, había pedido a sus sayones, que es lo mismo que decir verdugos, que lo crucificasen en aquella otra variante que él les proponía. Puesto que no se les daba un ardite o lo que es lo mismo les daba igual, ellos lo habían complacido sin hacerse los duros. Al mismo tiempo, otra ama severa paseaba por el local conduciéndolo atado a una correa de perro que le rodeaba el cuello, a un tipo musculoso sumiso ataviado únicamente con un taparrabos de látex o vinilo que le marcaba obscenamente el paquete y dejaba entrever a los asistentes su terca erección.

En otro extremo de la sala, se había colgado asimismo del techo cabeza abajo a una nueva supuesta víctima también femenina, y mientras su verdugo, asimismo fingido, lo quiero creer, y del género opuesto, le azotaba el culo con una afiligranada correa, una mujer en paños menores la besaba con pasión en la boca entreabierta.

El enano a que me he referido anteriormente y que acogía a los recién llegados echando llamaradas por la boca como un antiguo dragón de las leyendas de estilo gótico, actuaba también en los intervalos como maestro de ceremonias y recorría el local haciendo advertencias aquí y allá para que nadie llevara al extremo lo que en el momento lo ocupase y causara quizá sin pretenderlo, por ignorancia antes que por malicia, alguna desgracia, deplorable al menos, ya que no irreparable. De no tener especial cuidado con las que hacían el papel de víctimas, sobre todo las figuras suspendidas del techo, corrían el peligro de desmayarse, debido a algún accidente de la circulación de la sangre. Al parecer, en las horas normales del día el fulano trabajaba en un circo y por su profesión estaba al tanto de las acrobacias que con el cuerpo humano y sin daño grave se podía y no se podía hacer. En cada uno de sus rincones el local destilaba calor, sexo y actividad extraordinarios. Una señora oriental que tenía el pelo teñido de rubio lo grababa todo en vídeo, mientras otra hacía fotos a los allí presentes.

Contamos a aquel hombre lo que habíamos visto en el otro local la noche anterior, y dado que en aquellos momentos él no tenía nada mejor que hacer, se sentó con nosotras a nuestra mesa y tras pedir una bebida que lo pusiera a tono se prestó de buena gana a aumentar nuestros conocimientos en la materia.

Existen otras formas e instrumentos para dar suplicio a las tetas, comenzó diciendo amablemente; lo que habéis visto es solo una parte de las muchas posibilidades que se le ofrecen al especialista.

Cuando no se los emplea directamente, sirven de ayuda o complemento a otros que son los protagonistas y llevan la voz cantante, añadió con erudición.

Por ejemplo, hay lo que llaman un "cepo de tetas" parecido al cepo que se usaba en la Edad Media para exponer a la vergüenza pública a los malhechores; el que digo consiste en dos tablas rectangulares que encajan una sobre la otra y en las que se ha practicado un par de aberturas semicirculares para apresar entre ellas las dichas glándulas mamarias, con lo que se puede disponer de las tales sin interferencias e incluso en cierta manera operar al margen de lo que opine su dueña y hacer diabluras.

La "prensa de tetas" es algo parecido a lo anterior. Son básicamente dos maderas enlazadas mediante unos pasadores o tornillos de tuerca y dispuestas de tal modo que se puede introducir las tetas entre ellas y prensarlas a voluntad como se prensaría un limón o un racimo de uvas para que soltasen el respectivo jugo.

También se hace con un tablero de madera una especie de bandeja que se cuelga del cuello de la mujer con una correa y se apoya sobre sus pezones, mejor si erectos y duros tras un castigo sabiamente aplicado, tras lo cual se la obligará a circular por entre las mesas, cargada con las correspondientes bebidas como si fuese una exótica camarera, y servir lo pedido a los clientes morbosos a los que anime y ponga a cien semejante espectáculo desacostumbrado.

En el mundo de la Medicina se suele excitar los neuro receptores corporales con la "*Pinwheel*" o "Rueda de Wartenberg", un artilugio circular de aspecto más bien intimidante con el que se puede estimular los pezones y las areolas de quien acceda a prestarse al jueguecito, o cualquier otra parte del cuerpo previamente sensibilizada para la ocasión. El morbo aumenta si se la combina con una varita violeta que cargada de electricidad desprenda chispazos de varios colores al acercarla a la piel, o si utilizamos una versión especial del instrumento en la que intervengan también las descargas eléctricas, ligeras sin embargo, a fin de no correr el riego de electrocutar a la víctima y tener que llamar a las autoridades para que levanten el cadáver y tomen las medidas oportunas; lo cual sería inconveniente y molesto porque interrumpiría el espectáculo y el público se cansaría de esperar, perdería la paciencia y se aburriría.

Las que en el mundillo sado maso se llama gomas elásticas son unas gomas tan pequeñas que no se las puede manejar con los dedos, por lo que hay que colocarlas con un alicate especial que en inglés se llama "*Elastrator set*" y fue diseñado en especial para ciertas castraciones de la veterinaria. Es una interesante forma de torturar los pezones; además la simple visión de los alicates puede bastar para poner la carne de gallina a cualquiera, incluso a los más insensibles.

Primero se chupa o manosea el pezón para que aumente de tamaño y se proyecte hacia afuera y a continuación se le aplica las mencionadas gomas.

El nombre de los "bastidores estirapezones" o "*Nipple pullers*" ya lo dice todo. Algunos los llaman "torre del dolor". Consisten en un anillo metálico que se asienta sobre la mama con ayuda de una estructura o torre de acero en la que hay una abrazadera; con ella se agarra el pezón y se tira de él girando un tornillo. La tensión del pezón estirado mantiene en su sitio el dispositivo, mientras con el tornillo se tira de él todo lo que se quiera.

Los "palillos chinos" son otra especialidad de ese tormento: se junta paralelo uno al otro un par de tales palillos y se les pone en los extremos una goma elástica; después se los separa metiendo un dedo en la abertura y se coloca entre ellos el pezón que se quiera atormentar; se lo agarra luego con los dedos de la otra mano y se tira de él hacia fuera. Se saca el dedo que se había metido entre los palillos para abrirlos y... ¡ya está! Se regula la presión del conjunto añadiendo más vueltas a las gomas elásticas o desplazándolas hacia los pezones.

Se puede jugar a tirar de los infelices órganos, retorcerlos y hasta hacer el helicóptero con ellos; pero conviene tener cuidado y no pasarse en la broma para no desgarrarlos, lo que atraería sobre los practicantes de estos juegos la desagradable e inoportuna atención de las instituciones. Conviene mantenerse en la sombra y evitar en lo posible la intervención de gentes que menos abiertas y tolerantes que nosotros podrían poner enojosos inconvenientes a lo que hacemos.

Los xenófobos o simplemente aquellos a quienes les disguste usar instrumentos ajenos a nuestra cultura pueden usar en vez de los "palillos chinos" un par de varillas cualesquiera capaces de abrazar a la vez ambos pezones. El conjunto será como un asa o agarradera con la que se podrá traer o llevar a capricho a la víctima. Una banda elástica intermedia añadirá fuerza al total.

Vienen luego los succionadores: en ellos se usa el vacío como tortura o preparación para otros suplicios. Consiste básicamente en aplicar sobre cualquier área carnosa un recipiente del que extraemos el aire para que la carne se expanda y extienda y ocupe el espacio vacío.

Se puede aplicar succión a los siempre sufridos pezones, a la teta entera o a cualquiera de sus partes. Hay a la venta una gran variedad de instrumentos con recipientes de diversos tamaños, así como diferentes útiles de hacer el vacío para cubrir las necesidades precisas.

La cosa es muy fácil: se coloca la campana sobre la zona a succionar, se introduce la válvula –el pivote rojo– en el "cañón" de la pistola extractora, se acciona el gatillo y se produce el vacío. Se la retira y la válvula queda cerrada, aislando del aire exterior el interior de la campana. Para retirarla, tan solo hay que accionar la válvula presionando el pivote rojo. ¡Hay que ver qué sencillo!

También podemos simplemente tirar de la campana o ahuecar la carne para que entre el aire.

No faltan otros tipos de "chuponas" monísimas de colores muy chillones y vistosos que consisten en sendas pezoneras unidas por unos tubitos a una pera de goma que, al presionarla, extrae el aire. Suelen ser muy decepcionantes; las aplicamos y no pasa prácticamente nada del otro mundo. No hay que olvidar que con todo esto de que estamos hablando buscamos excitarnos sexualmente o excitar a los demás que lo estén viendo.

Temperatura: Usar el calor o el frío como elementos de tortura erótica es una de las prácticas más extendidas en los dominios del sado-masoquismo; hay varias formas diferentes de aplicación. Con mucho, los elementos más populares son la cera caliente y el hielo.

En el caso de la tortura de las tetas con cera se enciende una vela y luego se deja que la cera fundida gotee sobre la teta expuesta al suplicio. Cada gota ardiente que cae sobre la piel de la víctima renueva el dolor. No siempre se la deja caer gota a gota; los verdugos más refinados y que presumen del arte con que llevan a cabo su oficio la aplican con un pincel o vertiéndola a chorro.

Son formas muy sensuales de hacerlo y que solo excitan si acaso a las personas de mayor sensibilidad y temperamento artístico; sin embargo los más conservadores y amantes de la tradición dicen con altanero desprecio que aquello no se puede considerar "tortura" y es más bien propio de gentes de alfeñique o pastaflora y que no tienen lo que hay que tener donde hay que tenerlo, porque dado que es necesario emplear grandes cantidades de líquido para conseguir los mismos efectos que de la otra manera y aumenta también la superficie sobre la que se aplica, las temperaturas alcanzadas son muy inferiores a las del goteo; lo cual obliga a emplear ceras con punto de fusión muy bajo para evitar a la víctima daños desagradables y quizá irreversibles.

Lo dicho: cosas de pervertidos y poco hombres.

También con el frío extremo se consigue sensaciones muy próximas a la tortura.

Aplicarse a las tetas o a los pezones los cubitos de hielo sacados expresamente del congelador de la nevera para tales fines, no resulta nada agradable a quien quiera darse el capricho de experimentarlo. Y ya no digamos si se trata del hielo seco, que como muchos lectores sabrán, es el gas $CO_2$ solidificado que se emplea en los extintores con que se suele apagar los incendios de poca monta. Con él sí que baja la temperatura y se siente escalofríos.

Mejor no intentarlo. Te puede dar un ataque de hipotermia y tener que extirparte porciones de carne.

Con esto terminó nuestro improvisado maestro sus explicaciones. Él por su parte quiso saber qué nos había traído al local en qué nos hallábamos. Se lo dijimos, sacamos del bolsillo las fotos de nuestro cadáver travestido y le preguntamos si lo conocía. No, no había visto nunca por allí a aquel sujeto.

Puesto que tampoco aquí nuestras indagaciones habían tenido más éxito que en la ocasión anterior y que nadie parecía reconocer a la muerta, sin desanimarnos y dado que la noche aún era joven, como vulgarmente se dice, y estaba lejos la aurora, abandonamos también este local y nos dirigimos a otro del mismo género.

# Capítulo 12

## A sangre fría

La Boca del Infierno era su nombre y todos los sábados un grupo llamado A Sangre Fría llevaba a cabo una función La llevaba a cabo en medio de música atronadora y un gran despliegue técnico en el patio central de una a modo de antigua corrala o patio que hacía de improvisado escenario. Nosotros, el público, nos sentábamos en las varias galerías laterales que se escalonaban hasta el palco más alto de todos, llamado el gallinero.

El espectáculo se titulaba *We are humans* -somos seres humanos- y recordaba los primeros tiempos de otro grupo que en su época unas decenas de años atrás había sido muy popular debido ante todo a su talante provocativo y rompedor. El lenguaje de los dos era el mismo, a saber: la escenografía industrial, la música en directo atronadora, las proyecciones de vídeo, una acción espectacular, el sado-masoquismo y el fuego. Pero al contrario del antiguo que le había servido de modelo, en éste más reciente no se buscaba la complicidad directa del público, sino sólo y por decirlo así como de refilón, la complicidad a través de emociones extremas, tales como la humillación y el dolor.

La acción comenzó aquí con un desfile a modo de pasarela de moda en la que los modelos eran parejas sadomasoquistas formadas por amas estrictas que tirando de una cuerda atada a modo de riendas al cuello de sus compañeros conducían a los correspondientes hombres sumisos. Ellas iban enfundadas de la cabeza a los pies en vestes de cuero que se les ajustaban a las anatómicas curvas como un guante a la mano, con todo el cuerpo severamente cubierto y antifaces de seda ante los ojos, mientras ellos desfilaban desnudos sin más atuendo que unos sencillos taparrabos de látex ajustados a la tensa grupa; iban reducidos al silencio por medio de una mordaza de bola que les tapaba la boca y llevaban cubierta la cara con unas braguitas de encaje hacía poco usadas, abiertas en la entrepierna en una raja olorosa a femeninos efluvios por donde les asomaba la ávida nariz; de esta manera se dejaban mansamente llevar.

Terminado el desfile, las dominadoras colgaron de una polea del techo por medio de una cadena sujeta a unos ganchos en la espalda previamente flagelada a un hombre asimismo desnudo, al que se balanceó a la manera de la afamada campana de Huesca de que habla la Historia y al que colgaron, a su vez, de la cintura, una mujer hecha un ovillo atado estrechamente con cuerdas de nailon, mientras en el pozo de la orquesta un músico afroamericano de torso musculoso tocaba con desgarro un solo de saxo tenor.

Al hombre se le había provocado artificialmente -con ayuda del arte farmacéutico tal vez- una monstruosa y duradera erección, tras lo cual se le había aprisionado el rígido miembro viril en un estuche cilíndrico parecido a aquellos en que se encierra para conservarles el aroma los puros habanos de las mejores marcas con los que, en la ficción usada para entretener a las masas, suelen deleitarse satisfechos los orondos y bien alimentados magnates de la industria y el comercio; estuche que abierto por ambos extremos, para dejar asomar por el superior y exponerlo a la pública atención al glande o cabeza del pene, se le sujetaba mediante una cadenilla de plata inoxidable a un collar también de plata que le rodeaba el cuello y que los entendidos llaman collar de sumisión. Cadenilla que le tintineaba al mínimo tirón o estremecimiento del órgano cautivo provocado por los gestos y ademanes lascivos de las dominadoras.

A continuación, y como contraste a la dureza de esta acción, una mujer subida en un columpio tocaba en su violín la composición titulada *Sad melody*, melodía triste, mientras en el suelo se besaban con transportes lascivos y penetrando cada una de ellas con la lengua respectiva la garganta profunda de la otra, dos chicas corrientes que para nada habrían destacado del montón. Las chicas de la puerta de al lado, se pudiera decir.

La función terminó cuando con un cabrestante, esa máquina que su usa para levar el ancla de los barcos, se fue haciendo ascender lentamente hasta el techo a la estrella principal vestida de blanco como una novia, a la que se había colgado de un arnés sujetado a su espalda.

En esta especie de profana asunción mariana o desplazamiento angelical los pinchos que le perforaban los pezones y los labios mayores la hacían sangrar levemente, mientras una soprano entrada en carnes entonaba con religiosa cadencia el Ave María de Schubert.

Los asistentes parecían hipnotizados y presa de fuertes emociones. Se oía aquí y acullá profundos suspiros y algún grito pronto sofocado. En esta actuación predominaron el ritual, la sangre y el sacrificio. Colaboraron más de sesenta personas.

En este local obtuvimos la primera pista de la persona a la que andábamos buscando. Aquí se había llevado a cabo el espectáculo siguiendo un estudiado protocolo o conjunto de reglas. Primero un presentador nos había dado la bienvenida a los asistentes y a continuación nos había presentado unos a los otros, para ayudar a que nos conociéramos y facilitar las relaciones mutuas. De este modo invitamos a nuestra mesa a una pareja que por su disposición general nos pareció prometedora. Tras las primeras palabras de saludo y presentación, les mostramos las fotos que llevábamos. Mientras él pareció indiferente, ella le dio con el codo y le llamó la atención sobre una marca de nacimiento que la víctima presentaba en el cuello, al mismo tiempo que le decía: Juraría que he visto esta señal en una de las asistentes a la fiesta que en tal fecha celebró en un local de moda una asociación cuyo nombre ahora se me escapa. ¡Déjame pensar! ¡Ya lo tengo! Nos la había presentado la encargada que regentaba la casa diciéndonos que era alguien que muy de tarde en tarde acudía a fiestas tales, pues trabajaba fuera de la ciudad y sólo en muy contadas ocasiones podía permitirse el lujo de darse un respiro y dejarse ver.

Nos dijo que la tal trabajaba representando a una casa de modas o algo por el estilo y solía ofrecer a la venta unos bolsos de forma especial muy solicitados por determinada clientela.

Tras recibir de ellos las señas de la casa en la que se había celebrado la fiesta aludida, nos propusimos presentarnos allí el día siguiente sin falta. Por el momento habíamos aprovechado bien la noche y tocaba irse a casa a dormir. Nos habíamos ganado bien el merecido descanso.

# Capítulo 13

## Paddles-3, la mansión del dolor

Si queríamos bucear a fondo en aquel mundillo y sin despertar sospechas, teníamos que conseguir se nos dejase entrar en los lugares que celebraban fiestas privadas. Para ello nada mejor que hacernos socias de uno de tales clubes. Tras haber dado cuenta con todo detalle y por medio de los correspondientes informes a nuestros superiores de la marcha de nuestra investigación, les hicimos saber lo que nos proponíamos, y una vez conseguido su consentimiento, la cosa no resultó en exceso difícil. Movieron los hilos adecuados y como consecuencia recibimos al cabo de dos días una invitación para asistir a una de aquellas sesiones reservadas para los miembros en exclusiva, que se iba a celebrar el viernes de la misma semana.

El local o club se llamaba Paddles-3, que es lo mismo que decir raquetas -las palas como las de jugar al ping pong o al tenis de mesa que según la literatura de los siglos XVIII y XIX y sobre todo en ciertas mansiones de la alta y media nobleza rural británica empleaban amas e institutrices para azotar el trasero a sus pupilos y pupilas.

Corregir sin distinción de edad ni de sexo a los malcriados hijos de los señores de la casa, cuando se mostraban caprichosos y díscolos y rehusaban tercos obedecer sin rechistar las órdenes que les daban los mayores, era práctica corriente en tales lugares y medios sociales.

Tales fueron a lo que parece los orígenes de lo que luego se conocería como la educación o disciplina inglesas, todavía en vigor a mediados del siglo pasado en los afamados colegios de las Islas Británicas, cuando finalmente el Parlamento y no sin antes vencer la fuerte resistencia que las clases conservadoras opusieron al cambio de las ancestrales costumbres, tomó cartas en el asunto y la prohibió. Algunos han atribuido a tales prácticas nefandas y a tales extremos de severidad despiadada el rango imperial y prosperidad que a partir del siglo XVII fue adquiriendo la nación de Su Majestad el rey de Inglaterra.

Salimos del despacho privado de que disponíamos en la institución. Ya en la calle, subimos al coche que por orden de nuestros jefes se había puesto a nuestra disposición y nos desplazamos rápidas en dirección al norte por entre el congestionado tráfico que ocupaba las calles a aquella hora. Poco a poco pisamos más y más el acelerador hasta rebasar la velocidad permitida en el entorno urbano.

Nos gustaba jugar a saltarnos las reglas e imitar lo que en la TV solíamos ver todas las noches: las numerosas escenas en las que unos coches irresponsablemente conducidos a través de las calles de cualquier ciudad se saltan los semáforos e invaden las aceras sin que nunca pase nada ni nadie tome medidas para poner coto a semejante desenfreno incivil.

Los congestionados sectores de la población ya quedaban atrás a alguna distancia de nosotras cuando avistamos un rótulo en neón rojo, el de Paddles-3, la mansión del dolor.

Uno de los porteros nos aparcó el coche y nos dio el resguardo que nos permitiría recogerlo más tarde, cuando nos fuéramos. Entramos en el local y dejamos en el guardarropa los abrigos. La noche era fría. Luego, tras dar al camarero jefe una buena propina, le pedimos una mesa bien situada.

Eran las diez y veintiún minutos en nuestro reloj de pulsera.

Con la respetuosa deferencia con que en todas partes se reconoce la generosidad, nos preguntó.

-¿Vienen ustedes solas?

Asentimos.

Él nos hizo un gesto cómplice.

—Es algo que se puede remediar.

—Le haremos a usted una seña si necesitamos algo más —le dijimos.

—Bastará con que me lo indiquen para que las atienda de inmediato —prometió el camarero.

A continuación, nos escoltó hasta una mesa cercana a la pista de baile. A pocos metros de allí había un pequeño estrado que servía, seguramente, de escenario.

# Capítulo 14

## La creación de un ambiente

Todo lo que se veía en aquel club nocturno revelaba la gran habilidad de la dueña para crear esa cosa intangible que se llama «ambiente».

Muchos locales de este tipo se gastan una fortuna en decoración, atracciones y publicidad. Sin embargo, les falta la nota distintiva que atrae a un público escogido. La gente, sencillamente, no acude a ellos.

Otros establecimientos semejantes gastan menos dinero en todos los aspectos y sin embargo su ambiente cautiva y atrae a la clientela. Se dejan ver en ellos caras célebres y personajes populares que gustan de pasar parte de sus noches en tales locales de diversión en los que piden a los camareros consumición tras consumición con lo cual los dueños obtienen sustanciosos beneficios.

No existe una fórmula precisa para conseguir este ansiado ambiente. Para algunos es el resultado de un progresivo crecimiento o desarrollo, tan difícil de planear como el desenvolvimiento de la personalidad humana. Para otros, por el contrario, sólo por medio de un plan cuidadoso se consigue una de esas especiales «atmósferas».

La propietaria de este en que nos encontrábamos se las había arreglado para lograr tal ambiente, tan provechoso para sus intereses, en los tres clubes que poseía en la ciudad. En el que ostentaba el Número Uno se congregaba la gente relacionada de un modo u otro con el mundo de las carreras de caballos. En el Número Dos, se veía rostros muy conocidos de la cultura y del cine. El Número Tres era el local de las nuevas tendencias, de los esquemas más atrevidos, de la exploración de nuevos aspectos de la convivencia; lo preferían los artistas más o menos escandalosos y bohemios, tales como había sido Klimt el artista vienés de comienzos del siglo XX que se había dado a conocer por sus pinturas tamaño extra grande de mujeres estilizadas desnudas en las paredes de los locales que él decoraba.

Se había corrido la voz de que a los artistas y a los escritores se les hacía en él un descuento sustancial en lo que consumían y que se les toleraba ocupasen más tiempo del considerado aceptable las mesas reservadas en especial para ellos. En justa correspondencia, esas personas, los artistas, imitando al Klimt ya mencionado, contribuían con trabajos propios, algunos de los cuales se veía repartidos por las paredes, a la formación de la ansiada «atmósfera».

Los tres clubes nocturnos eran fieles a sus modalidades respectivas. El turista, el curioso y otra gente parecida se aventuraban tímidos por los dos primeros y desde el rincón al que los relegaban los camareros adiestrados en la diplomática tarea observaban a las «celebridades». Se los trataba con cortesía y respeto, pero los encargados del local los controlaban en todo momento. No se toleraba la mezcla de los unos con los otros. Cada cual en la esfera que por nacimiento o situación económica le correspondía. Se mantenía un principio de severa segregación.

La gente de paso tenía ocasiones sobradas para admirar en ellos a las figuras más conocidas. Los camareros se encargaban de susurrarles al oído los nombres de aquellas celebridades, lo que agradaba tanto al visitante curioso como a los famosos, que en todo momento sentían concentradas en ellos las miradas de la clientela que formaba la «masa» sin especial pedigrí.

Venía a suceder aquí lo que según referencias sucedía en los locales más en boga del americano Hollywood, donde a los turistas les era dado contemplar desde una razonable distancia a las estrellas de la gran pantalla.

Varios de los artistas más asiduos frecuentadores del Club Número Tres debían en gran medida su brillante reputación a la insistente publicidad que les hacían, siempre en voz baja, los camareros del lugar. Cada vez que uno de aquellos hombres dejaba una muestra de su capacidad, fuera cual fuera, en las paredes del club, por ejemplo, los camareros susurraban su nombre a los oídos del público que podríamos llamar normal, integrado por seres sencillos a los que la curiosidad y el afán de catar aquel «ambiente» arrastraba hasta allí.

Ante todo, sin embargo, la dueña debía sus éxitos a la forma en que sin que el asunto se le fuera de las manos ni perder por un momento el control, creaba una directa impresión de algo pícaro.

En otros locales del mismo género actuaban figuras del *strip-tease* preferentemente femenino que luego se mezclaban con el público tratando de incorporarse a algún grupo de «lobos» depredadores conocidos por la leyenda de espectaculares hazañas de alcoba que con razón o sin ella se les atribuía y los precedía, o bien se dedicaban a aumentar por diversas componendas y trucos el consumo de las bebidas, a cada cual más costosa y exótica, del que les correspondía un tanto por ciento acordado previamente con los dueños del establecimiento.

En el lugar en que nos hallábamos no se permitía tales prácticas hasta cierto punto groseras que hubiesen empañado la impresión de lugar refinado y exclusivo que se quería dar. Por el escenario sólo pasaban auténticas artistas profesionales. Y quienes estaban allí como «acompañantes» -los jóvenes de ambos sexos que en lugares de diversión se reúnen con los clientes solitarios para entretenerlos bebiendo y bailando con ellos- eran un ejemplo de naturalidad y se ofrecían a los ojos de los demás siempre seductores en cuanto a la figura y las maneras y vestidos con exquisita elegancia.

Se contaba que en una ocasión y en vena de confidencias la dueña había declarado a sus más íntimos: «Tres cosas debe reunir una buena señorita acompañante: el rostro inocente de una virgen que nunca ha roto un plato, un cuerpo 100 y perverso y... bajo el seductor vestido nada que no sean curvas».

Otro tanto hubiera podido decir de los representantes del otro género: también ellos debían hacerse atractivos al mayor número cultivando los aspectos que por su sexo les correspondían.

La dueña de estos clubes operaba dentro de los límites de los suburbios ciudadanos, en emplazamientos cuidadosamente elegidos.

Aquella noche un grupo de activistas del género que nos interesaba, una asociación particular a la que llamaban Domina Libertad, se había reservado en exclusiva el local para organizar una fiesta privada centrada en el BDSM; estaba bastante animada; por todas partes se veía caras nuevas, muchos asiduos frecuentadores de aquel ambiente y algunos grupos de viejos amigos.

No deja de ser curiosa y sorprender al profano, que por lo general se halla al margen de tales enrevesados juegos de palabras y maliciosos sobrentendidos, la confusión implícita en la mezcla, tal vez deliberada, de dos palabras tan contradictorias, como son la dominación y la libertad. Pero ya se sabe, la gente perversa gusta de tales *quid-pro-quo* y travesuras, pues creen que con ellas desconciertan a las mentalidades burguesas, como solía decir, de creer a las crónicas, el amanerado poeta del siglo XIX Oscar Wilde, que se las arreglaba para ser a un tiempo y sin desmelenarse un inglés refinado que se vestía a la pulcra última moda de *Saville Road*, una especie de madrileña calle Serrano londinense de la época, y de la otra acera, si se me permite el eufemismo o matiz, ya me entiende el lector.

Como admiten incluso los más ciegos devotos de su relamida y provocativa literatura, él despreciaba a la gente "normal", sencilla y de todos los días, a la que hacía particular objeto de su *spleen* (que así llaman los ingleses el hastío de buen tono) y aristocrático desdén llamándola burguesa, palabra con la que quería dar a entender gente sin imaginación ni deseos de vivir aventuras extrañas, y se disculpaba diciendo que, con la propia conducta, sólo pretendía *épater le bourgeois*, escandalizar a aquella gente anodina y poco merecedora de que se la tuviera en cuenta, puesto que no era interesante, según lo que él y los de su misma cuerda entendían por la dichosa palabra.

Interesantes eran en cambio todos los que aquella noche se habían presentado en este club, gente ávida de sensaciones nuevas, harta hasta la más aburrida saciedad de su vida acomodada y vacía, centrada en la apariencia –también llamada la imagen- la vida de la protagonista de El diario de Bridget Jones, obra popular y llevada al cine de la reciente escritora británica Helen Fielding; una vida al abrigo -al menos, temporal- de inhumanas y desagradables carencias, propias de tiempos de guerra y penalidades que se creía idas para siempre sin retorno posible.

Se habían dado cita allí muchos que parecían conocerse de antemano y algunos amigos. Y ciertamente no faltaba el espectáculo, en vivo, se pudiera decir, de una especie de *reality show*, puesto que sin la menor inhibición ni escrúpulos gazmoños, más propios de gente dada a la oración y al recogimiento de un templo silente antes que a las emociones extremas de la vida nocturna extravagante de la gran ciudad, se permitía en cualquier parte del local todo tipo de juegos: masturbaciones, azotes y desnudos, incluso junto a la barra del bar.

Por fin se apagaron las luces y dio comienzo en el escenario la primera *performance* o representación prevista para aquella velada; se la titulaba "La perrera" y se suponía que pretendía ilustrar a los concurrentes acerca del trato que la sociedad en la que vivimos da a los animales de compañía. De acuerdo con el libreto, atadas, encerradas y temerosas de que se las matase, las dos mujeres que hacían el papel de desvalidas perras deseaban encontrar un buen Amo que las liberase y protegiese contra el mal e incertidumbres en que abunda este pícaro mundo.

En primer lugar y vestido de negro, el director de la escena sacaba tirando de una cadena atada a un collar que le rodeaba el cuello a una de las actrices desnuda que lo seguía a cuatro patas. Tras colocarla de pie en una tinaja o barreño parecido al que siglos atrás utilizaban para bañarse las clases que estaban al tanto de refinamientos tales, le azotaba con una fusta adecuada las nalgas hasta ponérselas de color rojo carmín. A continuación sacaba de la misma forma a la segunda protagonista y la colocaba al lado de la otra en el mismo recipiente para azotar a las dos mientras ellas daban ladridos y se besaban con pasión en la boca. Terminada la azotaina, las dos se despedían en medio de lo que parecían gruñidos de frustración. Un ayudante se llevaba a la primera tirando de su cadena. Entonces el director clavaba agujas en el pecho de la que se había quedado. Luego le clavaba en una nalga otras dos y ella se encogía y quedaba inmóvil en el fondo del barreño. Por fin, con la ayuda de un espectador que consentía en desempeñar el papel, se sacaba fuera del escenario el recipiente, con la artista dentro.

# Capítulo 15

## La mujer que soñamos

Comenzaba el segundo espectáculo de la noche. Apareció en la pista una pareja de bailarines extraordinaria. No se hubiese podido decir que no llamaba poderosamente la atención. Él, el hombre, aparecía por completo desnudo si exceptuamos la bolsa de cuero que le cubría los abultados genitales. Ella se enfundaba en un traje negro de látex que la cubría de la cabeza a los pies y no dejaba al descubierto ni un mísero centímetro cuadrado de su piel probablemente sedosa. Calzaba unos zapatos de charol asimismo negros y de tacón tan alto como se lo permitía la necesidad de guardar el equilibrio. Aquella especie de funda que se le ajustaba estrechamente al esbelto cuerpo le delineaba las sugerentes formas poniendo especialmente de relieve las curvas y protuberancias de tan espléndida figura. Le ceñía la estrecha cintura un delgado cinturón de cuero incrustado de tachuelas de plata y del que pendían cadenas brillantes del mismo metal. Aquella funda de brillante látex le subía hasta el elegante cuello donde se fundía con un pasamontañas o capuchón asimismo de látex que le envolvía por completo la cabeza y ajustado a sus pómulos le cubría el rostro como una seductora y misteriosa máscara. A través de los rasgados agujeros de ella le brillaban los ardientes ojos y la apertura para la boca dejaba ver un par de labios pintados del más vivo carmín. Era difícil no desear de inmediato besárselos. De la parte superior de la cabeza y con la ayuda de un tubo de acero cromado apropiado al caso le colgaba una espesa cola de caballo de pelo negro lustroso. Ninguna otra cosa se alcanzaba a ver de aquella estatua de ébano, como hubiesen dicho los antiguos clásicos de la literatura.

Las apretadas mangas terminaban en una franja de color rojo brillante alrededor de los bordes, el único toque de color de su vestimenta. Un par de finos guantes de piel con incrustaciones de plata le cubría las manos. De un lazo que le rodeaba la muñeca, retorciéndose como una serpiente marrón, colgaba un amenazador látigo largo y de cuero trenzado.

Comenzó a oírse la excitante música de un tango, suavemente al principio, más fuerte después. El espectáculo, una mezcla de mimo y danza, se desarrollaba en la penumbra. De los agujeros en el suelo se alzaban hilos de humo iluminados por luces oscilantes ocasionales. No se veía bien lo que hacían aquellos bailarines, pero la tendencia general era bastante clara.

Peligroso en aquel espacio confinado, el látigo restalló en el aire como un disparo de pistola. El hombre cayó de rodillas ante la mujer. Ella se inclinó sobre él, ondulando al ritmo del tango; me hizo pensar en una cobra que se contornease en la India al son de la flauta que un encantador de serpientes hiciese sonar. Se ve que me puede la literatura de países exóticos. El látigo silbó de nuevo en el aire y descargó sobre las espaldas de él un golpe de campeonato. Él se retorció con el dolor quemante del latigazo y trató de huir. De nada le valió, sin embargo, pues ella lo persiguió por toda la pista.

El látigo restalló de nuevo y de nuevo lo golpeó. Él cayó al suelo y se postró rendido a las plantas de ella que lo rechazó con desprecio apartándolo con la punta del pie, le dio la espalda y se alejó mientras sus tacones de aguja golpeaban la pista orgullosamente.

Él la persiguió, suplicando. Ella se detuvo y se quedó de pie, de espaldas a él, con las piernas separadas, inmóvil como una estatua.

Él cayó de rodillas, se las abrazó por detrás y hundió la cara en el incitante trasero cubierto de piel. Ella se dio la vuelta con un restallo cruel del látigo y, habiéndose liberado del abrazo, se paró frente a él y con un dedo imperioso enfundado en cuero le señaló el suelo a sus pies.

El hombre inclinó la cabeza y empezó a besarle con afán las puntas de los zapatos mientras ella hacía silbar el látigo en el aire; el público la miraba fascinado. Tras ponerle alrededor del cuello un tachonado collar de perro, ella lo ató con una cadena que se sujetó al cinturón. Él era ahora su prisionero y su esclavo.

En la sala todos contemplaban el espectáculo con la boca abierta y se sentían conmovidos en lo más hondo. A juzgar por como miraban absortos a la pareja, se hubiese podido decir que muchos de los hombres presentes envidiaban quizá la suerte del que estaba en la pista. Contemplaban asombrados a la diosa envuelta en cuero que se alzaba dominante ante ellos y se preguntaban qué rostro temible se ocultaba tras la máscara que lo cubría.

Como quien despierta de un largo sueño que durante toda su vida los ha mantenido inconscientes, de pronto se daban cuenta de algo: desde la adolescencia sus fantasías sexuales habían apuntado en esa dirección.

Finalmente el hombre, todavía de rodillas, arqueó el cuerpo hacia atrás hasta el extremo de casi tocar con su coronilla el suelo a sus espaldas, mientras alzaba al cielo los brazos por encima de la cabeza como en súplica muda de adoración. Cabalgando en señal de triunfo el cuerpo casi postrado a sus pies, su amante se inclinó sobre él hasta rozarle con los labios el rostro. Se mantenía derecha sobre las rectas piernas y sus hermosas nalgas cubiertas de látex, brillantes en la penumbra, parecía apuntar directamente a todos nosotros. Con las enguantadas manos pareció acariciar el cuerpo desnudo de la víctima y hacerle algo que le produjo un violento estremecimiento, nadie hubiese podido decir si de dolor o de placer, tal vez una mezcla de las dos cosas.

Ella se mantuvo así de pie magnífica por algunos instantes y luego dando un paso atrás y tirando de la cadena lo hizo casi ponerse de rodillas. De pronto la música se detuvo y en el silencio total que siguió, ella se dio la vuelta y con aire imperioso salió de la sala mientras él la seguía cautivo a cuatro patas lo mejor que podía.

Por unos momentos la sala permaneció en silencio y en penumbra. Cuando de nuevo se encendieron las luces, los bailarines habían desaparecido y, a pesar de que estallaron los aplausos, ellos no regresaron a la pista.

También a nosotras nos había emocionado la experiencia y necesitábamos un trago con la mayor urgencia; nos temblaban las piernas y respirábamos anhelantes. Un hombre delgado y bien parecido, en la treintena quizá, nos miraba en silencio y finalmente se nos acercó. Tras saludarnos y pedirnos permiso para sentarse a nuestra mesa nos dijo:

-Una buena actuación ¿no os ha parecido?

Convinimos en que había sido, sin duda, francamente notable.

-Parece, muchachas, que un trago no os vendría nada mal. Estáis solas, por lo que veo, lo mismo que yo. ¿Qué queréis beber?

La cosa empezaba bien. Habíamos conocido a alguien de este mundo nuevo y emocionante.

-Mi nombre - bueno, en realidad, mi nombre no viene al caso; será mejor que me llaméis Fisto, como me llaman mis amigos.

Nos presentamos. Yo me llamo Amanda, y ella, Miguela, mi compañera.

-Es un placer. No venís mucho por aquí ¿no es verdad? Se os nota a la legua; vuestro aire no parece ir del todo con el ambiente. Perdonad mi interés. Supongo que os habrá traído la curiosidad. No sois vosotras las únicas. Lo nuestro atrae cada vez más la atención de la gente. Bueno, a decir verdad, también yo soy aquí un extraño. Debido a mi trabajo me muevo continuamente, estoy siempre yendo de un lado para el otro, viajando de aquí para allá, sobre todo en lugares muy, muy calientes y extraños. Hoy me he permitido un descanso. De vez en cuando hay que dejar de lado lo que se hace y tomarse un respiro.

Recordamos que se nos había dicho que la mujer (o el hombre) que buscábamos trabajaba como una especie de vendedor ambulante de bolsos originales.

¿De qué vais vosotras? ¿Qué preferís, dominar o ser dominadas? Ya sabéis, los que frecuentamos estos lugares nos dividimos en dos categorías, los *dom* y los *sub*, es decir, los dominantes y los sumisos, como los llaman los de habla inglesa. Yo soy un sumiso.

Me gusta que una mujer me domine. ¿Queréis dominarme? ¿Estoy a vuestra disposición? Pedidme lo que queráis y lo haré.

Me reí para mis adentros y por debajo de la mesa di una patada en la pierna a mi compañera, a la que también le bailaba la risa en los ojos. Sin embargo y esforzándome en mantenerme seria y guardar la compostura para no dar la campanada y que por acaso descubriesen quienes éramos y nos pusieran de patitas en la calle sin atender a los buenos modales, le agradecí la buena disposición con toda la cortesía de que fui capaz y me excusé diciéndole que por el momento estábamos allí para ver de qué iba la cosa y como si dijéramos empaparnos del ambiente.

Dando muestras de habernos comprendido él nos deseó lo pasásemos bien, se levantó y nos dejó solas.

Al parecer se preparaba un nuevo espectáculo. Habían despejado la pista y bajado las luces. Una especie de presentador se adelantó bajo los focos y nos explicó que aquella noche se había reunido en el local un grupo que se llamaba *dom-sub-friends*, algo así como los amigos de la dominación sumisión. Era un grupo social, añadió, educativo y de apoyo a la comunidad BDSM, abierto por otro lado a personas de todo tipo de orientaciones.

Supongo que quería decir que ellos, aquí en este local, no hacían las odiosas distinciones que en otros lugares, en los cuales se mantiene con rigidez el derecho de admisión y solo dejan entrar a un determinado segmento del BDSM.

Como bien saben los que en el asunto se entienden, hay lugares específicos para quienes se toman las prácticas completamente en serio, se los llama los 24/7 para dar a entender que las mantienen continuamente, de ahí las cifras, las 24 horas del día y los 7 días de la semana, otros en los que se practica digamos una variante *light*, ligera o descafeinada, cuyos adherentes toman el BDSM solamente como un juego que se practica de vez en cuando ya sea en público o en privado, y finalmente los *switch* o gente para todo que se encuentran cómodos en ambientes solo homosexuales tanto como en los heterosexuales.

Todos los viernes se reúnen en Paddles-3 –prosiguió diciendo el presentador- y tratan diversos temas, casi siempre acompañados de demostraciones de alguna técnica. El tema de esta noche era el *puppy training* (o adiestramiento de perritos mascota) y estaba a cargo de una dominatriz rubia y al parecer al principio un poco insegura y nerviosa. Hacía de perrito un hombre ya entrado en años, medio calvo y canoso, que rondaría bien los 60. Lo cual no le impedía mostrarse entusiasta, necio y juguetón como el animal de compañía al que imitaba.

Estaba completamente en pelotas excepto por un arnés que le sujetaba la cabeza, otro en los testículos y un collar en torno al cuello al que se había atado una correa. También lucía una a manera de espesa cola o rabo, que llaman un *buttplug*, (algo así como un tapón para el culo, para los que no sepan inglés), un artilugio de plástico especialmente diseñado para insertar en el ano por uno de sus extremos y que aunque el sujeto se mueva y se agite, no se le salga y por el otro provisto de un como manojo de cerdas que imitan una cola que nada tiene que envidiar a las verdaderas.

Hay todo tipo de variaciones de estos aparatos, entre ellos colas de perro y de caballo, estas últimas  para quienes disfruten haciendo de tal.

La señora Dora, que así se llamaba la dominatriz actuante, nos dejó ver todos los trucos que había enseñado a su perro, tales como sentarse sobre las patas traseras, tenderse en el suelo, dar la patita para saludar, ladrar, hacerse el muerto y saltar por un aro, entre otros. Aquel hombre imitaba el ladrido de un can con tanta pericia que incluso un perro de verdad se hubiese sentido confundido y de primera intención no hubiese sabido si se las había con un miembro de la misma camada o algo diferente. Cuando se portaba mal su ama lo castigaba dándole un golpe ligero en el trasero o en el hocico con un diario enrollado o lo metía en una jaula y lo dejaba allí por un buen rato mientras ella llevaba a cabo otras partes del número, y lo recompensaba con galletitas cuando obedecía.

La demostración fue bastante interesante; no pudimos menos que maravillarnos de la cantidad de cosas con las que juega y se excita la gente. Resultó que entre la audiencia estaba también una mujer oriental a la que le daba por entrenar perritas lesbianas, en especial las *french poodle* (cachorros hembras franceses) y saliendo a la pista junto a la otra que la había precedido en el número nos contó a los presentes un poco sobre su propia experiencia y acerca de las diferencias en lo que se refiere al entrenamiento de uno y otro sexo para hacerles hacer el animal. Había entre el público uno que queriendo dárselas de gracioso les preguntó si además de adiestrarlos también los criaban, les daban la teta, los amamantaban. No hace falta decir que la mirada de desprecio que le lanzaron las dos mujeres lo hizo callar y avergonzarse de su salida a destiempo.

# Capítulo 16

## Las posturas del BDSM

Volvía a sonar la música que anunciaba otra parte del espectáculo, de modo que de nuevo ocupamos nuestros asientos.

Esta vez apareció en la pista una presentadora que se dirigió a los espectadores en los siguientes términos:

Buenas noches, Amas, Amos, sumisas, sumisos, amigas, amigos, os agradezco el apoyo que nos dais. Esta es una aventura compartida, la difusión de la cultura BDSM. Esperamos que el tema de las POSTURAS que hoy os proponemos os interese y atraiga. Una de nuestras modelos os ofrecerá en vivo la representación de algunas de ellas, con las que también se suele decorar la mayoría de los collares que los adeptos al BDSM llevamos al cuello.

No os sorprendáis de los nombres de tales posturas, que sin duda os parecerán extraños. Se los ha sacado de GOR, una obra de ficción en cierto modo relacionada con nuestra comunidad, que por otra parte cuenta con numerosos adeptos.

Esta noche una de nosotras escogida para el caso irá representado aquí en la pista varias de las más típicas mientras yo os iré dando sus nombres y significado. Comenzamos.

En este punto sonó una fanfarria de introducción mientras disminuía la intensidad de las luces y a continuación comenzamos a oír la relajante música de Robert Haig Coxon justo cuando aparecía en la pista la azafata:

**Nadu** – nos dijo la presentadora- que en lenguaje goreano significa de rodillas, es la postura básica de una sumisa, la más conocida de todas. Con ella, la sumisa se muestra dispuesta a complacer los deseos del Amo. Fijaos: arrodillada, se sienta sobre los talones, mientras mantiene erguida la espalda y se abre de piernas para dar a entender que se expone sin reservas; apoya las manos en los muslos y mantiene las palmas abiertas.

Variante de Nadu es **Tower**, la postura de la torre. La diferencia principal entre las dos está en las piernas que como veis permanecen juntas, lo cual indica menos ofrecimiento que en la postura anterior. Se dice que es la más adecuada para las sumisas novicias.

Menos común pero también muy interesante es **Bracelets** o brazaletes. Partiendo de Nadu, la sumisa lleva las manos a la espalda y cruza las muñecas con lo que da a entender que su Amo puede atarla si así lo desea.

Como en Brazaletes, **Lesha** o **Leash**, correa, es una postura en la que la sumisa se ofrece a dejarse atar. La diferencia con la postura anterior es que aquí la sumisa ladea la cabeza. Esta posición no implica que la sumisa tenga que estar necesariamente de rodillas; también se la puede adoptar estando de pie.

A continuación viene **Lips**, labios, también llamada *slave lips* o *pleasure*, placer, en la inscripción de algunos collares; es muy parecida a Lesha, pero aquí la finalidad es distinta, pues en ella la sumisa ofrece al Amo los labios por si desea besarla.

**Plead**, rogar o implorar es la siguiente y como indica el nombre es una postura de súplica u ofrecimiento.

Como veis, la sumisa lo da a entender permaneciendo arrodillada y extendiendo hacia adelante los brazos y las manos. En ella, por ejemplo, la sumisa ofrece al Amo la fusta con que la golpeará.

Ved ahora **Submission**; en esta pose la esclava se arrodilla y tiende los brazos hacia arriba escondiendo la cabeza entre ellos y manteniendo cruzadas las muñecas en señal de entrega y ofrecimiento para lo que el Amo quiera disponer.

Las dos que siguen son posturas de postración; **Karta** es la postura de súplica patrón de las demás. Partiendo de Nadu, la esclava se postra, se inclina hacia adelante y extiende los brazos.

**Whip**, látigo, se le parece, aunque aquí la esclava se inclina hasta tocar el suelo con la cabeza, encoge el cuerpo y aparta el pelo para exponer al látigo del Amo toda la espalda, por si él quisiera azotarla.

Pasamos ahora a las posturas de suelo, a comenzar por **Bara**. Es una postura en la que la sumisa se tiende boca abajo sobre el pavimento y se cruza de brazos y piernas por si su Amo desea atarla.

**Belly**, vientre, se parece a la anterior pero es menos estricta. La sumisa se muestra boca abajo, el vientre sobre el suelo, pero no junta ni brazos ni piernas por lo que no se la puede atar.

También en **Sula** la esclava está tumbada, pero boca arriba y con las piernas abiertas y de esta forma se ofrece para que el Amo la posea.

En **Display** la sumisa se expone para que el Amo la explore. Puede permanecer de pie o estar sentada en el suelo, en cuyo caso arqueará hacia atrás la espalda apoyándose sobre las manos y separando las piernas todo lo posible; de este modo muestra su intimidad y se ofrece sin ninguna reserva.

Otra postura de exhibición es **Rack**, percha; la sumisa quedará en ella cuando se la ate entre dos columnas, con las piernas y los brazos completamente abiertos y extendidos.

**Hair** es una postura en la que la esclava se inclina ante su Amo o quien él disponga y le ofrece el pelo por si quiere limpiarse la boca o las manos con él. Es muy común en fiestas y banquetes.

Postura equivalente a la anterior es **Bend**, doblarse, y **Bendover**, sustancialmente lo mismo. Aquí la esclava no ofrece el pelo, sino el trasero, para dejarse poseer por quien así lo prefiera.

**She-sleen**, también llamada en algunos collares postura animal o *doggie*, es la típica a cuatro patas. En ella la sumisa se muestra como una perra y debe comportarse como ella.

Y para acabar del mejor modo posible esta exposición pediremos a nuestra modelo que adopte **Boots**. Es la postura adecuada para que la sumisa adore a su Amo con los labios, la lengua y las manos, empezando por los pies y subiendo poco a poco por el resto del cuerpo.

Y nada más. Aquí termina este número. Espero que lo hayáis disfrutado.

Como en el espectáculo precedente también aquí los aplausos fueron fervorosos. Las dos actrices se inclinaron para agradecerlos y repartiendo en torno sonrisas y besos desaparecieron por el foro.

De nuevo se encendieron las luces.

Ya teníamos bastante. Nos levantamos para echar un vistazo. Deambulando por el local nos cruzamos con muchas chicas que atendían a los concurrentes y decidimos abordar a una que nos pareciese mejor dispuesta que las otras a hacernos confidencias si se le daba oportunamente y con habilidad la ocasión.

Miramos fijamente al camarero jefe. El hombre lo advirtió y se nos acercó de inmediato.

Le dijimos que queríamos ver a la encargada. Como ya he apuntado, la pareja que habíamos conocido en el local anterior nos había dicho que la encargada de éste en que nos encontrábamos les había presentado a la persona que andábamos buscando.

El camarero nos dijo que aquella noche no estaba en el local. Como no queríamos ponerlo en guardia ni a cualquier otro de los empleados dándole más explicaciones de las necesarias, preferimos dar un rodeo y le pedimos que enviara a nuestra mesa a alguna de las jóvenes bien parecidas que se movían por allí.

No tardó en presentarse una. La invitamos a sentarse con nosotras y ella aceptó de buen grado. Le preguntamos cómo se llamaba. Nos dijo llamarse Bebé. Como es natural, no era ése su verdadero nombre, el de andar por casa, el de todos los días en la vida ordinaria, sino algo así como un nombre de guerra, una especie de seudónimo fácil de recordar y que los clientes se pasaban de unos a otros en voz baja cuando querían recomendar los servicios de aquella acompañante. Se las llamaba *hostesses* o señoritas de compañía y estaban allí para sentarse a la mesa del cliente que habiendo venido solo lo desease, darle conversación, beber con él y en general pasar un buen rato.

Mostramos a la joven las fotos que llevábamos. Al principio se mostró reticente y nos miró con desconfianza. Como insistiéramos, les echó de mala gana una ojeada y tras un largo rato en que pareció meditar qué sería mejor, si hablar o no hablar, nos las devolvió diciendo con raro despego que no sabía nada de aquella mujer y que por allí pasaban muchas chicas que se renovaban continuamente por lo que era difícil conocerlas a todas, aún más si se tenía en cuenta la feroz competencia que se hacían entre ellas para ganarse el favor de la clientela, de ahí que por lo general no hiciesen buenas migas unas con otras hasta el punto de entablar amistad y saber de los mutuos vida y milagros. Por otro lado le parecía extraño que alguien acudiese al local para hacer tal clase de averiguaciones. Y sin añadir una palabra más, allí mismo nos dejó plantadas y se fue.

Sus explicaciones no nos convencieron. Su actitud nos había parecido de lo más sospechosa. No habíamos contado con su reticencia, pero no estábamos dispuestas a darnos por vencidas y nos propusimos insistir de nuevo con otra de las muchas que por allí se movían.

# Capítulo 17

## Un espectáculo en Paddles-3, la colegiala

Nuevamente en Paddles; acompañada como siempre de mi adjunta y colega de investigación. La noche estuvo más bien tranquila. Llegamos tarde a la demostración porque nos enredamos en otros asuntos. No más entrar en la sala vimos como una mujer negra, vestida de enfermera con un traje muy apretado que le moldeaba las formas, insertaba una varilla metálica en el pene de uno que hacía de paciente hospitalizado y que por las trazas parecía pasarlo como nunca en su vida.

Después de martirizarlo de ese modo durante un buen rato, lo hizo ponerse a cuatro patas para mostrarnos la técnica del *fist fucking*, en lenguaje vulgar, violación con el puño, a la que ya me he referido. Disfruté mucho con el espectáculo, porque estaba sentada en la primera fila y era algo que nunca había visto. Por desgracia el individuo apretaba el esfínter, la puerta del orificio anal, por decirlo con palabras finas, y aquella enfermera de mentirijillas solo pudo introducirle 3 dedos en el obsceno orificio. Para decirlo todo, la cosa me decepcionó bastante. Quizá debido a mi profesión, que no me permite andarme con pamplinas y me exige obtener resultados inmediatos, las medias tintas y simulacros me impacientan y aburren. Cuando se hace una cosa, hay que hacerla a fondo, con todas las fuerzas de que se disponga, poniendo en ella todos los sentidos ¡qué caray!

La dominatriz era una de esas negras alborotadas africanas, quizá senegalesa, porque por aquí la mayoría de las inmigrantes sin papeles que llegan a estas tierras huyendo de las suyas incómodas, son de esa nacionalidad, y la llamo alborotada porque esa gente le saca chiste a todo, así que su actuación fue un éxito rotundo. Un éxito de campeonato, pudiéramos decir. Hubo un momento en que haciéndose la graciosa se burló de una de sus amigas, que era lesbiana y estaba en la reunión porque, según ella, "una mujer negra no está obligada a disponer de un pene blanco". Se refería, por supuesto, a uno de sus dildos o consoladores. No sé si se me entiende.

Ja, ja, ¡Qué risa, tía Luisa! ¡Hay para desternillarse!

Luego hizo una demostración del juego con agujas llamado "tabla de mariposas" en el que, por el agujero practicado en una tabla, se pasa la piel de los testículos del hombre que se preste a semejante broma y se la estira para fijarla luego a la madera mediante tachuelas o agujas delgadas. Es algo parecido a lo que se hace con las mariposas y otros insectos en los museos de Historia Natural cuando para coleccionarlos se los pincha o clava en una caja o estuche. Muy interesante. Como original, la idea lo era.

Vimos después otras varias escenas, pero la mejor de todas fue la del *daddy-master*, el amo-papaíto en idioma vernáculo o de andar por casa, y la colegiala; una chica muy alta y guapa vestida de niñita que todavía va al colegio y abraza a su osito de peluche y todo eso. Los *shorts* o pantaloncitos cortos le dejaban al descubierto unas piernas largas y bien hechas, sin un gramo de grasa superflua, que quitaban el hipo a cualquiera. Lo de quitar el hipo me lo figuro yo, si haciendo un esfuerzo me pongo en la piel de los espectadores machos. El hombre era bastante mayor que ella y mucho más bajito.

Para empezar, él le ató sólidamente brazos y tobillos con las consabidas argollas a una silla especial en la que quedaba con los brazos extendidos sobre los apoyos, y con toda una colección de herramientas que recordaban a las que en la tele se ve en la mesa de un cirujano que está haciendo una operación, quien sabe si a corazón abierto, la hizo pasar constantemente, sin darle ningún reposo, del dolor aparentemente más agudo a la risa más desenfrenada a causa de las cosquillas que le hacía en las plantas de los pies y otras partes de la anatomía igualmente sensibles. La víctima que hacía de sumisa era muy expresiva y gritaba, lanzaba alaridos, se reía a carcajadas, rogaba y pataleaba como lo hubiera hecho en semejante situación una niña pequeñita a la que le hubiese dado un berrinche. ¡Qué divertido! Es difícil describir lo que se siente ante semejante espectáculo.

Llegado un momento, la desató de la silla y la puso contra la pared, tras lo cual le ordenó levantarse la falda y enseñarnos su ropa interior, que era de color rosado, como es lógico, dado que según se admite entre la ciudadanía de estos lugares el rosa es el color más femenino de todos, y comenzó a flagelarla con dos *floggers* o látigos a la vez.

Aquel tipo debía de ser un malabarista o el batería de un conjunto de música pop a juzgar por la destreza y rapidez con que manejaba los instrumentos. Un verdadero maestro en su profesión.

Suponiendo que se pueda considerar una profesión el azotar a un cristiano.

A punto de acabar esta escena, llamaron a una puerta que alguno de los aparatos hasta el momento empleados bloqueaba y por ella salió una dominatriz profesional despampanante llevando de las riendas atadas a un collar de sumisión en torno al cuello a un hombre muy mayor y ya bastante calvo que tenía el pecho envuelto en una armadura o arnés de láminas metálicas, se cubría el rostro mofletudo con una máscara de cuero rojo que sólo le dejaba al descubierto la boca y la nariz y por lo demás estaba completamente desnudo y en pelotas, tal como según se supone su madre lo había traído al mundo.

¡Qué obscenidad! ¡Qué falta de maneras!

Tirando del ronzal ella lo arrastró al centro de la pista de baile y allí le pegó con todas sus fuerzas con una caña de bambú hasta que el brazo se le cansó y en la piel de él se formaron ronchas gruesas como los cordones de los que se tira para descorrer las cortinas de muchas ventanas.

Inmediatamente se le vieron en el culo los morados. Luego lo llevó hasta una cama previamente dispuesta, lo hizo tenderse boca arriba y se le sentó tranquilamente en la cara asfixiándolo con el coño y las nalgas y de cuando en cuando dejándolo coger aire y respirar a bocanadas. Que no era cosa de que se le muriera en pleno espectáculo, allí, a la vista de todos. A ver cómo luego iba a negar que hubiese sido culpa suya, que en todo caso la cosa no había sido más que un infortunado desliz, y convencer de su buena fe a las autoridades. ¡Yo no he sido, señor comisario! ¡Se lo juro por los huesos de mis muertos!

Cuando el asunto escabroso ya no pareció dar más de sí, se levantaron y como si allí no hubiera pasado nada, tras saludar a su público, se fueron por la misma puerta misteriosa por donde habían entrado. Los espectadores nos sentíamos como transportados al séptimo cielo de que hablan los musulmanes, sin tener ni idea de dónde había salido esa gente y extasiados por la belleza sobrenatural de aquella mujer y lo guay de la escena. Luego se nos dijo que detrás de aquella puerta había un calabozo privado donde los hombres entraban a gusto y pagaban muchísimo dinero a las profesionales de la dominación para que los tuvieran allí encerrados horas y horas.

¡Allá cada cual con sus gustos y preferencias! ¡Hay gente para todo! —había sentenciado, según cuenta la leyenda, un torero famoso cuando le habían dicho que un suizo había descubierto la teoría de la Relatividad.

Las chicas que trabajaban en esto solían ser estudiantes universitarias. Gente ilustrada, no se vaya a pensar. Nada de prostitutas que hacen la calle. Puro refinamiento intelectual.

Cuando finalmente se calmó el alboroto que había provocado el número anterior, el papaíto y la chica siguieron con lo suyo, pero esta vez estaban fuera de rol, haciendo la guerra por su cuenta, como si dijéramos, dejando rienda libre a la imaginación, y él le enseñaba a ella a manejar el látigo con desenvoltura.

Te daba así como un gustirrinín el ver a aquella chiquilla, chiquilla al menos en la apariencia, aquella especie de Lolita, la protagonista de la novela de Nabokov, dándole al látigo con aplicación, como una alumna prometedora que hiciese un master en Dominación.

Esa noche disfrutamos de lo lindo con lo que veíamos. Cualquiera diría que nos estábamos convirtiendo en unas voyeurs de tomo y lomo.

Nosotras, todas unas "miembras" de la policía, como hubiera dicho la pasada ministra española de la Igualdad.

¡Hay que ver! ¡No somos nadie!

Nunca digas ¡de esta agua no beberé! –sentenciaba a veces mi filosófica abuela, que en paz descanse.

# Capítulo 18

## Me lanzo a fondo, el teatro carnal

Tras esta primera inmersión en el mundo del BDSM, se me ocurrió que sería una buena idea entrar más a fondo en el juego, no limitarnos a verlo como espectadoras, sino participar en él como protagonistas; en suma, hacernos pasar por sus adeptas y tomar parte directa en sus ceremonias. Se lo propuse a mi compañera, que al principio me miró con suspicacia y me preguntó si en el fondo no llevaría yo dentro, quizá sin saberlo, la propensión secreta a aquellos juegos perversos y ahora que se me presentaba la ocasión, la agarraba por los pelos, como suele decirse, con la excusa de que facilitaría nuestro trabajo.

La dejé hablar sin interrumpirla. Cuando acabó de decir lo que tenía que decir y como el lector supondrá fácilmente, negué que estuviese en lo cierto, pues nunca antes de ahora me había venido a las mientes la idea de entregarme a tales prácticas, que también yo considero aberrantes, pero como se sabe, uno no se conoce nunca lo bastante a sí mismo como para decir con seguridad "de esta agua no beberé" y a poco que se esté alerta se puede uno llevar muchas sorpresas acerca de lo que en el fondo, en lo más recóndito del alma, como dijera una persona refinada, sueña y siente.

Y en todo caso, aunque en mi interior hubiese albergado sin darme cuenta semejantes tendencias ¿qué habría habido de malo en ello? Se lo puede probar todo, experimentar todo, siempre que se lo haga con discreción y prudencia, siempre que uno siga siendo dueño de sí mismo en todo momento y perfectamente capaz de interrumpir a voluntad lo que quiera que sea y si es necesario dar marcha atrás.

Bien sé que una cosa es decirlo y otra muy distinta hacerlo, porque a poco que nos domine una pasión y seamos de carácter impulsivo, nos será muy difícil mantener el autodominio y evitar que las bromas se conviertan en veras. ¡No sería la primera vez que me hubiese pasado! Cuando era más joven y con mayor frecuencia que la deseable me he visto en situaciones en las que me había lanzado confiada en exceso en mí misma, pero que luego se me habían ido de las manos sin poder dominarlas. Por suerte, las consecuencias nunca habían sido demasiado nefastas e irreversibles.

Así que tranquilicé a mi compañera y la animé a unirse a mí y compartir la experiencia. Claro está que era mejor no decir nada a nadie del paso que maquinábamos y estábamos a punto de dar, porque nuestros jefes no lo hubiesen comprendido y era más que probable que nos hubiesen negado el consentimiento. El cargo que ocupan los obliga a ser conservadores, mientras que nosotras, unas simples mandadas, nos podíamos permitir ser más liberales. Y si nos pasábamos en algo y las cosas salían mal dadas, bastaba con que ellos nos echasen la bronca para guardar las formas y nos amenazasen con todos los castigos del infierno y que nosotras bajásemos humildemente la cabeza y prometiésemos no volver a hacerlo nunca más.

Se trata de parecer antes que ser, y espero que el lector no me tache de cínica. También yo necesito de vez en cuando un desahogo. Prosigo.

Pero ¡qué caramba! ¿Acaso no se lo hacía muchísimas veces, saltarse las normas y meterse en berenjenales, que es lo mismo que decir en apuros, cuando alguno de nosotros se infiltraba en alguna organización clandestina, se hacía pasar por uno de sus miembros, una de sus miembras, en el lenguaje políticamente correcto de la actualidad, desenmascaraba sus prácticas ilegales y al final salía triunfante y los jefes lo aplaudían y condecoraban, y hasta salía en los periódicos, como estamos hartos de ver en toda serie de televisión o película de cine que se preciase?

Porque no hay que olvidarlo, se trataba de un episodio más de la lucha del Bien contra el Mal y como es natural el Bien sale siempre triunfante. Al menos en la ficción, que debe ser ejemplar y dar el pego a la gente, ya que no en la realidad.

¡Qué mala soy!

Nos pusimos pues en situación. Nos documentamos a fondo acerca de la materia, los modos y maneras de los practicantes del BDSM, hicimos acopio de sus símbolos y rituales, sus marcas y sus fetiches, nos maquillamos y vestimos como correspondía y decidimos seguir explorando los locales llamados Paddles, que como ya he dicho eran 3 repartidos estratégicamente por la ciudad. Esta vez iríamos al Nº 2, que según se nos dijo era el preferido de los travestidos.

Al día siguiente entramos en acción. Era sábado y en el club se celebraba una noche fetichista y se representaba el llamado teatro carnal.

¡Fue espectacular!

Llegamos en taxi, para no dar que sospechar si aparecíamos en coche propio que por algún motivo llamase la atención, y antes de entrar nos detuvimos un rato a la puerta para charlar con los que estaban fuera y preguntarles acerca del local e ir poniéndonos en situación. A mi compañera, más conservadora y tímida que yo, que además de ser mayor que ella y llevarle varios años de edad también soy de temperamento más audaz, aquella gente le parecía una panda de locos asesinos desquiciados, pero disimuladamente le di con el codo y le advertí que procurara no dejar que se le trasluciera en la cara lo que estaba pensando, pues si queríamos salir con bien de lo que nos proponíamos, no nos convenía en lo más mínimo pelearnos con nadie y meternos en líos; por otro lado, le dije, ya deberíamos estar curadas de espantos y en vez de dejarnos llevar por la primera impresión desconfiar de las apariencias, pues era muy posible que aquellas personas fuesen más fiables y pacíficas que la gente que ordinariamente llamamos normal.

Ella se dejó convencer, y tras un rato de charla con los de fuera ambas nos relajamos y pusimos de lado cualquier desconfianza anterior. En contra de los prejuicios de Miguela, resultaron ser personas de lo más amable y acogedor. Primero hablé un rato con una de las que en el ambiente llaman MTF *trannie* (transexual hombre a mujer) que para empezar me dijo estar encantada de que a nosotras, las mujeres, se nos dejase entrar sin pagar. De buenas a primeras me hizo gracia que ella, que originalmente había sido un hombre, se refiriese a sí misma como 'nosotras, las mujeres'; pero rechacé el pensamiento travieso, pues aquel no era el momento más adecuado para sentir celos de nuestro género, como lo llaman las feministas puristas, que prefieren decir género cuando los demás decimos sexo. Poniéndome en cambio más en sintonía con la situación, me alegré de mi buena suerte que me había llevado a toparme con ella, una transexual, porque de su misma categoría era el cadáver que investigábamos. Me propuse sacar partido de la ocasión y empezar por ella las averiguaciones.

Bueno, nos recibieron muy bien, la gente que estaba allí a la puerta se interesaba por nosotras y trataba de averiguar nuestras inclinaciones para ver si encontraban con quién jugar aquella noche.

Una vez roto el hielo, pasamos al interior. El local estaba bien amueblado y el ambiente era cálido y acogedor. Enseguida se me acercó un hombre apuesto y muy bien educado que según me dijo ofrecía sus servicios como poltrona o apoyapiés para la noche. Me cogió de sorpresa y al principio no entendí lo que me quería decir, pero para no dar la impresión de que era nueva en aquel juego, le pedí que me hiciese una demostración.

Antes dicho que hecho. Sin hacerse rogar, se tendió de espaldas en el suelo y me dijo que le encantaría servirme de alfombra o felpudo mientras yo me tomaba tranquilamente y sin prisas una bebida en la barra y dejar luego que mis pies lo recorriesen de cabo a rabo como si él fuera una autopista o más modestamente un sencillo camino de carros.

Tras unos momentos de vacilación me dejé convencer y pedí al barman un doble combinado que sorbí con una pajita mientras pensaba con calma en los sentimientos y emociones que todo aquello me producía; luego me bajé del taburete y me subí con cierta cautela a su pecho temerosa de romperle alguna costilla o causarle algún otro daño irreparable con los tacones de aguja de las botas a la última moda que me había puesto para la ocasión. Al principio me sentí un tanto incómoda, pues era la primera vez que me veía en trance semejante, pero dado que él no protestaba y no decía ni mu, no me costó mucho esfuerzo hacerme a la idea de que lo que estaba pasando era de lo más natural y sencillo, y ya relajada me dediqué a concentrarme en lo que sentía.

Lo que sentí fue una verdadera oleada de placer y de júbilo que me inundaba hasta casi dejarme traspuesta. Llegados aquí me apresuré a bajar de aquellas alturas, no fuera que llevada de la emoción me diera por hacer cosas extrañas que me comprometieran. Ya se sabe, todos llevamos dentro una parte oscura que es mejor mantener dominada y no dejar aflorar so pena de dejar ver a los otros lo que de ordinario preferimos ocultar.

Por otra parte mi hombre objeto y tendido a mis pies parecía de lo más tranquilo y relajado mientras yo lo hollaba y pisaba como quien pisa las uvas en el lagar; aprovechando la ocasión de tenerme a su entera disposición se mostró dispuesto a hacerme confidencias y me contó que en una ocasión había tenido encima a la vez hasta cuatro mujeres en fila, que lo pisaban con sus tacones y al mismo tiempo le masajeaban con ellos el pecho y el vientre como si él no fuera otra cosa que una sencilla alfombra para los pies como hay tantas.

Me esforcé en no dejarle adivinar que lo que él me estaba contando y tenía por una proeza digna de admiración, a mí me parecía un disparate y extravagancia chocante, y con toda la naturalidad que conseguí reunir, conversamos un rato mientras yo me aplicaba como buena aprendiza a enterrarle en el pecho mis tacones altos caminando encima de él. He de confesar que una vez hecha a la idea, la cosa no me disgustaba. Comer y rascar, todo es empezar, como dice el refrán. ¡Por primera vez en mi vida tenía a un hombre a mis pies! ¡Y no era metáfora! Para mis adentros me prometí repetir la experiencia tan pronto se me presentara de nuevo la ocasión.

Cuando nos pareció haber tenido ya bastante de aquel juego monótono, él cambió de tercio y poniéndose a cuatro patas se ofreció a servirme de asiento o taburete por algún tiempo; no tuve inconveniente en complacerlo por un buen rato; y mientras tanto, para desanimarlo y evitar que pasara a mayores y se ofreciese a quién sabe qué nuevo despropósito, le informaba de que yo era lesbiana y por ello no me interesaba participar en otras escenas que sin duda él estaba dispuesto a proponerme con el mayor respeto y delicadeza, eso sí. Entonces se ofreció a masajearme la espalda, a lo que accedí de buena gana y él se esmeró en hacerlo con notable destreza. Finalmente me volvió a decir que si en cualquier momento de la noche yo necesitaba una silla, mesa, cama, tresillo, etc., no tenía más que pedírselo y él estaría encantado de servirme como se sirve a un Ama a la que se adora.

¡Puf! Le di las gracias muy finamente y tras echar un vistazo en derredor decidí sentarme con tres mujeres vestidas de dominatrices y explorar la nueva vertiente que se me ofrecía. Tras haber conocido a un hombre sumiso, se me ofrecía conocer a una mujer dominante. Me rompía la cabeza tratando de imaginar la mejor manera de abordarlas. ¿Qué sucedería si adoptaba el rol de sumisa, precisamente el que encajaba con el suyo de Amas? No era mala la idea.

Así que decidí hacerme la tímida. Me encanta representar. A veces me pregunto si mi vocación verdadera no habrá sido la del teatro. No hay de qué extrañarse. Los actores suben a los escenarios porque les gusta verse aplaudidos, es algo que necesitan; están sedientos de aplauso y si no lo tienen, sienten que les falta algo indispensable. Hay quien dice que son gente que anhela el amor que no se les dio cuando eran niños y por ello se pasan buscándolo lo que les resta de vida. Es perseguir un imposible, una quimera, qué duda cabe, porque nunca nadie podrá cambiar su pasado. A aquellos que en la niñez hayan padecido semejante carencia de verdadero amor, ya nunca nada les colmará ese vacío.

De acuerdo con ese supuesto, a los actores les ha faltado ese amor primero y ahora toman por tal el entusiasmo que despierta en el público una buena actuación. Además interpretando un papel se despersonalizan, salen de sí mismos, como si dijéramos, para ser otra persona, una más feliz, más valiente y audaz que la que son en su vida diaria. Viven en la fantasía lo que no viven en la realidad.

Por raro que pueda parecer, también los policías somos un poco actores. La gente nos mira y nos teme, llamamos la atención. Y tenemos acceso a experiencias y ambientes particulares que los demás desconocen. De modo que me conciencié del papel que estaba a punto de representar y con grandes aspavientos y dengues y jugando al me atrevo, no me atrevo, tras respirar hondamente me les acerqué. Como quien se echa de cabeza a la piscina con los ojos cerrados, dije a la chica transexual que había conocido a la entrada, lo que quería.

Le confesé que desde hacía ya bastante tiempo imaginaba que me flagelasen, que no me podía sacar de la cabeza aquella idea y que le pedía me ayudase a encontrar a otra que se le pareciese en cuanto a lo sexual, es decir, otra *trannie*, y que consintiese en iniciarme.

Ella me miró primero de arriba abajo, como si no estuviese segura de lo que oía, y luego me dijo que no hacía falta buscar a nadie más, pues ella estaría súper encantada de encargarse de hacerlo.

En este momento debo aclarar que además de la inclinación teatral y el deseo de conocer de primera mano lo que aquella gente sentía, me movían segundas intenciones, a saber, coger confianza con ella (él) y así poder luego hurgar en su vida y ambiente y con un poco de suerte llegar a encontrar lo que estaba buscando, esto es, quién había asesinado a la muerta.

# Capítulo 19

## Quiero que me flagelen

He aquí pues que sin otro preámbulo y abriendo camino la amable instructora me acompaña a una mazmorra que había en el lugar. Todos los locales especializados en este tipo de ambiente disponen al menos de una que ha sido amueblada con los dispositivos necesarios para las prácticas que en ella se lleva a cabo.

Siguiendo las instrucciones de la monitora, me quito la chaqueta y la blusa y me acerco a una estructura en forma de X o cruz de san Andrés dispuesta sobre una plataforma en un rincón del recinto, cruz a la que me dejo atar con los brazos y las piernas extendidos y abiertos. Tras un breve aparte que empleamos para establecer las reglas del juego, la palabra de aviso de seguridad y todo lo demás que venía al caso, comenzamos la escena o sesión.

En toda sesión de BDSM, que como ya he dicho ha de ser por libre voluntad y de mutuo consenso, antes de comenzar lo que sea los participantes llegan a un acuerdo acerca de hasta dónde quieren llegar y lo que están o no están dispuestos a permitir, y establecen la que llaman palabra de aviso, que es una palabra o expresión fácil de pronunciar y de entender que dirá la persona que haga de víctima cuando quiera que la que hace de dominante interrumpa lo que esté haciendo.

La víctima o parte pasiva la pronunciará cuando por las razones que sea, por miedo o porque se esté sintiendo mal o incómoda, quiera poner fin a la sesión. La parte activa se compromete a detenerse al instante sin más y sin otro requisito en lo que esté llevando a cabo.

Para amenizar la cosa y acompañar el nuevo tipo de orgía con una música que se podría llamar ambiental, había un DJ. A una seña de la encargada él puso de fondo una composición *heavy* metal de lo más enrollado y *cool*, que dijera un moderno. Donde ahora las nuevas generaciones dicen *cool*, antes nosotros decíamos guay. Todo es cuestión de tendencias y modas, que como bien se sabe, tan pronto vienen como se van.

La dominatriz o *trannie* que se encarga de mí, que se encarga de darme caña, como diría un castizo, no tiene aún mucha experiencia en lo que hace, por lo cual trabaja bajo la supervisión de un maestro y emplea el equipo que él le indica y aporta. Él está presente durante toda la actuación con el fin de dar al verdugo las instrucciones que haga falta y corregir los posibles errores que se cometa en lo que se refiere a la seguridad de la víctima y el perfeccionamiento de la técnica empleada. Fuera de este lugar en la vida real y durante el día este sujeto trabaja como guardia de seguridad de una empresa y en la comunidad BDSM todos lo conocen por el sobrenombre de "Comisario Gótico". Entre otras cosas lo distingue la peculiaridad de contar en su casa con un calabozo privado donde se especializa en adiestrar a los nuevos dominantes. Éstos son gente a la que tienta explorar nuevos modos de ganarse la vida a poder ser ejerciendo la que cabría llamar una nueva profesión. Una que todavía no se incluye en el elenco de cursos que ofrecen los centros oficiales de la enseñanza;

pero pronto la ofrecerán, todo se andará, digo yo, a medida que nos vayamos deshaciendo del pelo de la dehesa y acostumbrando a los avances del imparable progreso y las nuevas ideas, como ha ya sucedido hace poco, cuando nuestros gobernantes se avergonzaban de no estar a la altura de países tan avanzados como Holanda y Suecia, por ejemplo, y nos lo reprochaban, para hacernos tragar a la fuerza costumbres y leyes que el buen sentido y la decencia reprueban.

Mejor me callo, para que no me acusen de discriminar. Hay que ser prudente, me digo; en boca cerrada no entran moscas, como señala la sabiduría popular.

Dado que esta es la primera vez que me dejo azotar, y para evitar que me asuste y termine huyendo, mis torturadores utilizan *floggers* (azotes) de cuero muy suave que antes que lastimarme la espalda se diría que la acarician o masajean. En un dado momento la trans que me azota me confiesa en un susurro que la escena que está viviendo la motiva muchísimo porque nunca ha hecho de dominante con una lesbiana y la cosa la pone a cien. Yo le respondo galante que también para mí es toda una experiencia incomparable que me introduzca en la cosa un transexual, porque en la comunidad BDSM ellos son menos numerosos que los otros, la gente ordinaria, y porque me admira la valentía con que se enfrentan al mundo cuando toman la decisión de cambiar el sexo con el que han nacido. Por otro lado, el que me azote una trans y no una moza corriente hace más exótica la escena y más morbosa.

Como se ve, le hago un poco la pelota, con el pensamiento fijo en los fines. El fin justifica los medios, he oído decir que dijo en otras circunstancias un jesuita. Luego pido repetidamente a mi azotadora que me atice golpes más fuertes y con más saña, pues estoy a punto de alcanzar lo que los entendidos llaman el clímax y me siento capaz de aguantar mucho más de lo que me dan, a lo que todos los presentes se ríen de mis ansias de principiante y me recuerdan que a no dudarlo y si persisto en semejante estado de ánimo, se me han de ofrecer muchas otras oportunidades de volver a saborear lo que estoy saboreando. No conviene ser ávido en nada y correr el riesgo de precipitarse, me dicen; pues en esto, como en todo lo demás, hay que ir poco a poco y no quererlo todo de una vez, rematan con sabia prudencia. Con mucha frecuencia, menos es más.

Al parecer me tocó vivir aquella noche una ocasión privilegiada, porque en la pérdida de mi inocencia con respecto a la nueva experiencia tomaron parte hasta cuatro actores, cuando la opinión general entre ellos, aquella gente, es que los tops o dominantes están en minoría frente a los sumisos o sub; a lo que parece, esa noche me había tocado la lotería.

Cuando más tarde me pregunté por las causas de tan buena suerte me dije que tal vez se habían sentido especialmente atraídos por la visión de los pantalones de cuero rojo que me había puesto, ajustados al cuerpo como unos leotardos, o por mis anchas y desnudas espaldas decoradas con el tatuaje de un extraterrestre en un flanco, el caso es que algo los había cautivado y por un buen rato yo había sido el centro de su atención.

Mientras siguiendo las instrucciones del comisario gótico la trans me flagelaba los senos a su placer, una figura que semejaba un vampiro negro de más de 1,80 de altura, me arañaba la piel con sus colmillos y sus uñas de acero y me gruñía al oído excitantes palabras lujuriosas, otro de los presentes me acariciaba los flancos con plumas de marabú y una dominatriz secundaria fingía intentar seducirme echando mano a mis partes pudendas, mis bajos, para entendernos, o acercando sus labios a los míos para besarme, pero sin llegar a hacerlo de verdad; sólo llegó a tocarme las manos y los brazos, quizá para mi desencanto y frustración. Los ingleses lo llaman *teasing*, que viene a ser provocar algo pero sin llegar al final. Llevarte casi al extremo, y cuando estás casi a punto de explotar, detenerse, para hacerte rabiar. Durante todo este tiempo yo cerraba los ojos y, ni que decir tiene, me sentía volar y que mi cuerpo se volvía solo sensación.

Recuerdo un momento especial cuando sentí un golpe en la espalda que me dejó en ella un ardor delicioso. Como me intrigase el objeto que me había golpeado y quisiese saber de qué se trataba, para pedirlo en el futuro, si por acaso decidía someterme otra vez a la inigualable experiencia, pregunté al comisario a mi lado qué era aquello que producía una quemazón tan deliciosa, pensando que fuese un aparato complicado y costoso, y él me respondió divertido que era una simple y vulgar cuchara de palo. A lo que añadió que de esta manera me hacía ver que para practicar lo que hacíamos no se necesitaba un equipo complicado y de precio, y que con objetos de lo más ordinario como aquella cuchara se podía provocar en el cuerpo muy diferentes sensaciones de dolor o de gusto; lo importante es que uno disfrute y no caer en el consumismo de la cultura *fetish*, igual a tantos otros que se podría mencionar. Es decir, pensar que para disfrutar del BDSM hace falta comprar en las tiendas del género lo más último de lo último de lo que se inventa. Nada de eso; lo sencillo es lo bello y lo menos es más.

# Capítulo 20

## El Amo Gustavo

Como a toda novata, la nueva experiencia que acababa de vivir me había gustado y me habían quedado ganas de repetirla. De modo que no más llegar a casa me conecté a Internet para buscar en Google páginas de contactos BDSM en mi ciudad y las próximas. No tuve de qué quejarme; hay un montón de ellas y mucho donde escoger. Lo que me hizo pensar que en esto, como en tantas otras cosas del género, parece que los gallegos nos hemos puesto al día, si hemos de atender a lo que se publica. Recuerdo que hace ya algunos años apareció en los diarios un titular según el cual por entonces ya había aumentado notablemente en Galicia el alquiler y venta de vídeos porno. Y daba a entender, como si el hecho llenase de orgullo a quien lo había escrito, que por fin los habitantes de nuestra Comunidad nos uníamos al progreso de otros países que nos llevaban la delantera en semejantes materias y dejábamos atrás, quisiera Dios que ya para siempre, el nivel de subdesarrollo y atraso que durante siglos se nos ha atribuido.

Ya que viene a cuento de lo que digo, citaré otro reportaje acompañado de fotos a todo color aparecido en el suplemento dominical de un diario progresista de nuestro país, que daba cuenta con gran bombo y fanfarria de un hecho inaudito al parecer digno de ser grabado en una placa de mármol y perdurar en el recuerdo de todos los que leyesen la noticia; una mujer marroquí había tenido la osadía de abrir en Casablanca la primera tienda porno de su nación. Entrevistada al respecto, la señora se mostraba satisfechísima de su atrevimiento y comunicaba al lector que en contra de lo que a primera vista se pudiera esperar, visitaban la tienda numerosos clientes, aunque eso sí sin hacerse notar y disimulando lo mejor posible, porque con las novedades y paso adelante en el progreso nunca se sabe lo que puede llegar a pasar. En todo caso, lo que ella había hecho era un hito en la Historia. También allá abajo, en Marruecos, de África, la gente se ponía al día.

Volviendo a lo mío, me llamó la atención un contacto que se anunciaba como el Amo Gustavo y le escribí un e-mail para quedar con él una noche. No tardó en responderme y decirme que estaría encantado de tener una cita conmigo. Pregunté a los del club si lo conocían y recomendaban, y como ellos me hubiesen dado el visto bueno tras haberme asegurado que era un tipo legal, nos pusimos de acuerdo y quedamos en encontrarnos en Paddles, local que él conocía y frecuentaba.

Dado el tipo de persona que andábamos buscando, me convenía jugar ante todo con mujeres, ya fuese normales o travestidas, pero como éstas son tan difíciles de encontrar, me conformo con lo que resulte. Además Gustavo me inspiró confianza. Un hombre de muy buen humor, sonriente, con un grueso mostacho y algo barrigudo. Vestía con la mayor sencillez; un maestro de escuela o un contable parecerían más amenazadores que él. Empezamos por ponernos de acuerdo durante un buen rato en la escena que íbamos a representar, en el que yo le dije básicamente lo que quería y él me sugirió varias maneras de lograrlo o hacerlo más atractivo. Finalmente convenimos en una escena tipo rito de paso, en la que la mujer que hacía de Ama me entregaba a uno de sus colegas masculinos sin pedir mi parecer al respecto para dejar bien en claro mi sumisión. Ella sabía que no me gusta jugar con hombres y quiso ponerme a prueba para ver si estaba dispuesta a obedecerla sin rechistar. ¿Y que podría ser más humillante que someterme a la voluntad de un hombre sádico? Acordamos excluir todo tipo de contacto sexual, pero incluimos los interrogatorios y la humillación verbal. Sólo me dirigiría a él llamándolo Mi Amo. Aquel hombrecillo aparentemente insignificante resultó tener un vozarrón tremendo. Me llamó la atención que fuera del rol tartamudease un poco, pero no mientras me dominaba.

Sin que yo me diera cuenta, los gritos que se oía en aquel recinto habían terminado por llamar la atención de los curiosos que andaban por allí desperdigados los cuales pronto comenzaron a acudir hasta llenarlo; nuestro número o actuación, él, que me azotaba, y yo que me dejaba azotar, despertó mucho interés y Gustavo pudo hacer gala y presumir de sus habilidades ante los otros top, que así se llama a los que están por encima o dominadores, mientras los que adoptamos el rol sumiso nos llamamos sub.

Yo le dije que prefería me flagelase en la espalda antes que otras partes del cuerpo y él me complació cambiando de látigo cada cierto tiempo; los que utilizó conmigo eran de tres tipos, cada uno de los cuales me causaba un dolor diferente y más intenso que el anterior.

Entre ellos no puedo menos que mencionar el que figura en Cincuenta sombras de Grey y que en palabras de la protagonista de la famosa novela 'cada una de sus tiras acaricia suavemente el cuerpo y provoca un dolor lánguido pero al mismo tiempo lleno de paz y dulzura'.

Más tarde me he documentado y he visto que en la actualidad los diseñadores de artículos para el BDSM se esmeran en fabricar látigos de lo más variado a los que dan nombres exóticos. Por ejemplo el látigo *Please Sir*, de la colección Cincuenta Sombras de Grey (*Fifty Shades of Grey*) cuyas docenas de suaves frondas lo hacen ideal para disfrutar del placer doloroso o del dolor placentero, como uno prefiera. Lo dice la publicidad, y añade que este látigo de nombre tan sugerente para hembras sumisas ha sido ideado en dos colores para que haya donde escoger y tiene el tamaño perfecto para llevarlo consigo cuando se viaja, no sea que en el camino una se vaya a topar con un Amo complaciente que no pueda darnos gusto porque nos hemos olvidado en casa la preciosa herramienta. ¡Qué imperdonable descuido! Además este sensual látigo está a medio camino entre uno genital y uno de tamaño completo, lo que es ideal para usarlo en cualquier parte del cuerpo de nuestro amante. Es el accesorio perfecto para juegos delicados en las áreas más íntimas. Y por si todo esto que digo fuera poco, incluye una bolsa de satén para guardarlo cuando no se lo usa. Y mide 38 cm. Ahí es nada.

Volviendo a lo mío, al parecer me distingo por ocupar fácilmente lo que en su jerga los practicantes de la actividad llaman *bottom space* (o subespacio) que viene a ser algo así como una disposición poco menos que innata a dejarme llevar y entregarme o abandonarme pasivamente al sufrimiento. Es un estado que se logra cuando en el cerebro se liberan endorfinas, como diré más adelante cuando me refiera al *spanking* o azotaina en las nalgas.

Una vez en él, en ese espacio, cambia en general la percepción de lo que se siente y en lugar de sentir dolor se siente placer. Me dijeron después que la escena había durado casi dos horas (uno pierde la noción del tiempo), y que ni un solo instante de ellas el Amo Gustavo había cesado de flagelarme la espalda y los muslos, los pechos y los sobacos, y no había dejado rincón sin golpear.

¡Qué habilidad la suya y qué delirante placer! Pégame, pégame mucho, como si fuera esta noche la última vez... De pronto se me ha venido a la mente esta melodía que allá por los tiempos del cuplé cantaba Sara Montiel. La cual remataba la canción diciendo: que tengo miedo a perderte, perderte después. Para que no quedaran dudas de que le iba la marcha y los golpes la ponían a cien. ¡Ay, qué tiempos aquellos!

Sentí varias y numerosas emociones; al principio, tras recibir los primeros latigazos, la situación me pareció cómica y tuve que contener las ganas de reírme; no acababa de creérmelo; otras creía estar haciendo el ridículo y me preguntaba cómo diablos había entrado en aquel estúpido y diabólico juego; luego me ponía nerviosa o me avergonzaba de los disparates obscenos que para ponerme en forma me decía el que me azotaba. En otros momentos me daban arranques de rebeldía, me reprochaba en lo íntimo mostrarme sumisa ante aquel hombre patético, me volvía desafiante, le mostraba los colmillos para no dejar dudas acerca de lo que pensaba y me negaba rotundamente a dirigirme a él como Mi Amo. Pero los sentimientos más intensos los viví hacia el final de la sesión, cuando para darle variedad y hacerla más amena sustituyó los látigos que había utilizado hasta entonces por otro de finas tiras de caucho, que se presta a azotar con más fuerza que con el cuero y puede llegar a levantar ronchas sangrientas en la piel. Cuando empezó a usarlo rompí a llorar y él no las tuvo todas consigo, se conmovió ante mi sufrimiento y llegó a pensar que tal vez se estaba pasando de la raya en la orgía, mucho más viendo que yo no utilizaba la palabra clave acordada al principio para interrumpir una sesión que se va de las manos al ejecutante y se vuelve peligrosa, de modo que se aseguró de preguntármela de nuevo antes de seguir, porque a veces el flagelado se conmociona de tal manera que se le olvida lo convenido hasta tal punto que algunas personas pierden incluso la capacidad de hablar y enmudecen traspuestas.

No era ese mi caso, de modo que lo tranquilicé y le dije que quería continuar a pesar de todo, con lo que él siguió pegándome a fondo con aquel azote funesto y yo lloraba como una niña pequeña a la que su madre está castigando. Fue como si el látigo hubiera sacado a la superficie todo el dolor que yo había guardado en mí durante toda una vida, y dejándolo salir me sentí muy aliviada y descansada. Hacía mucho tiempo que no lloraba de aquella manera, con tan profunda desolación, y no me avergoncé de hacerlo allí en público y ante tantas personas.

No me compadecí de mí misma y mucho menos de todos los demás que en aquellos momentos se estaban dejando maltratar como me dejaba yo y pasaban por semejantes tormentos. Es muy difícil sentir pena de nadie en ese lugar, después de asistir a los espectáculos que allí se presencia.

Antes de empezar mi sesión de masoquismo yo acababa de ver a un señor mayor que hacía de perrito tirado de una cuerda por un ama y en la celda de al lado a una chica a la que le estaban metiendo en la vagina una lima cilíndrica de regular tamaño sin que ella protestase lo más mínimo.

Finalmente el Amo Gustavo me desató de la cruz de flagelación, me echó sobre sus espaldas y cargado conmigo me llevó hasta el sofá donde dejó que terminara de llorar en su hombro mientras me acariciaba la cara y la barbilla y me aseguraba que no había motivo para sentirse desgraciada ni preocuparse y que de allí en adelante todo iría bien.

Mandó que me trajeran un vaso de agua, y tras hacerme beber unos tragos sin apresurarme me fue contando la historia de su relación con una mujer de la que se había separado hacía poco. Al comienzo de su convivencia se habían puesto de acuerdo en vivir, por algún tiempo al menos, así pensaban ellos, una relación de Dominación/Sumisión en la que él adoptaría el papel de obediente sumiso mientras le dejaba a ella el de ama y señora. Aunque al principio el arreglo los había satisfecho, al final había terminado todo como decían que terminaba antiguamente el rosario de la aurora, es decir, fatal y a palos.

Al final nos cansamos, me confesó, y en lugar de excitarnos, como había sucedido al principio, el juego nos aburría; se había vuelto monótono, no nos hacía ilusión. Es como las posturas del Kama Sutra: una vez las has probado todas, ya no sabes qué hacer; se acabó lo que se daba; ¿y ahora qué?, te preguntas. Te encuentras ante un vacío. No se puede jugar toda la vida, añadió filosófico. La vida no es un juego, hay que tomarla en serio; más tarde o más temprano hay que sentar la cabeza y establecerse en el mundo de la realidad, por más que digan lo contrario algunos irresponsables.

Ya se lo había advertido muchos años atrás un compañero de estudios en la Universidad, al parecer más sensato y maduro que él y más al tanto en tales materias; pero él se había limitado simplemente a escucharlo, sin decir ni sí ni no o tomar alguna decisión. Ahora se daba cuenta de que aquel hombre le había dicho la verdad.

Para completar el ritual de la sumisión, faltaba solo un detalle que le servía de guinda y complemento: besar los instrumentos con que se me había aplicado el castigo y la mano de quien los había empuñado, sin olvidar agradecerle de viva y voz y bien alto para que todos lo oyeran, la merced recibida de su bondad.

Así lo hice con ejemplar mansedumbre. Por mí, que no quede, me dije para mis adentros. E hice como se esperaba.

Poco a poco me fui recobrando de aquella experiencia y volví a ser la que antes había sido; entonces me levanté del asiento y seguí recorriendo el local y hablando con todos, ahora sintiéndome como más ligera y relajada aunque la espalda y el cuerpo me ardiese un montón.

La hembra dominante y el varón sumiso o al revés, el varón dominante y la hembra sumisa, han de comportarse uno frente al otro con arreglo a los respectivos temperamentos y maneras de ser, según el grado en que quieran dominar o verse dominados y según otras variadas circunstancias, decía el Manual del BDSM.

# Capítulo 21

## Hago el papel de Dominante

La escena de mi flagelación a manos del Comisario Gótico había durado más una hora, y yo lo había pasado tan bien y había disfrutado tanto que me vino a la mente la idea de hacer conocer a mi ayudante Miguela las mismas sensaciones que había conocido yo. No hay que ser egoísta y quererlo todo para uno mismo; hay que compartir con los demás y ser solidario. De modo que tras tomarme un descanso y darme un respiro conversé con el comisario y le dije lo que pretendía. Por su parte no había ningún inconveniente, me dijo, siempre que la que iba a ser protagonista estuviera de acuerdo.

Naturalmente, faltaría más; y llamando a nuestro lado a Miguela, que tras haber asistido a la escena que he descrito se había alejado para conversar con los otros asistentes, le propuse lo que arriba queda indicado. Al principio ella se alborotó y advirtió categóricamente delante de todos que ella había venido allí como espectadora tan solo y que por nada del mundo se dejaría pegar, ni aunque se lo pidieran frailes descalzos en rogativa, hicieran los demás lo que hicieran.

Nos costó dios y ayuda hacerla cambiar de parecer. Para animarla y ayudarla a decidir, le describí con pelos y señales las sensaciones que se experimenta durante la experiencia, los escalofríos que recorren la espina, las emociones que te desbordan y en resumen le hice notar todo lo que se perdería si no daba crédito a lo que le decíamos y no se dejaba convencer; para remachar las razones le dije que también yo al principio había sentido recelo, pero que al final me había dejado llevar y no me había arrepentido, al contrario, me habían quedado ganas de repetir. El que prueba, repite, como decían nuestras abuelas.

Finalmente y aunque al principio refunfuñando para no dar la impresión de que era una mujer fácil a la que pronto se engaña y lleva al huerto, una persona habituada a comulgar con ruedas de molino, como se suele decir, se había dejado persuadir, y alentada por nuestras explicaciones se había incluso animado hasta el punto de esperar ya con impaciencia su turno de que la condujeran a la cruz de los azotes y la ataran a ella.

Dicho y hecho, y la víctima puesta ya en posición, me preguntaron los que llevaban las riendas de todo el asunto si me sentía con ganas de hacer de verdugo y aprender también yo a flagelar. De ese modo y para animarme a participar en el papel activo, añadieron, la cosa quedaría como más en familia, puesto que yo era su jefa y ella mi ayudante.

Lo que me decían me pareció puesto en razón y dado que soy persona curiosa y me encantan las ocasiones de aprender algo nuevo, les contesté que la idea no me disgustaba; por el contrario, me parecía un acierto y me hallaba dispuesta a comenzar. Me entregaron pues un hermoso látigo de suaves colas rojas y mango de ébano decorado con extraños signos misteriosos y arcanos y me explicaron lo esencial a tener en cuenta en la técnica, al mismo tiempo que guiaban mis primeros pasos. No acierto a describir la sensación que produce tener un látigo en la mano y estar a punto de flagelar las espaldas de alguien. Es un sentimiento del más puro poder y yo me sentía de lo más relajada, aunque al principio un poco torpe en los movimientos.

Comencé pues a azotar a Miguela, primero con suavidad, retenida quizá por el escrúpulo de estar haciendo daño a alguien cercano a mí y con quien hasta el momento me había llevado bien, pero pronto perdí las inhibiciones y empecé a descargar con más y más fuerza los golpes, viendo además que bajo mis latigazos ella se retorcía, no sé si de dolor voluptuoso o de aberrante placer. Llevada del entusiasmo, que cada vez me costaba más dominar, no pude menos que cometer algunos errores groseros hasta el punto de que el maestro hubo de aconsejarme moderara el impulso y no me dejara llevar de la emoción, pues si volvía a golpear a la chica en el cuello o en las costillas u otra parte del cuerpo más delicada y vulnerable, él se vería forzado a castigarme y para ello me golpearía a su vez las manos con una pala especial erizada de pinchos como tachuelas, que me mostró y dejó ver para reforzar su amenaza y que advirtiera que él no bromeaba e iba de veras: ni que decir tiene que de tal modo puesta en conocimiento de las desagradables consecuencias que tendría la desobediencia, me tiré de las riendas, como quien dice, y no volví a equivocarme. Por la cuenta que me tenía.

Mientras me concentraba en mi papel de mujer dominante y disfrutaba con el cambio que esa actitud me ofrecía, se me acercó por detrás un hombre que hablaba inglés con acento ruso y me dijo que la dama que estaba con él en aquellos momentos deseaba conocerme. Yo la había mirado ya varias veces aquella noche, llamada por un no sé qué que de ella se desprendía y me costaba rechazar, una mujer hermosísima como acabada de salir de una sesión de fotografía para una revista de modas, y para mi sorpresa resultaba ahora que ella quería hablarme. Y yo, aunque siempre me he sentido insegura con las mujeres que me atraen y me dicen algo, la miré de reojo por un momento y respondí a su mensajero o corre-ve-y-dile, procurando aparentar tanta desenvoltura y desparpajo que me fue posible, como si no me fuera nada en el asunto, que con mucho gusto me reuniría con ella tan pronto terminase lo que estaba haciendo; y seguí con lo mío como si semejantes invitaciones me llovieran del cielo todos los días y estuviera a ellas más que acostumbrada.

No hay nada mejor que sentirse dueño de una situación y tener el control de lo que sucede. Es preciso no confundirse, sin embargo; no es lo mismo dominar una situación que imponerse a los sumisos que se abandonan y se dejan hacer. En este último caso hay que evitar dejarse llevar de la excitación que proporciona el sentimiento de poder, a fin de no pasarse e ir más allá de los límites que ha de tener la escena; es preciso asegurarse de que el sumiso esté a salvo en todo momento, lo cual requiere mucha concentración y control por parte de quien lo golpea, aunque no por ello la experiencia deje de ser también muy placentera e intensa.

Como era de suponer y siendo aquella la primera vez que me metía en semejante fregado, no lo hice demasiado bien, pero me dejó con ganas de seguir explorando ese aspecto dominante de mi personalidad y me demostró que el deseo de dominar e imponerse a otro no solo era algo que podríamos llamar innato, algo que llevamos dentro desde el momento mismo de nacer, sino que también según las circunstancias o por libre elección uno puede aceptar adoptar un papel cualquiera, el de dominante o el de sumiso indistintamente, y llevarlo a cabo aunque nunca se hubiese creído capaz de hacerlo.

Luego me fui a conversar con la chica rusa y nos pusimos a cien. ¡Qué noche! ¡Como para darte el infarto! La cosa se calentó bastante entre nosotras y cuando abrí los ojos vi que varias personas nos observaban con evidente placer. ¡Qué bien se siente una en un lugar donde se trata la sexualidad con tanta naturalidad y falta de inhibiciones y donde las personas se permiten lo que de ordinario se prohíben en la vida real de todos los días en la que reina la mayor hipocresía sobre todo en lo concerniente al sexo! Me halagó ver que daba placer a esas personas dejando que vieran como la otra y yo lo pasábamos bien; pensé que eso hubiera sido un problema en un ordinario bar de lesbianas, por ejemplo, y seguí atenta a lo que estaba experimentando. En cierto momento ella me propuso terminar la noche en su casa y me fue muy difícil rechazar la oferta de aquella mujer espectacular. Pero me siento muy satisfecha de encontrarme viva y no padecer enfermedades ni verme metida en enredos raros, así que no voy a empezar ahora a irme sin más con gente a la que no conozco, por muy bella que sea.

Aprendí varias lecciones con esta experiencia, entre ellas que las personas de aquel ambiente en que me encontraba dedican una gran cantidad de energía y de tiempo para aprender las innumerables técnicas y reglas del juego BDSM y que lo que hacen requiere muchísima práctica y talento.

Cada uno de los objetos que utilizan tiene su truco, una manera propia de usarlos para sacarles el mayor rendimiento posible y otras diversas aplicaciones para variar. Los practicantes de estas nuevas diversiones se reúnen en locales adaptados al caso y en ellos comparten estos conocimientos y hallazgos y se dedican a disfrutar de las sensaciones intensas que se producen unos a otros.

Las prácticas del sado-masoquismo no son sólo aptas para personas especiales que nacen sabiéndolo todo sobre el asunto, sino algo que incluso una persona tan común y precavida como yo puede aprender poco a poco hasta dejarse transformar en el intento.

En el espacio BDSM nadie exige que sus adeptos se ajusten a un determinado patrón ya sea de apariencia o de conducta, sino que se admite en él a todos los que la sociedad rechaza, los raros, los que no caben en ninguna otra parte, los *freaks* and *geeks* (raros y nerdos) con todo tipo de intereses y destrezas y donde hasta los más originales, los que sueñan las fantasías más extravagantes, prohibidas o a simple vista tontas o ridículas son aceptados y hallan cabida sin perjudicar a nadie y por el contrario siendo fuente de placer para muchos. Los que miran, los que participan, los que se inspiran, los que aprenden, etc.

De momento tengo la agenda completa y en ella combino perfectamente mi trabajo de detective con mi otra identidad digamos nocturna, la sombra que estoy conociendo y construyendo en este viaje. Se podría decir que vengo a ser una variante de la bien conocida pareja literaria que forman los señores Jekyll y Hyde.

# Capítulo 22

## La azotaina o azotes en el culo

La noche siguiente volvimos a aquel local. No tardó en presentarse junto a nuestra mesa un buen ejemplar del género masculino. Lo invitamos a sentarse con nosotras y tomar algo. Él accedió de buena gana. Le dijimos que éramos novatas en aquel ambiente y que nos gustaría conocer más a fondo lo que hubiera que conocer. Como el otro de quien he hablado en un capítulo anterior, nos preguntó cuáles eran nuestras preferencias. Le respondimos que hasta el momento habíamos visto sobre todo la parte masoquista de la cuestión y que ahora nos gustaría ver su contraria, la parte sádica.

La velada empezó con la reunión del grupo que se llamaba *dom-sub-friends* al que ya me he referido en un capítulo anterior. El nombre me pillaba de nuevas y quise saber más al respecto. Me dijeron que el grupo pretendía ser una copia de otro orientado a la enseñanza y aprendizaje del BDSM y que originalmente había estado basado en la ciudad de Nueva York; sus actividades incluían demostraciones, conferencias, *munches* (un tipo de encuentros que alude a algo así como pequeños bocaditos para comer en la sala, tales como las palomitas de maíz y cosas semejantes) y fiestas.

El presentador se llamaba Miguel, era asiduo del Paddles y, como él mismo nos dijo, había estado en la escena BDSM, es decir, se había interesado por todo lo que concierne al BDSM desde la década de 1970. Empezó por contarnos que había descubierto el asunto de las azotainas, que en la América latina llaman nalgadas, cuando era todavía un jovencito fácilmente impresionable. Aunque se le habían olvidado los detalles de aquellos comienzos, recordaba sin embargo que desde los primeros momentos supo que aquella era una actividad con la que de verdad disfrutaba.

Afirmó que, para él, la azotaina o azotes en el culo, que los de habla anglosajona llaman *spanking*, es una actividad S&M como ninguna otra, porque en ella la relación física entre los participantes es de las más íntimas que se pueda dar, incluso más todavía que lo que los ingleses llaman *strapon*, que viene a ser la violación anal con un consolador, tanto si la víctima es un hombre como si es una mujer. Los dos actores están en estrecho contacto.

En el caso del *spanking*, tanto el que azota como el que es azotado se sienten al mismo tiempo muy cerca uno del otro. Esta cercanía genera un cierto vínculo entre ellos, tan intenso como el que se establece entre el violador y el violado. Un vínculo por otra parte muy difícil de superar y olvidar, como lo demuestra el caso bien conocido del famoso Lawrence de Arabia, aventurero y espía durante la I Guerra Mundial. Muchos lectores recordarán la historia de este desventurado; lo capturaron los turcos y los soldados lo violaron en los calabozos, un trauma al que una vez liberado se sometió voluntariamente y sin poder evitarlo hasta el día mismo de su muerte.

Según Miguel sigue diciéndonos, en tiempos pasados, en los clubes de S & M más a la moda era muy corriente ver escenas de azotainas en el escenario, hasta 6 u 8 sesiones como mínimo al mismo tiempo. En la última década, sin embargo, esta forma de juego casi ha desaparecido de ellos. A su entender la culpa es principalmente de los que hacen de dominantes, porque "sus egos han crecido desmesuradamente", lo que los lleva a preferir con mucho, porque lo consideran más *cool* y a la moda, empuñar un látigo de fantasía, o un bastón de elevado precio decorado con raras filigranas, y presumir en los clubes, antes que limitarse a pegar con la mano, desnuda o con guantes, no tiene importancia, las nalgas de cualquier infeliz.

Miguel amenizó sus palabras con un montón de chistes que hicieron reír a la audiencia con todas las ganas. Él está entusiasmado con el arte de los Azotes y le duele que esté desapareciendo gradualmente de la escena pública; para tratar de evitarlo ha escrito en su blog un artículo titulado "Las nalgadas, una práctica en peligro de extinción."

Había transcurrido la mitad de la velada y Miguel dio paso a una pareja formada por un Amo y una sumisa que se presentaban en el escenario para enseñar a los espectadores la manera de aplicar correctamente una azotaina. También en esta ocasión es necesario atenerse a unas reglas para evitar que se propase los límites que aconseja la prudencia. La pareja se puso en situación. El Amo se sentó en una silla de respaldo recto sin apoya-brazos y ordenó a la sumisa que se le acercara y se le tendiera sobre los muslos. Así lo hizo ella al instante. Me gustó ver a la hermosa joven doblada sobre el regazo del Amo y como él empezó a darle palmadas en el relleno y rosado culo, primero con suavidad y luego con más fuerza de cada vez.

Poco a poco las nalgas de la joven fueron pasando del color rosa al rojo vivo y finalmente al morado.

Por raro que pueda parecer a quien no esté al tanto del asunto, los dos disfrutaban de lo lindo de la experiencia y la pasión los ponía a cien; se les podía ver en el rostro.

Pasado algún tiempo, el que hacía de Amo dejó su lugar a un Ama, una señora en la treintena y de muy buen ver, que lo reemplazó y puso sobre sus magníficos muslos a la sumisa. Para entonces, ésta ya estaba más que caliente.

A medida que el Ama la azotaba, aumentaba el placer que la joven sumisa estaba sintiendo y que casi la trasponía. Semejante amorosa atención a su bien formado culo ahora al rojo vivo la transportaban al paraíso o jardín del Edén, lo que se prefiera.

¡Una chica con suerte! Me dieron ganas de ocupar su lugar.

Miguel era un orador excelente y nos había explicado que se debe empezar a azotar muy suavemente, pues, como él nos dijo, es aconsejable dejar que la piel envíe mensajes al cerebro para decirle que "está en peligro, algo lo amenaza". A cambio él envía a ella, a la piel, un chorro de endorfinas para protegerla y evitar que se lastime. Al cabo de un tiempo, esas endorfinas hacen que la zona se entumezca y duerma, y el sumiso deja de sentir que en realidad le están pegando con fuerza. El flujo de hormonas convierte todo en una experiencia verdaderamente muy erótica. Una vez más se cumple el dicho de que no hay mal que por bien no venga.

Al terminar la presentación el público hizo preguntas al orador que parecieron interesantes a muchos. Así otra reunión emocionante llegó a su fin.

La mayoría de los asistentes se quedaron para el resto de la noche motivados por la charla y la demostración de cómo se ponía caliente un trasero.

La sesión estuvo entretenida, debo confesarlo; no es lo mío, pero el juego me divirtió.

# Capítulo 23

## Mis primeros resultados: cómo se hace un marica

Ya teníamos bastante. Habíamos querido infiltrarnos entre aquella gente y lo habíamos conseguido. Ahora era cuestión de dejar a un lado las bromas y enfrentarse a las veras. De modo que llamamos a nuestra mesa a la *trannie*, la transexual, y le enseñamos las fotos. Al verlas se mostró sorprendida. Pero si es Marisa, exclamó. Trabajamos las dos para la señora Celia, la dueña de los locales Paddles.

-¡Caramba, qué suerte! Nos gustaría saber de ella todo lo posible. ¿Qué puedes decirnos? –le pedimos

-Oh, es toda una historia. Si queréis que os la cuente al detalle necesitaremos más bebida y no tener prisa. Poneos cómodas, porque puede que el relato se os haga algo largo.

-No te preocupes, tenemos tiempo de sobra. Como es lógico, las consumiciones corren de nuestra cuenta. Adelante.

-Pues veréis, originalmente Marisa se llamaba Mario y en su familia no le fue bien. No creáis que su caso sea raro. ¡Qué va! Los hay a montones. El mío, por ejemplo. La cosa es mucho más común de lo que se cree.

-Está bien. ¡Cuéntanos!

-Su padre era uno de los médicos de mayor prestigio de la población en que vivían. Se había casado con una mujer de extracción social más elevada que la suya, una mujer acostumbrada a mandar y ser obedecida; ella llevaba con mano firme las riendas del hogar y todos callaban y se le sometían, el marido el primero de todos, que para tener la fiesta en paz la dejaba hacer sin rechistar.

Mario se crió en ese ambiente, entre una madre dominante y seca y un padre que no intervenía. Además tenía una hermana, un par de años mayor que él y a todas luces la favorita de la madre, que le permitía los mayores caprichos y extravagancias.

Entre esas dos mujeres dominantes y un padre emocionalmente ausente, el hijo se sentía abandonado y muy solo.

Un buen día sus padres acordaron ir a la Ópera. Mientras la hermana pasaba la noche con una amiga, Mario se quedó solo en la casa y sin saber qué hacer encendió la televisión. Mientras con el mando a distancia cambiaba aburrido de un canal a otro, dio con un programa que le interesó.

Era un programa de entrevistas y tal vez por una mala jugada del destino trataba de "los chicos que sueñan con ser chicas." Mientras los invitados parloteaban y parloteaban sobre lo divertido y agradable que era vestirse y actuar como se viste y actúa una niña, él sintió curiosidad.

Durante unos minutos contempló el espectáculo y cuando terminó se le ocurrió que sería una buena idea comprobar por sí mismo si aquellos de la tertulia tenían razón.

Se levantó del sofá y palpitándole el corazón en el pecho a causa de la excitación, se dirigió al cuarto de sus padres y abrió el armario. Le sorprendió lo que veía. ¡Su madre tenía montones de ropa! Ante tal abundancia se sintió perplejo, sin saber por dónde empezar. ¿Qué debía ponerse? Entonces vio algo familiar: un traje de punto azul marino con adornos blancos y botones dorados. Su padre lo llamaba el traje Jacqueline Onassis, aludiendo a los que aquella dama de la alta sociedad americana solía ponerse. Era uno de los favoritos de la madre; ella se lo ponía siempre que quería causar buena impresión.

Mario pensó que ya que había empezado, sería una vergüenza arrepentirse y por consiguiente debía ir "hasta el fin", de modo que hurgando en el cajón de la lencería, sacó unas bragas bordadas, un par de medias y un sostén y trató de ponérselos. El tacto de aquellas prendas extrañas hacía que le temblasen las manos. La falta de práctica y el tacto desusado de aquellos tejidos hacían que se sintiese nervioso y desmañado. Por fin lo logró. Después se puso el traje preferido de su madre y los elegantes zapatos con que lo acompañaba y sentándose ante el tocador, se aplicó en la cara un poco de maquillaje y se pasó por los labios la barra de carmín como hacía ella cuando se arreglaba para salir a la calle. Sin saber qué hacer a continuación, se miró en el espejo y trató de recordar sus gestos e imitarlos lo mejor que pudiese. En un momento de inspiración, encontró incluso el bolso que hacía juego con el conjunto y el sombrero que a veces se ponía su madre.

Mientras se contemplaba en el espejo, Mario no sentía nada de la "satisfacción" o "excitación" de que habían hablado los participantes en el programa televisivo. En cambio, se sintió un poco aburrido. ¿Aquello era todo?

Avergonzado y arrepentido de lo que había hecho, se preguntó cómo le podía gustar a un hombre de verdad vestirse de mujer. Sin duda los de la televisión no habían querido otra cosa que escandalizar a los espectadores. Pensó entonces en lo que habría dicho la gente si lo veía vestido de aquella manera y se estremeció de pavor. Qué irónico, pensó más tarde, considerando lo que había ocurrido después.

Aliviado al comprobar que el travestismo no le interesaba lo más mínimo, quiso divertirse un poco haciendo payasadas. Empezó pues a contonearse ante el espejo, darse toques en la melena, y en general hacer los gestos que se supone hace una chica en semejantes ocasiones; era un último acto de purificación cómica antes de volver a ponerse sus ropas de hombre tras haber usado ropa de mujer por primera y última vez; de eso estaba seguro.

Continuó así durante unos minutos abstraído en sus pensamientos sin darse cuenta de que ya no estaba solo, había alguien más; desde la puerta de la habitación dos pares de ojos lo contemplaban asombrados sin acabar de creer lo que estaban viendo.

Eran dos rostros sorprendidos y enojados. Se quedó de una pieza.

Aunque en ese momento no hubiese podido saberlo, el caso era que sus padres se habían peleado en el restaurante, y pensando que asistir a la ópera juntos en esas circunstancias no tenía sentido, habían vuelto a casa antes de lo previsto. Ahora se les ofrecía una ocasión magnífica de descargar sobre el hijo el enfado que hasta entonces habían contenido a duras penas.

El padre se había puesto furioso. Insistiendo en que Mario siguiera vestido de aquella manera, despotricó y despotricó sobre la desgracia que suponía para la familia tener un hijo afeminado.

También la madre se había mostrado indignada al respecto y lo había llamado "pervertido" y "maricón". Incluso había llegado a decir que sospechaba desde hacía algún tiempo que alguien se estaba poniendo su ropa a escondidas. El que su hijo le hubiese violado la intimidad de aquella manera la sacaba de quicio. Le dijo que después de lo que había visto, no se volvería a poner nunca más aquel vestido, por lo que él bien podría quedárselo si le apetecía. "Por otro lado, te sienta divinamente", había añadido cruelmente sarcástica.

Desesperado y llorando Mario había tratado de explicarles que era la primera vez que lo hacía, que no le había gustado la experiencia y que nunca más volvería a vestirse de chica. Quiso contar a sus padres lo del programa de televisión. Su madre se había negado a escucharlo e insistió en que ella "sabía a ciencia cierta" que él le había revuelto la ropa. Los juramentos envueltos en lágrimas del muchacho asegurando todo lo contrario cayeron en oídos sordos.

Aún por encima y sin querer atender a razones, su madre le hizo llevar el traje a la tintorería al día siguiente, cepillarlo y colgarlo en su propio armario ropero para la próxima vez que 'le diese por repetir la experiencia' y quisiese usarlo de nuevo.

Mario se moría de vergüenza cuando recordaba las risitas disimuladas de la chica de la lavandería. Aunque sabía muy bien que el traje no era de él, sino de su madre, la guapa adolescente se permitió gastar una broma al niño diciéndole que también a él le quedaría muy bien si se lo ponía. La madre había mandado a lavar igualmente la lencería que el hijo se había puesto y luego se la había colocado bien a la vista en el cajón de la ropa interior del armario.

Y fue ella, antes que el padre, la que había insistido en sacarle fotos cuando lo sorprendieron vestido de aquella manera, "para que todos puedan ver lo gran mariquita que eres" –había rematado con burla. En cambio fue idea del padre que se "pavonease", como lo habían sorprendido haciéndolo ante el espejo. En consecuencia, las imágenes mostraron un muchacho adolescente joven vestido con un traje muy femenino, un poco demasiado grande para él, con una gran sonrisa falsa mientras posaba como una modelo ante la cámara. Cuando se había echado a llorar ante la humillación que sentía, su madre le había ordenado secarse las lágrimas, le había retocado el maquillaje que se le había corrido y había seguido haciendo fotos hasta gastar todo el carrete. Luego lo obligó a quitarse ante ella toda aquella ropa de mujer, al mismo tiempo que movía la cabeza con disgusto y desaprobación cuando él se despojaba del sujetador y las bragas. Y ya fue el colmo cuando su madre y su padre lo miraban quitarse el relleno que se había puesto bajo el sostén.

Los días siguientes fueron horribles, ya que ambos, tanto el padre como la madre, seguían mirándolo como si de pronto en la casa se hubiese instalado un monstruo. Él había tratado de explicarse varias veces, pero su padre le había prohibido hablar más del asunto. Su madre sencillamente lo miraba con una mezcla de ira y desprecio. Sin embargo, Mario se esforzaba en comportarse tan virilmente como le era posible para convencer a sus padres de que él era "un chico normal". Aun así de vez en cuando descubría que uno de ellos o ambos lo miraban con expresión de asco.

Por fortuna, con el tiempo, su padre pareció olvidar el incidente. Después de todo, el viejo tenía "asuntos" más importantes a que atender.

Su madre, en cambio, parecía que nunca lo olvidaría. Como es fácil comprender, el hecho de que el padre siguiera echándole a ella la culpa del incidente debido a "su carácter dominante" no ayudó a arreglar las cosas; él sacaba siempre a relucir el tema cuando los dos discutían por la supuesta afición del marido a las aventuras extra-conyugales.

La madre se había sentido traicionada por su hijo y estaba resentida con él por ponerse de parte de su padre cuando ella le echaba en cara correr detrás de otras mujeres. Por consiguiente, cuando Mario pensaba que ella se había sacado de la mente el "incidente", como él se había acostumbrado a llamarlo, ella decía o hacía algo que demostraba dolorosamente no haberlo hecho. Por ejemplo, cuando su madre hacía en público algún comentario sobre la ropa que llevaba puesta alguna mujer, invariablemente añadía con burla que a su hijo Mario le quedaría "divina".

En una ocasión llegó incluso a parar en la calle a una joven y decirle: "Perdone usted, señorita, mi hijo me estaba diciendo lo bien que le sienta a usted ese vestido y lo mucho que le encantaría tener uno igual. Dígame, ¿dónde lo ha comprado?"

Mario se había sentido herido en lo más hondo cuando la chica se había reído y había descrito con gran detalle de dónde había sacado el vestido y cómo "en el niño quedaría perfecto".

En otra ocasión, después de una gran pelea con su marido, la madre había insistido en que Mario la acompañara al centro comercial.

Estaba muy enfadada y Mario se sintió muy tenso, sobre todo cuando su madre detuvo el coche frente a la tienda que solía frecuentar y arrastrando tras de ella a su angustiado hijo adolescente entró y se dirigió al departamento de ropa femenina.

Mirando nervioso a su alrededor, Mario se dio cuenta de que el departamento estaba lleno de vestidos y trajes similares a la ropa que él se había puesto en aquella fatídica noche. Una hermosa mujer joven, perfectamente arreglada y peinada se había apresurado a saludar a la buena clienta y le había dado un abrazo cordial. Mario escuchó horrorizado como su madre explicaba a aquella mujer que necesitaba ropa nueva, y que había traído consigo a su hijo para ayudarla a escoger, ya que a él parecía sentarle su ropa tan bien como a ella. Llegó incluso a mostrar a la vendedora las fotos que había sacado al niño aquel día fatídico. Mario sintió que la cara le ardía de vergüenza cuando la mujer había sofocado a duras penas la sonrisa ante el presunto joven marica. Llevó a Mario a un sofá en el probador "sólo para nosotras, las chicas", le dijo, mientras ella y sus ayudantes traían un traje tras otro para que su madre se los probara. Las vendedoras se divirtieron haciendo que Mario se mirase al espejo con ellos contra su cuerpo antes de pedirle su opinión. "¿Qué piensas? ¿No te parece magnífico?"

"Te queda muy bien; a ver si tu madre te lo deja usar alguna vez. ¿Verdad que es maravilloso, este vestido?" Luego lo obligaban a sostenerlo mientras su madre se lo probaba. Para su horror incluso trajeron un par de ellos de talla más pequeña y lo obligaron a ponérselos, para ver qué aspecto tendría la pareja de madre e hijo vestidos de la misma manera.

Su madre sonreía con malicia mientras los dos vestían lado a lado un traje de punto de color rosa. Las vendedoras se lo pasaron en grande con aquel adolescente afeminado disfrazado de chica.

Sus padres se fueron de vacaciones y dejaron a sus hijos al cuidado de unos parientes, con lo que Mario respiró aliviado. Confió en que el ajetreo y la novedad harían que su madre se cansase de su juego perverso y por fin lo considerase un niño "normal". Que se olvidaría el incidente de una vez por todas o que solamente se lo recordaría años más tarde de buen humor como una travesura infantil.

Sin embargo, Mario no se sentía tranquilo y cuando sus padres regresaron del viaje estaba deseando tener una conversación con su madre para aclarar todo el asunto. Estaba en el dormitorio principal y desembalaba los paquetes que había traído de París. Los nombres en las cajas le eran vagamente familiares: Givenchy, San Mario Tejidos, Chanel, Adolpho, una lista interminable. Mario la interrumpió.

"Oye, mamá. ¿Me atiendes unos momentos? Creo que te has formado de mí una idea equivocada."

Vaciló cuando ella dejó de desembalar los objetos y lo miró fijamente.

Dándose ánimos continuó. "Lo que ha pasado antes de que os fuerais de viaje fue solo una broma. No soy un marica. Todo ese asunto de la ropa de mujer no fue más que un malentendido. Quiero que lo olvides. Bien sé que fue una tontería y no pensé en lo que hacía. De veras que lo siento. No quise hacer nada malo cuando me disfracé de aquella estúpida manera.

¿No podemos volver a ser amigos como antes?" -imploró esperanzado, tratando de parecer simpático.

En menos de un instante ella se le acercó y lo tomó de la barbilla. "¿Qué me dices? ¿No te gusta sentirte humillado? ¿No te gusta sentirte avergonzado ante la gente que piensa que eres es un mariquita? ¡Un chico que lleva bragas! ¿Ser el objeto de una broma pesada, verdad? Bueno, también a mí me gustan las bromas. Sólo que esta vez, la broma te la gasto yo a ti".

Le soltó la barbilla y continuó: "Serás mi juguetito; mi propio muñequito para vestir como a una Barbie".

Bajo su mirada, Mario se encogió. Sabía que no estaba bromeando, se lo podía ver en los ojos. Ahora tenía más miedo que nunca de aquella mujer dominante. Se retiró a su habitación de mala gana, preocupado por lo que pasaría de ahí en adelante.

Al día siguiente, cuando se estaba vistiendo para ir al colegio, ella entró en su habitación, sin molestarse en llamar. "Buenos días, querido."

Antes de que él supiese lo que estaba pasando, lo había rociado con una nube de perfume muy fuerte.

"Mamá ¿Qué haces? ¡Huele que apesta!"

"Sólo quiero que pruebes el nuevo perfume que traje de París. ¿No es delicioso? Es Chanel, y como yo sé lo mucho que adoras esa marca de ropa, pensé que te gustaría su olor".

"Mamá, ¿estás loca? No puedo oler a perfume en la escuela. ¿Qué van a pensar de mí?"

"Van a pensar que te gusta perfumarte como una mujer. Eso es todo," dijo ella bruscamente.

Mario recordó cómo olía su madre cuando se arreglaba para salir. Rogó con fervor que el olor se hubiese ido antes de llegar a la escuela.

En el desayuno, su madre aprovechó el momento para burlarse de él. Cuando se sentó, olfateó el aire. "Vaya, qué raro", dijo; parece como si alguien hubiese usado mi nuevo perfume. Pero ¡qué cosas se me ocurren! En casa solo hay dos mujeres. Estoy segura de que ninguno de vosotros, los hombres, se echaría un perfume femenino. Debe de ser mi imaginación", añadió alegremente.

Mario quiso decir que ella sabía muy bien de dónde procedía aquel olor, pero le bastó una mirada para darse cuenta de que no sólo lo negaría, sino que también lo haría quedar a él como un mentiroso. Así que no dijo nada y enrojeció cuando vio que su padre lo miraba de un modo sospechoso. Terminó de desayunar a toda prisa y salió del comedor evitando encontrarse con su padre.

Mario había esperado que el olor se le hubiese ido al llegar a la escuela, pero la caminata lo hizo sudar y el olor aumentó. Se dijo que eran imaginaciones suyas, pero tan pronto se sentó perdió la esperanza de que los demás no se dieran cuenta de que iba perfumado. Isa, una bonita niña rubia que le gustaba, se sentaba delante de él en el aula. De pronto la niña olfateó el aire para averiguar de dónde le venía aquel fuerte aroma femenino a flores. Justo cuando se volvió y lo miró con extrañeza, la profesora entraba en la sala. Antes de haber dado tres pasos declaró en voz alta: "Muy bien, ¿quién de vosotras se ha puesto el Chanel Nº 5 de su madre?" Mientras miraba a los alumnos, la clase se reía, a la espera de que se descubriese al culpable. Mario se encogió en su asiento y deseó que la tierra se lo tragase. "Vamos, vamos, chicas, ¿quién es? Averiguarlo no será difícil".

Rojo de vergüenza, Mario alzó lentamente la mano".

"Sí, Mario, ¿qué sucede?"

"Es que... soy yo. Quiero decir, soy yo, el que huele".

La clase se echó a reír divertida mientras la maestra se esforzaba en poner orden.

Mario trató de pensar en una excusa: "Lo siento, pero esta mañana, sin darse cuenta, mi madre derramó un poco de su perfume, que cayó sobre mí, y no tuve tiempo de lavarme".

La maestra lo miró con curiosidad. La excusa parecía aceptable. ¿De qué otra manera se explicaría que un niño de trece años oliese a un perfume de señoras tan caro como aquel? Pero no pudo evitar burlarse un poco de él.

"¿Por qué te avergüenzas? Nunca pensé que tendría que llamar la atención a un niño de mi clase por perfumarse en exceso, pero supongo que hay una primera vez para todo. Mario, te digo lo que al resto de las chicas. Si vas a usar el perfume de tu madre, bastará con un poco. No sea que la Inspección nos cierre la escuela por violar las normas del aire limpio". Mario enrojeció todavía más cuando los otros alumnos se rieron de él.

Durante el resto del día, los niños se acercaban constantemente a él, respiraban hondo y le decían: ¡Huy, qué bien hueles! Y se marchaban riendo.

Isa le había dicho que Chanel era el perfume favorito de su propia madre, y que también a ella le gustaba. Aun así, Mario esperaba con impaciencia el final de las clases. En el almuerzo se había sentado en una mesa apartada con la esperanza de librarse de burlas; pero esa esperanza se desvaneció cuando Toña y varias de sus compañeras se sentaron a la misma mesa y ella dijo en voz alta: Chicas, ¿os he presentado a mi hermana pequeña, Marisa? Lo creáis o no, está en octavo grado". Luego se echó hacia adelante y aspiró profundamente. "Pues sí que hoy hueles bien, Marisa. Mamá temía que su nuevo perfume no te gustase, pero creo que se equivocaba; veo que te gusta, ¿no es así, muchacho pensativo?"

"Cállate, idiota," Mario murmuró con tanta valentía como pudo.

"Oh, oh, una niña bien educada no habla así. Tendré que contárselo a mamá", le dijo burlona. Toña y sus amigas se rieron cuando él se alejó entristecido para estar a solas con sus pensamientos.

Aquella noche después de la cena la madre entró en el cuarto de Mario sin llamar a la puerta. "Preciosidad, he oído de ti algo muy decepcionante. Una niñita buena no le sale respondona a su hermana mayor. No está nada bien. Además mamá puede enfadarse" -siguió diciendo medio en serio, medio en broma.

Para dar más convicción a sus palabras, retorció con fuerza la oreja del niño. "Vete a ver a tu hermana y pídele perdón. Y a partir de ahora no quiero oír más quejas de ti; ¿lo has entendido?"

"Sí, mamá" –respondió Mario gritando a causa del dolor que sentía en la oreja.

"¡Bien! Ahora vete y pídele perdón, como una buena chica."

Lentamente Mario se dirigió por el pasillo al dormitorio de Toña mientras maldecía por lo bajo a la madre. Cuando entró en el cuarto, la niña lo miró con una sonrisa maligna. Era obvio que sabía de antemano lo que iba a ocurrir.

Cuando Mario comenzó a balbucear a medias una disculpa, su hermana se levantó rápidamente de la silla, le agarró un brazo y se lo retorció con fuerza detrás de la espalda.

"Escucha, pervertido de mierda. Si me vuelves a faltar al respeto, cobrarás, ¿entendido?"

Mario asintió mientras se retorcía de dolor. Su hermana era más fuerte que él.

"¡Bien! Ahora dime que eres un mariquita."

Como Mario vacilara, ella aumentó la presión. Doblándose de dolor, él repitió, "¡Soy un mariquita, soy un mariquita!"

"Así está bien. ¿Ves cómo alivia decir la verdad? Ahora vete a jugar con tus muñecas." Toña arrastró a su hermano hasta la puerta.

Mario se refugió con rapidez en su cuarto para llorar a sus anchas ante el nuevo ambiente familiar en que estaba empezando a vivir.

A la mañana siguiente se vistió rápidamente temeroso de que su madre lo visitase de nuevo como el día anterior. Pero el desayuno transcurrió sin problemas, aunque Mario tuvo que oír como Toña se pavoneaba de lo bien que le iba al equipo de fútbol femenino en que ella jugaba, mientras la madre le sonreía y la aplaudía. También el padre se mostraba impresionado y prometió ir a ver jugar a su hija. Mario desayunaba en silencio preguntándose cómo haría para que su padre lo aceptase de nuevo y su madre dejase de acosarlo.

Sin embargo aquella misma noche ella continuó con su jueguecito. Cuando estaba a punto de meterse en la cama con su marido, adoptó un tono preocupado y dijo: Querido.

¿Sí, querida?

"Es la cosa más rara. Desde que volvimos de París he tenido la extraña sensación de que alguien revuelve en mis cosas.

Aunque no me falta ningún vestido ni falda, no están sin embargo donde yo los puse. Es como si alguien estuviese probándoselos." Aquí hizo una pausa para ver el efecto que sus palabras causaban. "Pero por fuerza tiene que ser una tontería. Vivo con dos hombres y una chica. Ella me ha asegurado que no ha tocado mi ropa. Y ¿qué hombre querría ponerse lo último en moda femenina parisiense? Es ridículo solo pensarlo, se rió. Seguramente se trata solo de imaginaciones mías."

Se volvió astutamente para observar la reacción de su marido. Casi le parecía estar viendo las ruedas que le giraban en la cabeza cuando vio lo preocupado que parecía. Al meterse bajo las sábanas sonreía al ver el buen resultado que estaba dando su plan.

A la mañana siguiente antes del desayuno Mario recibió una visita, pero no era su madre. Era su padre, y estaba furioso.

"Mario, por todos los diablos, ¿qué crees que estás haciendo?"

Mario quedó desconcertado y pudo apenas balbucear mientras su padre continuaba el sermón. "¡Me dijiste, no, me prometiste que no volverías a hacerlo, que no eras un pervertido!"

"Pero papá, ¿qué estás diciendo?"

"Oh, deja ya de fingir. Sé muy bien que te has estado probando los vestidos de tu madre siempre que has tenido ocasión. Ella tenía razón. No eres más que un maldito marica."

"Pero papá, te lo juro. ¡No he hecho nada por el estilo! ¡De verdad!"

"¡Guárdate tus juramentos y no digas mentiras! Más vale que lo dejes. ¿Me oyes? No permitiré que semejante cosa ocurra en mi casa. ¿Entendido?

Si no paras con eso al instante, no respondo de mis actos" -el padre barbotó enfadado.

"Sí, papá, pero…"

El padre lo hizo callar con un gesto y salió de la habitación. Mario supo que su madre era la culpable de lo sucedido. Durante el desayuno sintió que su padre no le quitaba los ojos de encima, mientras su madre se comportaba como alguien que saborea su triunfo. Incluso llegó a sacarle la lengua y hacerle un guiño cuando el padre se enfrascó en el periódico. Mario enrojeció de ira y consternación.

Los días siguientes, Mario trató de evitar en lo posible a su madre y a su hermana. Pero el viernes ella lo estaba esperando al volver del colegio. "Bien, amiguito. Ya estás en casa. Ven, tu padre está a punto de volver del trabajo, así que iremos al grano ¿no te parece?"

Sabiendo que su madre le preparaba un disgusto, Mario se volvió hacia la puerta y trató de escapar. Pero la hermana, que había llegado antes que él, le cerró el paso y le retorció con fuerza un brazo detrás de la espalda. Mario hizo una mueca de dolor.

"Veamos, Mario," dijo su madre. "Vamos a divertirnos un poco. Conozco lo mucho que te gusta disfrazarte. Tengo las fotos que lo demuestran. No me has pedido que te deje ponerte mis ropas nuevas y me has decepcionado. ¿Cuál es el problema? ¿No te parecen lo bastante bonitas? Encontraremos algo que te guste. Bueno, al menos a alguno de nosotros le gustará."

La madre se echó a reír de su propio chiste.

La hermana lo empujó al interior del dormitorio principal y Mario vio horrorizado el conjunto que las dos habían extendido sobre la cama. Era un traje de noche de color rosa y todos sus complementos: zapatos a juego, guantes largos, un bolsito con cuentas y abalorios, incluso una tiara enjoyada. La madre recogió el largo vestido sin tirantes y lo sostuvo contra el cuerpo tembloroso del hijo. "¿No es un sueño? Es de lo más femenino. Lo compré en París, sólo para ti. A mí me queda apretado, no es de mi talla. Ahora vamos a ponértelo."

Mientras esperaba a que él se desnudase, Mario le imploró: "Por favor, mamá. ¡No me obligues a hacerlo! Papá ya cree bastante que soy una especie de mariposa. Pensará que me gusta vestirme como una chica. Y se pondrá furioso. ¡Por favor! Haré lo que quieras, pero no esto."

"Mario, querido. No seas tonto. De eso se trata, precisamente. Queremos justamente que tu padre vea el lloriqueante mariquita que tiene por hijo." La madre y la hermana se burlaron de él mientras las lágrimas le rodaban por las mejillas. "Ahora quítate la ropa que llevas puesta o haré que tu hermana te convenza por la fuerza".

En cuestión de minutos, Mario se miró con tristeza al espejo mientras su madre le daba los últimos toques al maquillaje. "¡Ya está! Es la clase de maquillaje que se pondría un muchacho de trece años. Estás hecho una monada. ¡Pareces justo una niña! ¡Tan...deslumbrante! Ahí está el coche de tu padre. ¡No te muevas!" -gruñó mientras lo empujaba sobre la cama.

Mario se dejó estar, sin poder hacer nada, con lágrimas en los ojos mientras esperaba lo que iba a pasar. A fin de cuentas no era la primera vez que lo descubrían vestido de mujer.

El coche del padre entró en el garaje; la madre gritaba. "Menuda actriz", pensó él con amargura. Oyó como le contaba al padre deshecha en lágrimas que al volver a casa después de haber salido de compras se había encontrado al hijo en el dormitorio. "¡Lo encontré poniéndose mis cosas!" —dijo alborotada como quien no da crédito a sus ojos, al mismo tiempo que derramaba con astucia unas lágrimas hipócritas.

El padre subió al segundo piso y se asomó a la puerta del cuarto. "¡Maldita sea!" exclamó. "¡Otra vez, no! ¿Qué te dije? No has podido resistir la tentación de ponerte la ropa de tu madre, ¿eh?"

Mario sabía que si lo negaba y acusaba a su madre, empeoraría las cosas, por lo que se limitó a bajar la cabeza en silencio.

Al mismo tiempo que se secaba las lágrimas y trataba de "recuperar la compostura", la madre añadió: "¡Y eso no es todo, querido! Mira lo que he encontrado bajo el colchón cuando le hacía la cama".

Con los ojos abiertos de par en par aparentando inocencia, le entregó un montón de revistas. Aunque Mario no podía ver de qué se trataba, sabía a ciencia cierta que aquello no era suyo. Fuese lo que fuese, irritó aún más a su padre. "Más tarde nos veremos las caras tú y yo," exclamó con los dientes apretados mientras arrojaba aquel material a los pies de su hijo y se iba del cuarto dando un portazo. Mario se quedó solo con su vergüenza y desesperación. Cuando recogió del suelo los papeles empezó de veras a temblar ante lo que le esperaba.

Lo primero que vio fue una página web impresa, al parecer diseñada para transexuales adolescentes. "Cómo convertirse en la chica que eres por dentro", se titulaba el horrible artículo. El siguiente decía: "Cómo atraer a un novio: Guía del Sexo y las Citas para Adolescentes mariquitas".

Mario estaba horrorizado, imaginando lo que su padre debía de estar pensando. "¡Mi madre, esa hija de puta!"

El resto de los artículos y folletos eran igualmente repugnantes: "Una guía a los estrógenos para un marica joven: Cómo hacer que nos crezcan los senos"; "La moda de otoño para el joven marica de hoy"; "Igual que mamá: los vestidos para un marica sofisticado", y "Lo último en lencería para chicos maricas".

Mario se dejó caer en la cama con los ojos llenos de lágrimas.

Tras lo que le pareció una eternidad, su madre entró en la habitación, seguida de cerca por el padre. Mario sintió alivio al ver más tranquilo a su padre. Mientras este se quedaba junto a la puerta y evitaba mirarlo, la madre se sentó a su lado en la cama y le rodeó los hombros con el brazo como lo hubiese hecho una hermana afectuosa. "Mario, le dijo, tu padre y yo hemos hablado de todo esto." "He de confesar que, cuando te vi acicalado con mi nuevo vestido de noche como una princesita, me sorprendí. No tenía ni idea de que no fueras un niño adolescente normal; nada, ni la menor idea. Pero has estado fingiendo, ¿verdad?".

Aquí se detuvo con simpatía antes de continuar en un tono de fingida dulzura.

"El perfume, la ropa fuera de su sitio en mi armario, todo tiene sentido ahora. Y tu padre me dice que no es la primera vez que te has vestido de mujer, ¿no es verdad?" -continuó en un dulce tono comprensivo que mal cubría su maligna alegría.

Mario asintió con la cabeza sin decir una palabra, temiendo a dónde la conversación iría a parar.

"Bueno, como te puedes imaginar, tu padre está muy trastornado por el hecho de que no seas el hijo que él esperaba que fueras. Pero le he explicado que ahora es como si tuviera una nueva hija".

Tu primo Damián es un muchacho de verdad; un atleta. Alguien con el que se puede hacer cosas de hombre. Pero tú eres diferente. Tú eres una personita especial que necesita expresar su feminidad a través de su ropa, su manera de comportarse, sus intereses y su vida amorosa, de acuerdo con las páginas web que has estado viendo.

"Pobrecito. Has estado viviendo una horrible mentira. Como ya le he dicho a tu padre, yo conozco a muchos niños que son como tú. En la Universidad estudié mucha psicología, antes de abandonar los estudios".

Su madre en realidad se estaba divirtiendo al pensar que en la Universidad lo único que había aprendido era como divertirse al máximo con citas y sexo. "Tu padre está de acuerdo en que, por muy penoso que le resulte, hará todo lo que haga falta para que consigas lo que quieres y seas feliz, incluso si eso equivale a ser una hija antes que un hijo. Y también ha aceptado que, dados mis conocimientos acerca del asunto, yo me encargue de ayudarte a llevar a cabo tus sueños. ¿No es estupendo? Tú y yo seremos como dos hermanas. Ya no hará falta esconderse ¿verdad? Y, está claro, tú harás exactamente lo que yo te diga, o te castigaré. ¿Lo has entendido? Todo es por tu bien."

Le acarició el pelo y le alisó el vestido que llevaba puesto.

Mario se deshizo en lágrimas una vez más al oírle decir que su padre se desentendía de todo y a partir de ahí dejaría que ella hiciera lo que quisiera. Al verlo llorar, su madre lo abrazó y le dijo: "Va, querido, llora a tus anchas. Las lágrimas de alegría no hacen daño a nadie."

A la mañana siguiente, era sábado, Mario bajó a desayunar malhumorado.

"Oh, aquí estás, dormilón. Date prisa. Tu padre va hoy a jugar a la petanca con sus amigos, mientras tú y yo iremos de compras", le dijo la madre entusiasmada.

Lo que menos quería Mario era ir a cualquier parte con su verdugo. Se volvió a su padre: déjame acompañarte, papá, por favor.

Su madre respondió por él. "No seas ridículo. Ese es un juego de hombres. Hablarán de deportes, de coches y de todo lo demás. Nada de lo que a ti te interesa. Ahora ayúdame a lavar los platos. Una chica tiene que hacer cosas de chica, ya sabes".

# Capítulo 24

## La 'trans' sigue hablando de Marisa

Antes de que se diera cuenta, Mario se halló en el coche con ella. Después de un corto trayecto se detuvieron ante una lujosa tienda en la avenida más comercial de la ciudad. Las mujeres la llamaban riendo "La avenida de la gente rica". La tienda, al igual que las otras de la misma calle, era lujosa y estaba bien equipada. Tenía grandes escaparates protegidos con toldos de color rosa y blanco adornados con lazos y cintas. A través de uno de ellos, Mario vio una especie de salón de belleza. En los otros había lo que Mario hubiese esperado encontrar en una tienda de lujo de ropa para niñas: maniquíes vestidos con ropa de mujer, obviamente cara, y adoptando poses muy femeninas. Mario rogó que fueran a otro lugar, pero su madre lo empujaba sin ceremonias hacia la entrada. En la puerta acristalada estaba grabado el nombre de la tienda en letras rodeadas de flores, pero le costó trabajo leerlo. Haciendo un esfuerzo consiguió descifrarlo; decía: "Para hombres femeninos". Horrorizado y creyendo estar soñando, miró el escaparate más cercano y se dio cuenta de que los maniquíes con los vestidos cursis y otros atuendos femeninos ¡eran muchachos!

Aunque instintivamente se echó para atrás y quiso huir, su madre lo agarraba con fuerza y antes de que pudiera darse cuenta se vio en el interior de la tienda más extravagante y femenina que nunca hubiera visto. Era peor, mucho peor, que el departamento para mujeres de los Grandes Almacenes más de moda en la ciudad. Estaba amueblado y decorado a la francesa, con los muebles tapizados en sedas de color blanco y rosa. Todo era muy delicado y exquisito. Apestaba a feminidad.

Mario miraba a su alrededor como una fiera atrapada, sin acabar de creer lo que estaba viendo. En una especie de probador a la vista del público, una mujer mayor obligaba a un niño algo más joven que él a mirarse al espejo mientras le ponía contra el cuerpo un vestido lleno de volantes y guarniciones y exclamaba admirada que aquel atuendo le sentaba de maravilla. Mario vio que el niño miraba con una mezcla de vergüenza y temor a su hermana que lo señalaba con el dedo y se reía. En otra sección unas niñas estaban tratando de encontrar precisamente "los zapatos y sombrero" que combinaran mejor con el vestido corto de chica que habían obligado a ponerse a un muchachito infeliz. Rojo de vergüenza, estaba de pie horrorizado mientras ellas buscaban en los expositores un par de zapatitos a juego con la ropa que llevaba puesta.

De un probador no lejos de donde él estaba le llegaron las quejas llorosas de otro niño que rogaba a su madre y a su hermana no lo obligaran a vestirse como "un mariquita".

Mario estaba tan horrorizado que casi no se dio cuenta de que una mujer de maneras hombrunas se acercaba. Su melena corta y oscura y estatura más que mediana le daban un aire de autoridad.

Ante ella, Mario sintió miedo instintivo. A medida que iba avanzando se le dibujaba en la cara una amplia sonrisa de satisfacción. ¡Bienvenidas a la tienda para mariquitas!" -les dijo con ferocidad.

Aunque fingía dirigirse a los dos, a su madre y a él, taladraba con la mirada a Mario, como preguntándose qué iba a hacer con él. Al fin apartó la vista y se presentó: Soy Diana Martínez. Bienvenidos a mi pequeño establecimiento. ¿En qué puedo servirles?"

La madre le siguió el juego de inmediato. "Diana, encantada de conocerla. Hemos hablado por teléfono. Soy la madre de este niño", dijo empujando sin miramientos a Mario ante ella. Mi pequeño es un niño "especial". Más niña que niño, para entendernos. Y he oído decir que usted hace maravillas con muchachos niñas como él."

"Oh, ciertamente las hacemos, señora. Precisamente nuestro negocio consiste en encargarnos de personitas como este Mario de usted".

Entonces los llevó a su despacho. Se sentaron los tres cómodamente, Mario atrapado entre las dos mujeres, y ella cogió un mando de control remoto y dijo: veamos, ¿qué les parece esto para empezar? Hemos hecho un vídeo para mostrar con detalle a los clientes los servicios que ofrecemos".

Se volvió hacia una gran pantalla y puso en marcha la cinta.

El vídeo era excelente y pocos momentos bastaron para que la madre de Mario se entusiasmara.

La Sra. Martínez explicaba a la audiencia que cuando trabajaba en las tiendas de modas para chicas jóvenes, se había dado cuenta de que nadie parecía haber pensado en un grupo importante de chicos –niños afeminados- cuyas "necesidades" estaban desatendidas; ahora ella podía ofrecerles ropa femenina normal más adecuada a su "verdadera naturaleza"; y no solamente eso, sino que también era capaz de proporcionarles productos diseñados específicamente para ellos, así como los servicios especiales "para hacer que sus sueños de niña se hagan realidad."

Luego describía como con la ayuda de algunos de los diseñadores de moda devotos del feminismo radical, psicólogos y profesionales de la medicina, había creado su establecimiento "Para hombres femeninos".

La señora seguía hablando en la pantalla mientras la cámara la seguía por toda la tienda. Primero se detuvo en el lujoso departamento de belleza al estilo de los años sesenta. Detrás de ella en la cinta se veía a una mujer corpulenta y hombruna que sin miramientos rizaba los largos cabellos de un chiquillo infeliz, ante una dama elegante y una joven, la madre y una hermana del niño probablemente, ambas claramente encantadas con lo que veían. De vez en cuando la hermana sacaba fotos de su obviamente disgustado hermano. Mientras la señora Martínez describía el amplio surtido de servicios de belleza que el salón ofrecía, la atención de Mario se concentraba en el muchacho.

Oía con claridad sus ruegos envueltos en lágrimas, "mamá, por favor, no me hagas esto. Lo siento. Te obedeceré. No quiero una permanente. En el colegio los otros niños me matarán. Mamá, por favor."

Mario se encogió en su asiento cuando vio que la madre y la hermana se miraban y sonreían antes de que la madre respondiera: "Pero hijo, ¿acaso no quieres salir lo más bello posible en la foto escolar que os harán mañana?

Ahora estate quieto para que Petra te rice el pelo con comodidad. Juanita, ¿no crees que tu hermano quedaría precioso si le depilásemos las cejas?"

A continuación la señora Martínez se trasladó en la pantalla a uno de los expositores de ropas para mujeres. Mientras se explayaba a su gusto acerca del cuidado y la atención que se dedicaba a cada prenda "para el hombre femenino", a sus espaldas se veía otra imagen inquietante. Un niño de la edad de Mario estaba de pie en una de las muchas plataformas rodeadas de espejos esparcidas por toda la tienda. Mario lo compadeció; vestía un traje de noche negro que le llegaba a los tobillos y tenía una gasa de adorno en el hombro. Calzaba además unos zapatos de tacones altos. Era algo que una mujer habría llevado a una fiesta de fantasía cuarenta o cincuenta años atrás. Mientras la vendedora ajustaba el dobladillo, el niño lloraba.

Por otro lado, las mujeres que contemplaban la escena parecían encantadas y sonreían con todas sus ganas mientras admiraban el vestido. Mario creyó oír a una de ellas exclamar: "Oh Ronaldo, deja ya de llorar. Este vestido es precioso. Serás el niño más guapo en el baile de la escuela. La pareja que te hemos buscado estará impaciente por meterte mano. Y espera a ver la maravillosa estola de piel que va con el traje".

El vídeo seguía y seguía mientras la señora Martínez recorría la tienda explicando los servicios que ofrecía.

Mario sintió que se mareaba. ¿Era esto lo que su madre pensaba hacer con él? ¿Por qué si no lo había llevado allí? Mario la miró ansiosamente. Se la veía contenta. Él sabía lo que aquello significaba y trató de huir. Presa del pánico olvidó las amenazas, su padre, Toña y todo lo demás. Por fuerza tenía que escapar.

Cuando corría disparado hacia la salida, su madre trató de seguirlo, pero la señora Martínez le indicó simplemente que se sentara.

"No hay por qué preocuparse. Sucede siempre. Aquí estamos preparados para tratar como conviene a los "maricas que se resisten" a aceptar, como lo diríamos, su verdadera naturaleza".

La señora Martínez llamó por el teléfono interior. "Martina, ocúpese del joven que se quiere escapar."

Fascinada, la madre vio como Mario llegaba a la salida y trataba de huir. La puerta se cerró automáticamente desde el interior. Mientras se esforzaba en vano en abrirla, Mario no se dio cuenta de que la corpulenta señora lo había seguido. Sin apenas esfuerzo le retorció un brazo detrás de la espalda y lo obligó a seguirla.

Su madre lo veía todo maravillada mientras la mujer devolvía al niño al interior de la tienda.

"Debo advertirle que el pequeño Mario está a punto de recibir una lección de disciplina que le aplicará una de nuestras encargadas. A Martina le encanta hacerlo. Dígame ¿qué le parece lo que está viendo aquí?"

"Oh, Diana", dijo la madre entusiasmada. "Es justamente lo que tenía pensado para mi hijo. Quiero que sea el niño marica más encantador que nadie pueda imaginar. Este lugar es un sueño hecho realidad. ¿Cuándo empezamos?"

Entonces la señora Martínez le entregó un delicado cuadernillo que contenía un cuestionario y una lista de instrucciones. Y le explicó: Nosotros queremos saber todo lo que sea posible de nuestros queridos pupilos, a fin de tratar a cada uno del modo que más le convenga. También subimos a nuestra página web las biografías y fotos de nuestras nuevas muchachitas, para darlas a conocer al público en general. Ya ha visto usted en el vídeo la descripción completa de los servicios que ofrecemos, incluidos nuestros productos médicos. Basta con que decida lo más apropiado para el pequeño Mario y nos lo haga saber".

Mientras las dos mujeres charlaban cómodamente sentadas y bebían té, Martina volvió con un Mario; el niño tenía la cara encendida. Era obvio que había llorado y las lágrimas le rodaban aún en silencio por las mejillas.

Distraída con lo que el hijo llevaba puesto, la madre no se dio cuenta de que caminaba con precaución; vestía una bata de satén rosa de cuello blanco almidonado y puños y zapatillas a juego. Bajo la barbilla, un gran lazo negro. La bata terminaba en otra ancha cinta negra que le rodeaba las piernas en un lazo apretado justo bajo las rodillas. El conjunto daba forma de burbuja a la bata y lo obligaban a caminar a pequeños pasos.

Mientras la madre se reía encantada de lo que veía, la señora Martínez miraba con fijeza al niño.

"Oh, bien, te veo preparado para ir de compras. Confío en que no volverás a darnos problemas ¿no es así, Mario?"

Sin darse cuenta Mario se acariciaba el trasero con la mano mientras se oía responder, "Sí, señora."

"Estupendo." La señora Martínez se acercó a él y dio algunos toques al cuello de la bata.

"Dime, Mario, querido. ¿Has salido ya por completo del armario?", le preguntó sonriendo con burla.

Mario la miró sin entenderla.

Notando su confusión, la señora Martínez continuó, mientras le acariciaba el pelo.

"Lo que quiero saber es si ya te vistes como una niñita todo el tiempo, incluso en el colegio."

Mario se echó para atrás instintivamente para evitar que la señora Martínez lo tocara. "¡Claro que no! ¡Yo soy un niño y visto como ellos! ¡En el colegio y en todas partes!"

"Ya veo. Entonces tu lado femenino es como un secreto que solo tu madre y tú compartís, ¿no es así?"

"Bien, sí. Quiero decir, ¡no!"

"Vale, no hay prisa. Veamos pues, salgamos y busquemos algo que te haga parecer más una niña y sentir como ellas, ¿te parece?". La mujer sonrió maligna mientras llevaba a Mario y a su madre por la tienda.

Lo aferró con mano de hierro que lo hizo encogerse de dolor y los condujo a la sección de lencería. "Veamos, empezaremos por alguna ropa interior escogida. Esto te gustará: lo llamamos 'Calzoncillos de mariquita'."

Mario sintió que el corazón se le encogía cuando miró la prenda que la señora Martínez le ofrecía. Era mitad bragas, mitad faja de mujer. La prenda parecía imposiblemente pequeña. "Bien ¿a qué estamos esperando? Estoy segura de que te mueres por probarlos. Ardes de impaciencia para saber cómo te quedan ¿no es verdad? Tú, niño-mujer despreciable. Adelante. No seas tímida. Estamos entre mujeres."

Una mirada a Martina le bastó para saber qué tenía que hacer. Enrojeció ante las risas de las mujeres que lo veían luchar y retorcerse para ponerse aquella prenda. La faja braga, adornada con encajes, estaba hecha de un tejido que lo oprimía como si fuera de acero. Sintió como si lo cortaran en dos. La parte delantera le forzaba hacia atrás las partes privadas y hacía que por delante pareciera una niña. Las bragas tenían también una banda amplia que le llegaba hasta justo debajo de las costillas y le oprimían el vientre casi tan bien como cualquier corsé. La cintura era estrecha, pero las caderas eran enormes, gracias al relleno de gel colocado sabiamente para darle una "adorable forma femenina", según la señora Martínez.

Había quitado a Mario la bata y lo había hecho dar unos pasos por la tienda para que su madre pudiera verlo. Las niñas y mujeres presentes reían con evidente aprobación. Notó que los otros infelices niños que asistían al espectáculo se compadecían en silencio de él, sabiendo que también a ellos les llegaría la vez. Mario se moría de vergüenza, mientras sentía como se contoneaban sus nuevas "caderas" al andar. A su madre le había gustado el efecto, e insistió en que el hijo se llevara media docena de aquellas bragas fajas, pues al regresar a casa pensaba tirar a la basura sus calzoncillos.

Mientras Mario pensaba en las horrorosas implicaciones de llevar puestas aquellas bragas faja todo el tiempo, la señora Martínez se dirigió a un expositor de sostenes y volvió trayendo en la mano un sujetador negro todo adornos y extravagantes encajes. "Por supuesto, un marica delicado como tú tiene que tener un sujetador a juego con su nueva ropa interior. Esto es de nuestra línea de sostenes deportivos marica, 'Sujetadores para niños tetudos. ¿No te encanta?"

Como la madre aprobaba todas las ocurrencias de la señora, esta obligaba a entrar sin ceremonias en el sujetador los brazos y hombros de Mario. Igual que las bragas, el sujetador era macizo y estaba acolchado con gel lo que daba al niño unos pechos pequeños pero claramente femeninos. Horrorizado Mario se miró en el espejo y vio que las copas del sujetador terminaban en punta, como los que había visto llevar a la cantante

Madonna en un vídeo. Su madre y la señora Martínez se rieron regocijadas cuando le vieron en el rostro una expresión consternada.

"Es una versión actualizada del sostén que tanto éxito tuvo en los años cincuenta. Son perfectos para nuestro jovencito marica. A los chicos les encantará ver tus provocativas tetitas. Pero tendrás que tener cuidado de no arrancar a nadie los ojos con tus uñas." Mario hundió los hombros desesperado en medio de las risas crueles de las dos mujeres.

El flash de una cámara lo sacó de su estupor. "Sonríe con gracia, querido." Su madre enfocó con su cámara digital al infeliz muchacho. Mario no pudo aguantarlo más tiempo.

"¡No! Déjalo ya. No sonreiré, y si piensas que alguna vez llevaré puesta esta ropa, estás loca de remate" -dijo furioso.

Su madre se volvió a la señora Martínez, con una mirada divertida en los ojos. La señora Martínez a su vez pulsó un botón a su lado y Mario vio de inmediato como la matona Martina se dirigía hacia ellos.

"¡No! ¡No quise decir lo que dije! ¡Lo siento! ¡Por favor, mamá!" Las dos mujeres no hicieron caso de sus súplicas mientras Martina lo llevaba arrastrando hacia el fondo de la tienda donde una vez más ejerció su magia. Al cabo de unos minutos los dos regresaron a la tienda de nuevo con la cara de Mario inundada de lágrimas hablando por sí sola.

Mientras Martina lo miraba amenazadora, un Mario arrepentido y sumiso pronunciaba unas palabras que obviamente le habían sido impuestas: "Mamá, señora Martínez, siento mucho mi comportamiento tan impropio de una dama.

Adoro mis nuevas bragas y sostén y me encantaría que tomaseis algunas fotos de mí. Os lo ruego".

Su madre se rió entre dientes, "Ya que nos lo pides tan amablemente, estaremos encantadas de complacerte. Las pondremos en nuestro nuevo álbum familiar. Pero tienes que sonreír con gracia. Como cuando antes tu mamaíta te fotografiaba."

En presencia de Martina que lo desafiaba a desobedecer, la madre forzó a Mario a posar como una *pin-up* de los años cincuenta que mostrase sus pechos con orgullo. Mario dejó ver "una gran sonrisa de marica" mientras la cosa duró, sabiendo bien a qué se exponía si se negaba a cooperar. Cuando su madre por fin se dio por satisfecha, la señora Martínez se acercó a Mario y empezó a juguetear con su pelo. "Oh, cómo nos vamos a divertir cuando el pelo te haya crecido un poco. Serás el favorito de las damas. Y cómo lo pasarán bien tus amigos en el colegio cuando aparezcas con un peinado a lo niña." Mario tuvo que echar mano de toda su fuerza de voluntad para no mandarla al diablo.

Finalmente se encontró yendo hacia el coche con sus sujetadores y bragas en papel de regalo en una bolsa de la tienda, cuyo nombre "El Mariquita" aparecía en grandes letras blancas de fantasía. Trataba de caminar inclinado hacia adelante para ocultar lo mejor que podía sus salientes pechos de niña, pero de poco le servía. No podía evitar oír los comentarios y risitas de la gente. El bochorno lo paralizaba. Además de vergüenza sentía miedo. Miedo de lo que su madre le tendría guardado. Después de todo no podía olvidar lo mucho que se había divertido viendo como la señora Martínez lo humillaba ante los demás. Temiendo lo peor, Mario rogaba a Dios que aquello no volviera a repetirse.

El lunes por la mañana, le costó muchísimo trabajo salir de la cama.

Su madre había dejado bien claro que tendría que llevar aquella ropa interior aquel día y todos los siguientes. Para asegurarse, se había deshecho de toda su ropa interior masculina, dejándolo sin mucho donde escoger en lo que respecta a las caprichosas bragas. En cuanto al sujetador, la cosa era completamente diferente.

Le preocupaba que en el colegio los otros niños se dieran cuenta de que lo llevaba. Sería el hazmerreír de todos. Como si le leyera los pensamientos, su madre entró en el cuarto.

"¿Qué tal? ¿No estás divino, esta mañana? Decididamente el color rosa te favorece. Pero ¿dónde está tu sostén? Ah, aquí está. Déjame ayudarte." En menos tiempo que cuesta decirlo, le había colocado aquel sostén "para niños con tetas". "¡Ya está!" –exclamó con satisfacción.

"¡Figúrate! Tu primer día en el colegio con sujetador. ¿No te emociona? Ya no tienes que seguir fingiendo que eres un chico. Y tendrás dos nuevos amigos que presentar a tus compañeros de clase." Con una sonrisa afectada la madre apretó con los dedos los dos pezones simulados del sujetador. Sin prestar atención a su burla y a despecho del calor propio de la estación, Mario se puso rápidamente el jersey más grueso que pudo hallar.

A la hora del desayuno, Mario se inclinaba hacia adelante tanto como le era posible, para que su padre no le viera el sostén. Su madre se percató y trató de remediarlo. "¡Mario! Siéntate derecho. No es manera de sentarse para una señorita. Si llevas sujetador tendrás que acostumbrarte a la atención que despertarás. A fin de cuentas, no se ve a diario un niño con tetas, ¿no crees? Estoy segura de que tanto tu padre como tu hermana mayor se acostumbrarán a verte vestido con los preciosos vestidos que has elegido.

Riéndose, Toña casi se atraganta con lo que estaba comiendo al ver los dos pechitos gemelos de Mario, claramente visibles pese al grueso jersey. El padre se limitó a fingir que se enfrascaba aún más en su periódico.

Camino del colegio, Mario apretaba contra su pecho los libros, tratando desesperadamente de evitar lo que se le venía encima. Sabía bien que tan pronto sus compañeros de clase se dieran cuenta de que llevaba puestos unos sostenes todo habría acabado. Había visto como los otros chicos trataban a cualquiera de ellos que pareciese un poco diferente. Por desgracia, él mismo en ocasiones los había imitado. Pese a todos los sermones acerca de la diversidad y la tolerancia, sabía muy bien que la realidad era muy otra; los chicos de la secundaria podían ser muy, pero muy crueles. Cuanto más pensaba en ello, más se angustiaba. ¡No era justo! ¡Él no era un marica! Nada de lo que hubiese podido hacer que disgustase a su madre justificaba lo que ahora ella le estaba haciendo a él. Al final decidió deshacerse lo más pronto posible de la odiosa prenda. Trató de convencerse de que tan pronto llegase la hora de salir del colegio se volvería a poner el sujetador y su madre no se enteraría de la jugarreta que le estaba haciendo. Disfrutó con la idea de burlarse de ella. Tan pronto entró en el colegio, corrió al cuarto de baño más próximo y entró en el primer cubículo que halló abierto.

En menos tiempo del que se tarda en decirlo se quitó el sujetador y lo metió en la mochila. Con un suspiro de alivio se quitó las marcas que la apretada prenda le había dejado.

Ya en el aula, vio como algunos chicos le miraban el redondo y ancho trasero. Confió en que no se dieran cuenta de qué se trataba.

Sabiendo que su hermana Toña lo estaría esperando, se escondió en los servicios para chicos durante la hora del almuerzo. Terminadas las clases, volvió al cuarto de baño, se puso de nuevo el sujetador y corrió hacia casa, apretando los libros contra el pecho. Se sintió aliviado, cuando vio que había llegado sin ningún percance. Estaba tan satisfecho que al pasar junto a su madre imitó los contoneos de Marilyn Monroe. Ella lo miró con curiosidad. Había esperado que él reaccionase de otra manera. En cuanto a Toña, Mario fingió no haberla oído cuando le preguntó "dónde diablos había estado durante el almuerzo."

Envalentonado por el éxito, continuó su nueva rutina en la escuela hasta la mañana del viernes, cuando ocurrió el desastre. En la clase de Matemáticas, un bedel le pidió que acudiera a la recepción. Como se trataba de algo corriente, Mario no lo pensó dos veces. Incluso se alegró de la oportunidad de levantarse y estirar las piernas que se le ofrecía.

Pero cuando llegó y se encontró cara a cara con su madre, el corazón le dio un vuelco.

"Aquí está mi pequeño ángel", declaró ella en voz alta. "Cuando ya habías salido para el colegio, me di cuenta de que me había olvidado de darte un abrazo de despedida."

Todas las mujeres presentes admiraron a aquella madre que no había tenido reparo en desplazarse hasta el colegio sólo porque había olvidado abrazar a su querido hijo. Mario palideció. Su madre se inclinó y lo estrechó contra su pecho, mientras le palpaba la espalda para comprobar que debajo de la sudadera llevaba puesto el sostén.

Cuando lo soltó, lo miró directamente a los ojos, con malignidad. "¡Bueno! Ya me siento mejor", exclamó.

Desanimado, Mario volvió al aula.

"Por cierto. Date prisa en llegar a casa después de la escuela, querido. Mamá te prepara una sorpresa" –le dijo mientras salía de la habitación.

Terminadas las clases, Mario regresaba a casa lentamente, sabiendo que su madre lo castigaría por no llevar puesto el sujetador. Se reprendió mentalmente. ¿Cómo podía haber sido tan estúpido? Momentos después se hallaba ante ella atemorizado.

De pie, con las manos en las caderas, su madre estaba furiosa. "¡Pedazo de mierda! ¿Creíste que no me daría cuenta de lo que estaba pasando? Te voy a dar una lección, jovencita. Si te digo que uses un sostén, usarás un sostén y se acabó ¿Lo entiendes? "

Una vez calmada, lo empujó dentro del coche junto a una Toña que se reía. Mario no se atrevió a decir nada, su madre estaba demasiado enfadada. Cuando se detuvieron frente a 'El joven Mariquita', Mario no se sorprendió lo más mínimo. En unos instantes, estaba escuchando acobardado lo que con palabras entrecortadas su madre contaba a una desconcertada señora Martínez.

Cuando ella hubo acabado, la señora Martínez se volvió hacia Mario. "Amiguito ¿en qué estabas pensando para desobedecer así a tu madre? ¡Qué ocurrencia! ¿Te preocupaba que los otros chicos se metiesen contigo y te insultasen cuando descubrieran que llevabas sostén? Ya, es una pena. Son los inconvenientes de tu nueva identidad, ¡niño marica!" –le dijo riendo. Veamos, habrá que pensar en algo especial que te ayude a recordar que tienes que hacer exactamente lo que tu mamaíta te ordene. Ah! Ya sé lo que vamos a hacer. Martina, acérquese un momento, por favor."

La madre y la señora Martínez se quedaron charlando tranquilamente mientras Martina se llevaba a Mario consigo. Pasada una hora, la señora Martínez exclamó: "Oh, aquí viene de vuelta nuestro muchachito niñita."

A la madre se le iluminó la cara con una amplia sonrisa cuando lo vio llegar. Allí estaba la giganta Martina, caminando hacia ellos, con Mario siguiéndola. No sólo Mario llevaba sujetador, sino que también le colgaba del brazo un gran bolso de charol negro. Su madre no podía dejar de pensar en la película "Desayuno con diamantes", ya que el bolso parecía ser de esa época.

Además de la falsa sonrisa de Mario, había algo más que su madre no acababa de entender. Mario aparecía maquillado.

"Oh, mami, mira que maravilloso bolso nuevo. Martina me ayudó a escogerlo. Y ¿a que no lo adivinas? Me llevó a la sección de maquillaje y allí se ocuparon de mí a conciencia, de modo que ahora me parezco en todo a las chicas mayores. Lo llaman maquillaje del niño muñequita Barbie. ¿No es algo divino?" Mario pronunció esas palabras con el mayor entusiasmo, sabiendo bien a qué se exponía si no lo hacía.

Su madre se volvió a la señora Martínez, que le explicaba: "Se trata de un producto nuevo para nuestras jovencitas todavía no aptas para un maquillaje de veras. El juego incluye barra de labios de color rosado y con brillo, una máscara transparente y una cajita de polvos compactos.

Es perfecto para los mariquitas que empiezan a maquillarse. Desde lejos no se lo ve fácilmente, pero cualquier persona que esté con Mario lo notará. ¡Ah, se me olvidaba! Hay también un frasco de nuestro perfume especial "Hombre afeminado." Y todo en un estuche adorable que los niños maricas pueden llevar en su bolso de mano. Es sencillamente perfecto para que aun los más inexpertos aprendan a darse polvos. Igual que mamá".

Volviéndose al niño, la señora Martínez se burló, "Estás precioso, Mario, de verdad. ¿Te enseñaron las chicas cómo has de aplicarte el maquillaje?"

"Si, señora," respondió Mario amablemente. La odiosa Martina lo había obligado a probar una y otra vez mientras a su lado se reía con ganas. Con su polvera abierta, "dándose toques con la barra de labios", poniéndose colorete y cepillándose las cejas, había parecido un completo marica.

"Bien, cualquiera te tomaría ahora por una princesita de cuento de hadas," siguió diciendo. "¡Y ese bolso! ¿No es magnífico? Ahora tendrás montones de cosas que enseñar a tus compañeros de clase además del sujetador ¿no crees? Pero ese suéter no encaja."

Hizo una pausa y se llevó un dedo a los labios como si estuviera pensando. "Es demasiado...varonil. Veamos si podemos encontrar algo un poco más apropiado".

Dejando a Mario bajo la mirada vigilante de Martina, la señora Martínez y su madre se dirigieron a una gran muestra de suéteres. Mario oyó como se reían mientras examinaban algunas de aquellas prendas, cada una aparentemente más escandalosa que la otra.

Finalmente regresaron las dos, su madre sonriente como nunca en su vida.

"Mario, mira lo que hemos descubierto para ti. Es un jersey lindísimo." Y lo alzó en el aire para que lo viera.

Mario vio un suéter de manga corta de angora negra y suave. Tenía un cuello redondo y él se sintió aliviado hasta que su madre se lo enseñó por el otro lado. Llevaba en la espalda un enorme lazo negro de satén.

Mientras Mario se sentía deprimido y desesperado, Martina le sacaba sin miramientos la sudadera. Después de desnudarlo hasta dejarlo en sujetador, su madre le puso el suéter nuevo. Mientras se lo sujetaba en la espalda y le arreglaba el lazo, apenas podía contener su alegría. "¿No es precioso?" -exclamó.

La señora Martínez estuvo de acuerdo; luego lo llevó a un estrado entre espejos. Mario se horrorizó cuando vio que el ajustado jersey hacía que sus "pechos" parecieran enormes. Imposible ocultarlos. Enrojeció y sintió que se mareaba. Antes de darse cuenta, la señora Martínez lo había obligado a girarse y le había entregado un espejo de mano para que pudiera verse por la espalda. Al ver el gran lazo femenino que completaba su castración, casi se desmayó. Finalmente, se vio obligado a salir de la tienda, pero no antes de que sus zapatillas favoritas fueran reemplazadas por un par de zapatos planos negros de charol, con un lazo decorando las puntas.

Ya en el coche, no dijo palabra mientras su madre conducía alegremente. Sin embargo, cuando ella se detuvo en el estacionamiento del centro comercial, Mario rompió su silencio.

"Mamá, ¿qué haces?" –balbuceó con evidente pánico en la voz.

"Bueno, primero quiero ver escaparates y luego nos pararemos a comer en cualquier sitio. Ya he llamado a tu padre y le he dicho que tendrá que arreglárselas solo."

"Pero mamá, no puedo dejar que nadie me vea así, ¡la gente pensará que soy un hada o algo parecido! Alguien podría reconocerme."

"¡Claro que lo pensarán! Venga, coge tu bolso y salgamos. ¿O llamaré a Martina para que te ayude?"

Mario se sentía atrozmente humillado cuando los dos entraron en el centro comercial. Sabía el espectáculo que debía de estar dando: un adolescente joven con sujetador, un suéter ultra femenino y zapatos de niña. Su maquillaje era sólo un poco menos obvio. El toque final era el bolso reluciente de mujer adulta, que parecía atraer la atención de todos como si fuera un faro.

El centro comercial estaba lleno de gente y todo el mundo parecía burlarse de Mario. "¡Oh, Dios mío!" "¡Mira a ese marica! ¿No es asqueroso!" "¡Qué pervertido!" "Si fuera a mi colegio, me encargaría de él, ese...lo que sea". "¡Bonito bolso, marica!" "¿Por qué no te pones un vestido a juego?" "¡Me gusta tu 'aspecto', cariño!"

Mientras su madre disfrutaba en secreto de los insultos, Mario rompió a llorar. Esto sólo sirvió para atraer aún más la atención. Finalmente, ella lo llevó al restaurante situado en un extremo del centro comercial. Después de elegir una mesa a la vista de todos, siguió destruyendo el ego masculino del hijo."

¿No te divierte? Sin duda es mejor que no salir nunca del armario. Vamos, sécate los ojos." Y le entregó un pañuelo de encaje.

Mientras se secaba los ojos y trataba de controlarse, una linda camarera, sólo unos pocos años mayor que él, se acercó a la mesa.

"Buenas noches, señoras", dijo con su voz más amable, un poco sorprendida al darse cuenta del verdadero sexo de Mario.

Mario se encogió en el asiento cuando su madre hizo que la niña bonita les leyera los especiales del menú.

Finalmente, la madre pidió una ensalada grande. "Para mi hijo Mario, un pequeño plato de queso blanco. Tiene que cuidar su línea."

Cuando se alejó, la camarera sonreía de oreja a oreja divertida. Mario se sentía completamente impotente cuando una camarera tras otra se las arreglaban para acercarse a la mesa y echar una ojeada al fenómeno. Durante la comida, notó que las chicas se reían entre ellas y lo señalaban con el dedo. En una ocasión una de ellas, al ver que él la miraba, proyectó hacia afuera sus pechos e hizo con la mano un gesto obsceno cuyo significado era más que evidente. Pero la madre había pensado divertirse a su costa todavía más.

Una vez terminada la comida se volvió hacia Mario. "Creo que se te ha corrido el maquillaje. Tienes que retocarlo."

Mario la miró con incredulidad. "¿Quieres decir aquí?"

"Por supuesto, querida. Si te empeñas en usar maquillaje de chicas, ¡tienes que aprender a retocártelo como una de ellas! ¡Y ya lo estás haciendo, antes de que me enfade!"

Mario llevó lentamente el bolso al regazo y extrajo el estuche de color rosa del maquillaje. Soltando el cierre, extrajo la cajita de polvos como si le quemara. Al abrirlo, vio en el espejo a un muchacho muy nervioso parecido a una niña. Mientras su madre lo miraba divertida, Mario se empolvó la nariz y se aplicó colorete.

Acababa de abrir el tubo de lápiz labial cuando la camarera regresó con la cuenta.

"Que hermoso pintalabios, señor. Y tengo que decir que ese suéter le sienta divinamente.

Me encanta la forma en que se le ajusta al busto. ¡Y el bolso! ¡Es para morirse!" —dijo la chica agitando la mano de una manera exagerada, mientras Mario se preguntaba si no se estaría burlando. Cuando salió del restaurante, las camareras juntas en una piña le dijeron adiós en voz alta y en tono de falsete, antes de separarse riéndose a carcajadas.

# Capítulo 25

## La 'trans' acaba de contar la historia de Marisa

Durante las semanas siguientes la vida de Mario cambió drásticamente. Su madre lo obligó a llevar su maquillaje Barbie en todo momento y su nuevo bolso cada vez que salía de casa. En casa, su padre no podía estar más disgustado.

Y el colegio se convirtió en una pesadilla. Toña había dicho a todo el mundo que sus padres habían visto a Mario todo emperifollado en el traje de noche de su madre y habían descubierto que en su habitación escondía todo tipo de cosas de cómo ser una chica. Había añadido por su cuenta que Mario ya no podía seguir mintiendo e iba a realizar su sueño de convertirse en una chica. Aunque los padres habían tratado de hacerlo desistir, él había insistido en usar sujetador y maquillaje para ir la escuela.

Por supuesto, su nuevo sujetador, el maquillaje y el bolso hicieron que la historia resultase creíble.

El consejero orientador del colegio, un hombre gay, lo había llevado a su despacho y le había dicho que el centro escolar lo apoyaría al cien por cien en la transformación. Incluso se disculpó y le enseñó a usar el baño previsto para los discapacitados.

También le ofreció sesiones semanales de refuerzo en "el camino hacia su meta".

La mirada de aquel hombre hacía que Mario se sintiera muy incómodo.

En el aula, la señorita hizo notar ante toda la clase la nueva vestimenta de Mario. "Pero seguramente se trata "sólo de un malentendido", se había burlado. Isa lo acribilló con la mirada. Estaba horrorizada de haber pensado en él como su novio.

Mario temía descubrir un día su armario lleno de vestidos solamente de chica, pero su madre disfrutaba manteniendo el escenario ambiguo "niño-niña" del hijo. Sin embargo, unas semanas después, un sábado por la mañana, lo llevó al Mariquita. Parecía muy contenta. Cuando Mario se dio cuenta de que se dirigían al salón de belleza, se sintió morir. "No, mamá, por favor ¡Por favor no lo hagas!"

Riéndose a carcajadas, su madre lo llevó al escritorio de la recepcionista. "Creo que Mario, mi hija, tiene cita con Petra."

"Por supuesto. Síganme."

Mario reconoció inmediatamente a la varonil Petra del vídeo. Antes de que se diera cuenta, se vio sentado en la silla envuelto en una horrible bata de color rosa. Al mirar en torno, observó que no estaba solo. Lo rodeaban las vistas, olores y sonidos de un atareado salón de belleza, con una diferencia: los clientes a los que se cortaba, teñía, retocaba, empolvaba y rizaba el pelo no eran mujeres -eran niños. La vergüenza y la humillación colectiva eran palpables. Por otra parte, el ruido era una mezcla confusa de súplicas desesperadas y sollozos de angustia y desesperación, junto con risas excitadas y alegre parloteo.

En todos los casos, acompañaban a los niños sus madres, hermanas, abuelas o tías; todas ellas parecían disfrutar viendo cómo se los afeminaba y convertía en mariquitas, dándoles el peinado obvio de una chica. Tomaban fotos entusiasmadas, se reían y se burlaban de sus pupilos. Los chicos, al menos los que iban al salón por primera vez, parecían darse cuenta de que entraban en un territorio del que nunca regresarían. En sus caras se leía el miedo y la vergüenza.

Junto a Mario se sentaba entristecido un niño de su misma edad. Cuando vio que Mario lo miraba, apartó la vista. Era un marica "más avanzado" que él. Vestía elegantes pantalones negros arremangados hasta la rodilla y una camiseta blanca sin mangas que le cubría unos abultados pechos. Calzaba zapatos de punta y tacones lápiz de cinco centímetros. Tenía el pelo atado en una cola de caballo con una cinta rosa, y al parecer también era la primera vez que pisaba aquel salón.

Mario podía oír fácilmente lo que se decían la madre del niño y su malcriada hermana menor.

"No te olvides, mamá. Me prometiste que yo podría elegir el nuevo peinado de Carlos."

La chica estaba de pie, con las manos en las caderas, y miraba sonriendo a su hermano mayor.

Su madre intervino, "Así es querida, pero asegúrate de elegir algo bonito y femenino."

Mario sintió aversión instintiva por la niña, modelo de todas las hermanitas odiosas en todas partes.

"No te preocupes, mamá, he encontrado justo lo que le irá mejor.

Con un gesto ceremonioso les mostró en un figurín de la tienda una foto en primer plano de un niño sonriente. Tenía el pelo rizado y recogido encima de la cabeza en un moño cardado, como un cantante de música *country* de los años setenta. Era horrible, tanto por su feminidad como por su amaneramiento.

"¡Oh, es perfecto, querida!" -dijo su madre echándose a reír. "¿No os gustaría, a ti y a tus amigas, hacer rulos en el pelo de tu hermano y pintar sus uñas como si estuvieseis en un salón de belleza? Sentado bajo el secador de pelo que compré en las rebajas parecería talmente una chica. Iremos a comprar maquillaje para que también tú y tus amigas podáis usarlo en él. Ah, y también será mejor que lo grabemos en vídeo. Tu tía Marta me hizo prometer que le sacaríamos muchas fotos. Incluso las escanearemos y las pondremos en el sitio web de Carlos, "Soy un mariquita".

Sin prestar atención a las súplicas del muchacho, el par continuó discutiendo futuras humillaciones para los chicos. La madre de Mario, que oía callada lo que las otras decían, lo pasaba en grande. Al final se volvió hacia Petra. "Quiero que peine a Mario como hemos acordado". Y dirigiéndose a él, añadió, "¡Y tú no mires mientras lo hace! Te daré una sorpresa."

Cuando la madre se fue, Petra se puso de inmediato a la tarea. Mario se dejaba lavar mansamente el cabello ya bastante largo y tenía pena de sí mismo mientras ella se lo untaba con brusquedad con una pasta maloliente. No podía ver lo que estaba haciendo, pero sabía que el resultado no le iba a gustar. Para distraerse y pensar en otra cosa miró a su vecinito. En un abrir y cerrar de ojos la cabeza de Carlos estaba cubierta de rizos de color rosa. Era un horror y sintió lástima de él.

Después de ponerle una redecilla, la empleada lo llevó a un secador y le dio una revista para que la leyera. Mario vio que era el último número de "La mariquita quisquillosa", que publicaba la señora Martínez.

En la portada se veía a un infeliz adolescente vestido sólo con bragas y sujetador, rodeado de mujeres riendo, cada una de las cuales sostenía en las manos un vestido de niña coqueta, obviamente diseñados para que él los llevara. Aquello era una pesadilla.

Hizo una mueca cuando Petra le tiró del pelo. ¡Le estaba poniendo rizadores! En un instante se vio junto a Carlos bajo uno de los secadores. Los dos infelices muchachos se miraron con pena. Sin embargo, pronto el dolor dio paso a la preocupación cuando dos manicuras se les acercaron y se pusieron manos a la obra.

Tras de un tiempo interminable bajo el secador, en el que Mario pensó que la cabeza se le quemaría, lo llevaron de vuelta a su silla. La manicura le había pintado las uñas de las manos y de los pies de un rojo brillante, el color que una mujer adulta suele usar para las ocasiones, pero fuera de lugar en un adolescente. Para empeorar las cosas, las uñas ahora le sobrepasaban la punta de los dedos.

Ninguna chica que él conociese las tenía tan largas.

Cuando de nuevo Petra se le acercó, ya estaban cardando a Carlos el pelo y se lo disponían en una enorme columna de rizos. Mientras la peluquera hablaba y hablaba y le decía lo femenina y atractiva que se vería una vez acabado el trabajo, las lágrimas corrían por la cara del adolescente. Cuando le vaciaba sobre el peinado el resto del aerosol para el cabello, su madre y su hermana volvieron, cada una cargada con varias bolsas. Mario tomó nota consternado de que su madre estaba con ellos, charlando como si fueran viejos amigos.

La madre de Carlos se adelantó. "¡Oh, Carlitos! ¡Estás preciosa! El peinado te queda perfecto. ¡Es tan coqueto y pasado de moda!

Te llevaremos al campo de fútbol para que tus ex compañeros de juego vean tu nuevo aspecto."

La hermana de Carlos lo señaló con el dedo al mismo tiempo que se reía. Su madre la imitó.

Mientras las dos mujeres se burlaban de Carlos, Petra daba los toques finales al peinado de Mario y lo mostraba a los demás con un gesto de triunfo. Tanto su madre como la de Carlos y su hermana lo contemplaban con admiración. Su madre habló primero. ¡"Oh, Marisa, hija, estás sencillamente divina! La señora Martínez tenía razón: una mata esponjada era el *look* más adecuado para un elegante pequeño mariquita de la alta sociedad como tú. Y ese lazo encima de tu flequillo es perfecto. ¡Y el color! Siempre he pensado que las chicas con el pelo rubio champán eran demasiado, como diríamos, demasiado femeninas. Creo que ahora también lo eres tú. Y esas uñas. Apuesto a que te encanta lo femeninas que se te ven las manos. "

Con un gesto de burla, la madre hizo girar la silla para poner a Mario frente al espejo.

Al verse en él, el niño se horrorizó. No podía decidir qué era peor: el tinte femenino artificial o la bola grande de pelo tieso perfumado que le rodeaba la cabeza como si fuese algodón de azúcar platino. Cuando creía que no podía sentirse peor, la hermana pequeña malcriada de Carlos lo señaló con el dedo y de nuevo se rió. De pronto, se volvió hacia su madre y exclamó: "Mami, ¡tengo una idea!" Corrió hacia ella y le susurró algo al oído.

Mientras su madre la escuchaba, las mujeres empezaron a reírse.

La madre finalmente habló. "Vaya, Marta, esa sí que es una buena idea. Marisa no tiene ningún amigo marica, y le encantará acudir a tu fiesta como invitado de Carlos.

¡Qué bien pensado!" Volviéndose a Mario, su madre le ordenó: "Agradece a Marta que te invite a su fiesta, Mario."

A Mario le hubiera gustado borrar de un bofetón la sonrisa de las niñas, pero en cambio murmuró un débil "gracias." Su madre no lo aceptó y le ordenó decirlo "con más fuerza" si no quería que Martina interviniese. Bajo la mirada de la odiosa niña, la madre de Mario lo agarró por el brazo.

"Espera a ver todas las cosas bonitas que la señora Martínez eligió para que ti".

Más pronto de lo que pensaba, Mario se encontró en casa de Carlos. Además del odiado bolso, llevaba dos maletas redondas de color rosa. La madre le aseguró que era todo lo que necesitaba para su "primera fiesta con sus nuevos amigos." Le había puesto unos pantalones blancos elásticos y muy apretados y un conjunto de lana de angora rosa. La chaqueta estaba abrochada sólo en la parte superior, para que los "pechos" le resaltasen. La madre de Carlos respondió al timbre y los saludó con un abrazo y una sonrisa. "Niñas, ¡el invitado de honor está aquí!" En poco tiempo, Mario escuchó unas risitas altas que se aproximaban.

Marta llegó seguida de un grupo de chicas jóvenes que sonreían abiertamente.

"¡Marisa, llegas tarde!" lo reprendió. Con una familiaridad que lo turbó, lo tomó de la mano y lo condujo arriba. Las otras niñas lo empujaban y se le echaban encima hasta que finalmente perdió la paciencia.

"¡Ya basta!"

Marta se dio la vuelta rápidamente hecha una furia. ¡Será mejor que te comportes, amigo, o verás lo que es bueno! ¡Ahora vamos! Las chicas lo empujaron y lo llevaron hasta la puerta de lo que parecía un dormitorio.

En el interior vio a Carlos que se arreglaba frente a un espejo de tocador.

"Vosotros dos id cogiendo confianza mientras nosotras preparamos todo para la fiesta." Dio a Mario un empujón y cerró la puerta tras él.

Carlos dejó inmediatamente de arreglarse y suspiró. "Siento que te hayas visto arrastrado a todo esto, hombre."

"Está bien. No es culpa tuya. Por cierto, me llamo Mario".

"Yo solía llamarme Carlos. Ahora me llamo como "ellas" quieren".

"Sí, esa hermanita tuya es un mal bicho."

"¡Y que lo digas! Mi madre le deja hacer lo que quiera. Sólo porque un día me burlé de ella y la llamé niña tonta. Lo siguiente que supe fue que ella y sus brujas amigas feministas me decían que Marta era "superior a mí" o cosa parecida. Entonces mi tía solterona María le habló de la tienda "Marica" y en menos tiempo que cuesta decirlo me vi llevando bragas y sujetador y siendo el hazmerreír de mi clase. Y la cosa empeora. Me refiero a este pelo estúpido. Mi madre me pone los rulos todas las noches. Se tarda una eternidad. Hace mil años que no consigo dormir. Y la cosa no tiene sentido. Quiero decir, ya sería bastante malo tener que vestirse como una chica, pero ninguna chica de verdad se pondría jamás estas cosas".

A Mario le cayó bien su nuevo amigo. Le alivió conocer por fin a alguien con quien hablar acerca de lo que ahora le estaba pasando. "No me coge de nuevas, le dijo. Mi madre me obliga a ponerme todo esto. ¡Mira esta ropa! ¡Ha conseguido incluso convencer a mi padre y a todos los demás de que es idea mía! ¡Maldita!"

"No me gusta ser agorero, pero creo que esta noche no va a ser muy divertida para nosotros dos. Marta ha estado preparando esto durante semanas. Y mi madre invitó a mi tía para que se uniera a la "diversión".

"Pero ¿hasta dónde pueden llegar? Quiero decir, tu hermana y sus amigas son sólo niñas."

"Oh, no lo entiendes. A Marta le encanta lo que hace. Me castiga cada vez que la 'ofendo'. Y sabe que mi madre la apoyará. Si mi padre no nos hubiera dejado..."

Como si hubiera estado a la espera, Marta irrumpió en el cuarto con las otras niñas, todas riendo en voz alta. "¿Os habéis puesto de acuerdo, vosotras dos, chicas? Vais a ser las mejores amigas del mundo, ¿verdad? Ahora preparaos para la fiesta. Tú. Ponte esto".

Y les entregó dos tubos macizos negros de lycra, con una espuma de tul en los extremos. Mario y Carlos miraron las prendas. "¿Qué es esto?", quisieron saber.

"A mi madre y a mí no nos ha gustado nada vuestro comportamiento reciente, por lo que vamos a daros una pequeña lección."

Se acercó a Mario y le tocó el borde del suéter. "Tu madre dice que tú no eres mejor que mi hermano. Esto", dijo señalando lo que Mario tenía en la mano, "es un adiestrador de mariquitas. La señora Martínez dice que los niños los odian, pero las niñitas como vosotros no querréis ya quitároslos nunca." Sonrió a Mario. "Ahora quítate la ropa. No seas tímido. Sólo estamos nosotras."

Carlos empezó a desvestirse al instante, pero Mario se negó a rendirse ante una niña estúpida como ella. Haciendo caso omiso de la mirada de advertencia de su amigo, declaró: "¡No lo usaré!"

Fingiendo sorpresa, Marta se dirigió a sus amigas. ¡Vaya, vaya! Mario es todo un hombrecito ¿verdad? ¿Qué podremos hacer?

Con una rapidez que indicaba mucha práctica, las chicas lo rodearon e inmovilizaron al instante. Le quitaron los pantalones y lo dejaron con el trasero al aire. Él se resistió, pero ellas eran demasiadas. Pudo sentir a alguien detrás de él. Lo que no pudo ver fue a Marta que sonreía y tenía en la mano una pala siniestra de superficie metálica perforada y flexible. Carlos quiso intervenir y ayudarlo, pero una mirada severa de su hermana lo detuvo. Sabía que su gesto sólo empeoraría las cosas. Miró la alfombra rosada de su habitación, no quería ver el castigo inminente.

Marta se volvió de nuevo a Mario. "¡Estúpido mariquita! Aquí harás lo que yo te diga o te castigaré".

Le golpeó el trasero con todas sus fuerzas. Sin atender a sus quejas, lo redujo rápidamente a una masa lloriqueante y temblorosa. La mezcla de dolor y humillación era un argumento poderoso, como la niña había aprendido a costa de su hermano.

En un momento las chicas los desnudaron hasta dejarlos en faja y sostén. Luego les pusieron medias negras y se las sujetaron a los ligueros. Al mismo tiempo, otras les metían riendo por la cabeza unos vestidos que no se parecían a ninguno que los chicos hubiesen llevado nunca. Se vieron encerrados en una prisión de lycra de las rodillas hasta los hombros. Por otra parte, las mangas del vestido no estaban en el hombro como debían estar, sino en la cintura. Aunque el tul lo ocultaba a la vista, el diseño era tal que les sujetaba los brazos a los costados, dejando sólo los antebrazos y las muñecas libres. Los dos se dieron cuenta rápidamente que esto los obligaba a llevar los antebrazos y las manos de una manera exageradamente femenina.

Por otra parte, el vestido no permitía ningún movimiento normal de la cintura para abajo.

La funda increíblemente apretada reducía mucho el paso y los obligaba a caminar meneando el culo. Aun por encima las niñas los obligaron a ponerse unos zapatitos de tacón exageradamente alto.

"¡Por favor, Marta! Me está demasiado apretado. No puedo caminar con esta ropa.", le dijo el hermano.

Marta no le hizo el menor caso y disfrutó de ver a su hermano mayor y su amigo enfundados en aquellos vestidos ridículos. Y para completar la burla, los obligó a ponerse guantes hasta el codo y grandes sombreros pamela.

Vestidos de aquella manera para que aprendieran a comportarse los chicos pasaron a la sala de estar, donde Marta pronto puso en marcha un DVD. Después de una elaborada fanfarria, apareció en la pantalla el rostro odioso de la señora Martínez.

Instintivamente, la pareja de adolescentes feminizados retrocedió con horror.

Como si los amenazase una víbora, escucharon a la señora Martínez que se refería a la importancia del comportamiento afeminado: "Ya sé muchachitos afeminados que os encanta la ropa femenina y el maquillaje, pero se reconoce a un verdadero marica por sus maneras.

Con algo de ayuda de sus mamás, tías, hermanas y profesoras, en esta serie de vídeos aprenderéis ese comportamiento ondulante, afeminado que la sociedad os ha obligado a reprimir. Así que ¡preparaos para salir del armario, chicos!"

Los dos muchachos se encogieron mientras Marta y sus amigas se reían alegremente.

Los siguientes minutos del vídeo los asustaron aún más. La señora Martínez presentó a un muchacho un poco mayor que ellos.

Vestía pantalones vaqueros y una camisa de futbolista. Era obvio que estaba allí en contra de su voluntad. Ella le preguntó qué le gustaba y a qué se dedicaba. Carlos y Mario envidiaron al muchacho, estaba bien hecho y parecía un atleta.

El adolescente dijo que era un atleta en tres deportes, y después de jugar al fútbol en la universidad, pensaba hacer estudios superiores. Parecía que aquel chico podría muy bien estar en camino de cumplir su sueño.

En la cinta, la señora Martínez parecía escuchar al niño con una sonrisa de pasmo fingido. Cuando hubo acabado de hablar, le respondió. "Vamos, José. Los muchachos mariquitas no practican deportes, ¿verdad? Podrían desordenarse el pelo, o romperse una uña. Y tu tía me dice que en el fondo, eres un marica llorón."

Mario y Carlos notaron que el chico se enfadaba. Empezaba a replicarle furioso cuando Martina entró desde fuera de la pantalla y le impidió seguir hablando tapándole la boca con la mano carnosa. Mario y Carlos sabían que no había nada en absoluto femenino en el niño.

En la siguiente escena, la señora Martínez regresó y explicó que en los últimos meses, José había estado viendo los vídeos de adiestramiento, haciendo los ejercicios descritos en ellos y usando los productos farmacéuticos comprados en la tienda "Marica". Luego se volvió y pidió que se lo trajeran.

Una mujer mayor, ordinaria y sin atractivo, se dejó ver, seguida de cerca por una chica rubia que llevaba un vestido ajustado de lana hasta la pantorrilla. La figura de la niña tenía cintura de avispa y unos pechos enormes. Y en punta. Las mangas del vestido eran de tres cuartos y las fijaba un brazalete blanco; el cuello era blanco, pequeño y redondeado.

Un collar de perlas y pulsera a juego, guantes blancos hasta la muñeca y un pequeño bolso de mano azul marino completaban el equipo. La joven estaba exageradamente maquillada y peinada como una actriz de cine de los años cincuenta. Un sombrero blanco remataba el elegante conjunto pasado de moda.

Los chicos se quedaron perplejos hasta que la señora Martínez habló. "Bueno, Pepito. ¡Qué placer verte! ¡Qué hermosa estás, querida!"

Mario y Carlos no podían creerlo. Esta joven monada no podía ser aquel desafiante muchacho que habían visto antes. Por desgracia para los chicos, sus temores estaban bien fundados.

Tras dejar oír una risita de niña que ahogó con una delicada mano enguantada, el chico se giró como lo hacen de ordinario las chicas para lucirse. Con voz entrecortada de niña, él respondió: "¡Eres muy amable! Este vestido es de ensueño. Lo compró mi tía para mí. Es de tu colección 'El muchacho Ingenuo'. Ardo de impaciencia porque mi novio lo vea. Le encantará lo bien que me sienta".

Mientras hablaba, agitaba las muñecas y los brazos de manera exageradamente femenina. La señora Martínez y la tía del muchacho lo miraban con satisfacción.

Mientras José sacaba de su bolso un estuche y empezaba a acicalarse y mirarse en el espejito, la señora Martínez continuó: "Pepito, tu aspecto ha mejorado mucho desde la última vez que nos visitaste. Dime, ¿has perdido peso? Tu figura es estupenda. Cuéntame".

"Bueno, mi tía me hace seguir una dieta estricta. Dice que a los muchachos les gustan los maricas finos y delicados. Tengo que conseguir la silueta de una maniquí. Excepto en el pecho, por supuesto. La tía tenía razón.

Los chicos con pechos grandes tienen más éxito que los demás. Para ayudarme, mi tía me ha estado dando estas inyecciones del medicamento que la Dra. Moreno ha prescrito. Tú y ella sois buenas amigas ¿verdad? Ella me asusta un poco. En todo caso las inyecciones de 'Tetas adolescentes y Braguitas' han hecho maravillas. Mi talla de ropa es más pequeña que la de cualquier otra chica de mi clase. ¡Están muy celosas! La doctora Moreno también me pone estas otras inyecciones. Las llama "Piensa siempre en mamá", pero en mi caso sería "Piensa siempre en la tía", ja,ja. Aunque me disguste o no quiera hacerlo, las inyecciones me hacen seguir sus instrucciones. No importa si es humillante o embarazoso. Como cuando me obliga a ser su doncella y la de sus amigas. La medicina que me obliga a tomar hace que me avergüence aun más que lo normal. Es algo horrible", se rió nervioso, mirando con temor a su tía, que lo reprendió en silencio con un gesto amenazante. Inmediatamente, el muchacho se calló y se preguntó cómo su tía le haría pagar el desliz.

Cuando la tía se lo llevó, la señora Martínez se volvió de nuevo a los espectadores. "Bueno, sin duda ha sido un cambio para mejor. José será ahora mucho más feliz, tras haber aceptado al mariquita que llevaba dentro. Habló luego para la cámara: "Ahora es vuestro turno".

Mario y Carlos querían huir aterrorizados, pero sus vestidos ceñidos se lo impedían. En ese momento, la madre de Carlos apareció en la puerta, seguida por la siniestra tía del niño, que llevaba una bandeja.

Mientras Marta apagaba el DVD, la madre se dirigió a ellos sonriendo ampliamente. "¿Os ha gustado, mariquitas? Vais a aprender a conduciros como verdaderas mujeres, el peinado que debéis llevar y el maquillaje.

A un par de afeminados como vosotros, esto debe pareceros un sueño hecho realidad. Y ¡adivinadlo!" -exclamó, juntando las manos entusiasmada. "La madre de Mario y yo acordamos que vosotros, pequeñas hadas, merecíais una sorpresa especial."

Cuando la tía de Carlos se aproximaba a los chicos por detrás, la madre continuó: "Marisa, ¿te dijo Carlitos que su tía es una enfermera diplomada?"

Los niños horrorizados se volvieron hacia ella justo a tiempo de ver como salía un chorrito de líquido de una jeringa que sostenía en las manos, vuelta hacia arriba. Con aire de triunfo les dijo: "¿Quién de vosotros, asquerosos mariquitas, va a ser el primero?"

Más tarde esa noche Mario yacía despierto en el saco de dormir Barbie que Marta le había asignado. Tenía el pelo lleno de rulos punzantes, y una gruesa y pegajosa crema para la cara le torturaba la nariz con su aroma dulcemente perfumado. Gimió silenciosamente al revivir la peor noche de toda su vida. La risa de las niñas y mujeres mientras le llenaban el trasero de medicamentos horribles le resonó en los oídos. Mario sabía que las drogas tenían un solo objetivo: feminizarlo y hacerlo incapaz de resistirse. Había rezado para que todo aquello no fuese más que una pesadilla. Se negó a creer que fuera real hasta que Marta le ordenó que "se riera como una niñita tonta". Estaba harto y decidió que tenía que decir basta. Sin embargo, descubrió que no podía vencer la terrible compulsión que lo obligaba a hacer exactamente lo que le decían. Le había sucedido lo mismo en una ocasión en que tuvo que ir al baño a vomitar. Lo aguantó y lo aguantó hasta que la naturaleza fue más fuerte que él. Después de resistirse contra la fuerza que lo obligaba por lo que pareció una eternidad, finalmente emitió una risita tonta de niña, para el deleite y excitación de las niñas y las mujeres.

De inmediato se sintió más avergonzado de lo que se había sentido nunca en su vida. ¡Aquella medicina había funcionado!

Después de asegurarse de que Carlos había recibido igualmente la droga "Piensa siempre en mamá", las niñas pusieron de nuevo el DVD. Antes de empezar, Marta y su madre ordenaron al par de chicos mirar atentamente el vídeo y seguir todas las instrucciones dadas por la señora Martínez. Entonces, como una "diversión" extra, la madre de Carlos insistió en que los chicos se dieran la mano mientras durase el vídeo. Mario y Carlos se sentían humillados.

A medida que el DVD seguía hablando, Mario casi podía sentir su cerebro absorber como una esponja sedienta las órdenes de la señora Martínez para que imitasen a los "modelos". Por ejemplo, cuando explicó que los mariquitas deben hablar siempre con voz aguda como la de una niña, Mario estaba seguro de que si abría la boca para decir algo, su voz sonaría igual que la del niño infeliz que se veía en la pantalla vestido como una niña que acude a una fiesta. El disco no olvidaba detalle del "comportamiento afeminado": como sentarse, caminar, hablar, llevar un bolso, saludar y tratar a otros mariquitas. La lección y el abuso fueron aumentando hasta que la señora Martínez anunció que la primera sesión había terminado, y que no debían perderse las sesiones restantes.

Las chicas obligaron a los chicos a mostrar lo que habían aprendido. Se habían desternillado de risa viéndolos cecear y hacer dengues como si fueran niñas. Por último, cuando Mario pensó que iba a morirse de pura vergüenza, las chicas los prepararon para ir a la cama, con la promesa de que al día siguiente habría más "diversión".

Por la mañana, Marta despertó a voces a los participantes en la fiesta nocturna y les recordó que aún les quedaba mucho que aprender. Mario sintió de inmediato los efectos del acondicionamiento de la noche anterior. Después de salir del saco de dormir se dirigió con movimientos afectados a verse en el espejo de una cómoda y admirar su adornado camisón de muñeca. No tardó en unírsele Carlos, que llevaba puesto un camisón idéntico.

"¿No son un sueño, estos camisones? Tu tía ha sido amabilísima al dárnoslos. Me encantan sus encajes y lazos". Mario se encogió ante el sonido de su voz, tan... femenina. Sonaba peor que la de Marta y sus amigas, aquellas mierdecillas. Y ¿qué estaba diciendo? Despreciaba el camisón. ¡Era horrible! Le daba el aspecto de un completo pervertido.

Carlos respondió. "¡Chica, lo sé! ¡Y qué color! ¡El rosa me vuelve loca!"

La voz de Carlos pareció a Mario tan horrible como la suya. "¡Lo sé!, le dijo él; vamos a peinarnos uno al otro y a vestirnos. Mi tía tiene cosas aún más bonitas para nosotros" -se rió. Pese a que parecía y actuaba como el mayor de los maricones (igual que él), Mario le vio en los ojos el dolor y la angustia que sentía.

Aunque el día anterior su madre había estado al corriente por teléfono de lo que sucedía en la fiesta, era incapaz de creer lo que veía cuando llegó por la tarde a recoger a su hijo. Mario se sentaba en el sofá y se arreglaba con ayuda de su estuche de maquillaje. Estaba enfundado en un vestido de seda color rosa que le llegaba a las pantorrillas. Unos guantes rosas, zapatos de tacón y el bolso completaban el conjunto, mientras un gran lazo le adornaba estratégicamente la parte delantera de su rubia melena lacada y cardada. En lugar del maquillaje Barbie de chico, usaba ahora uno de mujer mayor, y se lo había aplicado perfectamente aunque un poco exagerado si se tenía en cuenta la edad del muchacho y la hora del día. Su madre pensó con alegría que parecía sacado de la portada Vogue de años atrás.

Cuando el chico levantó la vista, lanzó un chillido de niña y se acercó a su madre contoneándose, agitando las manos y las muñecas a la altura del hombro, el bolso en el codo. Como lo haría una niña emocionada, se encontró diciéndole todo sobre la fabulosa fiesta nocturna y lo que se había divertido con su amigo Carlitos y "todas las otras chicas".

"Y mira mi nuevo vestido. Me lo dio la tía de Carlos. Me dijo que era perfecto para un asqueroso mariquita como yo. ¿Me comprarás algunas otras cosas? Necesito nuevos vestidos y faldas y algunos deliciosos pequeños suéteres para el colegio. Ah, y algo de ropa interior y un montón de maquillaje. ¿Te dijo la madre de Carlitos que voy a tener pechos igual que una niña? Sueño con ellos. Espero que me ayuden a conseguir un novio guapo. La razón de que aún no los tenga es que estoy gordo como una vaca. A partir de hoy mismo me pongo a dieta e iré a tu gimnasio para hacer aerobic".

Mario no podía creer lo que estaba diciendo. La droga "Piensa siempre en mamá" era espantosa.

Cuando su madre consiguió dejar de reírse, se acercó satisfecha a su amariconado hijo y le pellizcó y retorció una oreja sin ceremonias. "Bien, bien, bien".

Parece que el señor engreído ha admitido finalmente la verdad. Oh, ya sé que me odias. Pero eso es lo que tiene de bueno todo el asunto. Todo el mundo va a pensar que eres un pequeño marica ridículo.

Deseo más que nada que te vea tu padre. Se va a llevar el mayor disgusto de su vida. Él, que quería todo un hijo varón que triunfase en la vida. Le haré pagar de una vez por todas lo mucho que me ha hecho sufrir. Al fin me he vengado.

Espera a que te empiecen a crecer los pechitos. La señora Martínez dice que crecen con una rapidez asombrosa. Dice también que los pezones son aún más femeninos que los de las chicas. No puedo esperar para vestirte para tu primera cita. Te peinaremos y añadiremos algunos toques adicionales.

Después de todo, tu pareja te verá los pechos ¿no? Por supuesto, yo seré la madrina de honor de tu boda. Vas a ser la esposa perfecta de un invertido guapo. Uno de esos tipos adictos al cuero, todo músculos. Estoy segura de que haréis una pareja adorable."

Se inclinó sobre la cara de Mario y susurró con crueldad, "Te dije que me las pagarías". Luego le soltó la oreja y cambiando por una sonrisa el ceño anterior, continuó alegremente." Ahora vamos a pasar por 'el Marica' para comprar algunas cosas y luego cenaremos en el centro comercial que ya conoces. Sé lo mucho que deseas mostrar a las camareras tu vestido nuevo".

# Capítulo 26

## Petunia o cómo trato de descubrir lo que ando buscando

La *trannie* había terminado su relato. Nos había dicho que sólo conocía a Marisa superficialmente, pero en cambio otra de sus compañeras, Petunia, era una amiga más íntima. Sin duda ella podría darnos más detalles. Le preguntamos dónde podríamos encontrar a la tal Petunia y ella nos respondió que solía ser asidua del local en que nos encontrábamos y que muy probablemente en aquel mismo momento estaría por allí dando vueltas. Le dimos las gracias y nos despedimos. Hay que golpear el hierro cuando está caliente, según suele decirse, de modo que decidimos seguir investigando sin perder un minuto.

Sentadas a nuestra mesa en Paddles-3, Miguela y yo echamos una ojeada el público que llenaba el comedor.

De un reservado cuya puerta estaba entreabierta nos llegaba el rumor de una veintena o más de clientes que en torno a una larga mesa celebraban algún acontecimiento particular; daban voces y vivas a alguno de ellos que no alcanzábamos a ver y por lo que parecía habían acabado justamente de cenar y ahora saboreaban en medio de la algazara el café y copa que ponían debido remate a la comilona. De pronto se habían enzarzado en una violenta discusión, estaban más que achispados.

Mientras la cosa no se saliese de los cauces ordinarios, los camareros se hacían los desentendidos y se acercaban a la mesa únicamente cuando alguien les hacía una seña para pedir algo más.

El contraste entre el trato que se daba a aquellas personas sin duda de relieve en la ciudad y la forma en que los corteses camareros hacían ver a los demás parroquianos de menor sustancia el alto valor del espacio que solo por graciosa concesión se les dejaba ocupar, llevaba a pensar que el grupo de la mesa pertenecía al equipo que daba tono al «ambiente», cuyos provechosos resultados tanto cuidaba la dueña.

A nuestro alrededor casi todas las mesas estaban ocupadas. De seguro cuando sonara la medianoche no quedaría ninguna libre.

Era difícil saber quienes estaban allí solo para ofrecerse como eventuales acompañantes de uno u otro sexo. Por lo general se mezclaban con toda la demás clientela y no abordaban directamente a nadie.

Cuando la orquesta empezó a tocar, observando distraídas a las parejas que se movían por la pista, vimos a dos hombres a los que acompañaba un par de chicas bien parecidas y jóvenes.

Los cuatro se sentaban a una misma mesa. Ellas eran cordiales, atractivas, discretas. Nos preguntamos si serían trans que estaban dando el pego. Apenas se las distinguía de las otras bellas mujeres que llenaban el salón en distintas circunstancias.

Miré fijamente al camarero jefe. El hombre advirtió mi mirada y se me acercó inmediatamente.

—¿Se encuentra Petunia esta noche aquí? —le pregunté.

Mi interlocutor levantó las cejas.

—¿La conoce usted?

—Alguien me ha dado sus señas.

—No está en estos momentos, pero es bien posible que se deje ver durante la noche —replicó el camarero, con los ojos fijos en el mantel de la mesa.

—Me gustaría invitarla a beber cualquier cosa si ella no tiene inconveniente en sentarse conmigo —declaré tajante tras poner en las manos del hombre otros cinco euros. Los primeros fueron por la mesa, le dije: estos otros son para que encuentre a Petunia.

—Echaré un vistazo por ahí para ver si la descubro, señora — prometió el camarero. Puede que buscarla me lleve unos minutos.

-Está bien, no se preocupe, búsquela tan solo —remaché autoritaria.

Luego escogí con cuidado unos platos del menú, sin fijarme en el precio, para darle a entender que estaba dispuesta a gastar lo que hiciese falta sin regatear.

Cené sin prisas, mientras observaba distraída a las parejas que se movían por la pista de baile a los acordes de una orquesta brillante.

Al cabo de un rato descubrí entre el público a una mujer de seductora figura y ojos muy oscuros que parecía contemplarme con una media sonrisa en los labios y sin saber bien qué hacer.

Al darse cuenta de que yo la había visto, se acercó a la mesa caminando lentamente, sin apresurarse. El vestido se le ceñía perfectamente al cuerpo y ponía de relieve sus formas a la perfección.

Eché la silla hacia atrás.

—¿Petunia? —inquirí.

La joven sonrió abiertamente ahora, mientras me tendía la mano.

—¿Cómo está usted? —dijo—. Es para mí un placer verle. ¿Nos conocemos de antes?

La ayudé a acomodarse. Casi inmediatamente se presentó un camarero. Petunia pidió un combinado con ron. Señaló una marca con doce años de solera.

Entonces me senté. Jugueteé unos segundos con el platillo de la taza de café y dejé que la joven me estudiase a su sabor.

—Me alegro de que haya aceptado sentarse conmigo —le dije—. La verdad es que me encuentro muy sola esta noche. No es precisamente agradable cenar en estas condiciones.

La muchacha sonrió cordialmente.

—Bueno, ya no está usted sola.

—Tengo suerte —convine yo—. La de ahora me compensa de las aburridas horas que he pasado durante la primera parte de esta noche.

—Ha preguntado usted por mí dando mi nombre.

—Sí.

—¿Cómo me conocía?

—Había oído hablar de usted. ¿Tenía usted algo que hacer? ¿Otro compromiso?

Ella negó rápida con la cabeza. Tras unos instantes, dijo:

—No. No estaba aquí. Estaba... Me había ido a casa.

No formulé ningún comentario.

—Sola —añadió la joven.

Me esforcé por lograr que no se me leyese nada en la cara.

La chica agregó:

—¿Cómo supo de mí?

—Uno de mis amigos la conoce.

—No llevo aquí tanto tiempo como para que suceda eso.

—Es lo que me dio a entender.

El camarero le sirvió lo que había pedido.

Petunia era alta, y sus largas pestañas le sombreaban los ojos. Las luces del local arrancaban reflejos rojos a sus cabellos, de un tono castaño muy oscuro. Tenía muy pintados los labios y éstos se movían con facilidad lo que hacía natural su sonrisa, nada forzada.

El espectáculo había terminado. La orquesta comenzó a tocar.

Levanté las cejas, en un gesto de muda interrogación.

El de ella, de asentimiento, fue apenas perceptible.

Eché hacia atrás la silla y a los pocos momentos tenía en los brazos a la muchacha y nos desplazábamos por la pista de baile.

Bailamos en silencio. La joven comentó:

—Baila usted divinamente, hay que reconocerlo.

—Y yo estaba precisamente pensando que bailar con alguien tan ingrávido como tú resulta sumamente fácil.

Ella se echó a reír, y se me acercó un poco más. Yo notaba perfectamente hasta los más mínimos detalles de su espléndido cuerpo. Era evidente que llevaba encima muy poca ropa.

—¿Te gusta bailar? —quise saber nuevamente.

—Me gusta, sí... Pero sólo con algunas personas... No suelo bailar con cualquiera.

Una vez más, Petunia guardó silencio. Se concentraba en la música.

De vuelta a la mesa, sus ojos, pensativos, me estudiaron con atención.

—¿Y bien? —le pregunté.

—Usted es diferente de las demás —repuso ella.

Me eché a reír divertida.

—¿No es eso lo que habitualmente te dicen a ti tus parejas?

Ella hizo un leve gesto de impaciencia.

—Usted es distinta. Usted es fuerte, enérgica, decidida. Y sin embargo, no se la puede considerar una «loba».

—¿Debo tomarlo como un halago?

—No es otra mi intención.

—Sigue hablando —le dije.

Pero la chica guardó silencio.

Miré al camarero y le hice una seña para que trajera otro servicio.

—No es necesario —señaló ella—. Aquí las chicas no trabajamos a comisión.

El camarero se inclinó sobre Petunia.

—¿Lo mismo? —inquirió.

Ella hizo un gesto afirmativo.

—Que no sea muy fuerte, por favor.

El camarero se volvió hacia mí. Le pedí un doble de licor de frambuesa con un cuarto de siglo de antigüedad.

—Nosotras, aquí, no forzamos al cliente a consumir bebidas. No nos va nada en ello.

—Muy interesante —repuse—. ¿Cuál es tu trabajo, en suma?

—No trabajamos en la forma que la mayor parte de la gente supone —dijo ella con ambigüedad.

Me quedé silenciosa.

—Como habrá notado, aquí hay un ambiente especial. Nosotras nos conducimos de acuerdo con él. Cumplimos realmente una misión que en otras partes no se comprende o se desconoce.

—¿Cuántas sois?

—Eso depende... La mayor parte de las muchachas atienden a los clientes previo aviso. Ocurre a veces, sin embargo, que llegan personas solas.

En este caso, si esas personas son atentas, pueden disponer de una chica con la que bailar o hablar. La dueña de este local piensa que alguien solitario es un espectáculo desalentador en cualquier circunstancia y que aquí sólo se debe ver algo que levante el ánimo. Quiere que la gente se conduzca con entera naturalidad. Por otro lado, le disgustan los que arman escándalo. La señora sabe muy bien cómo llevar esto... ¡Oh! Es una mujer estupenda...

—Sigue, sigue —la invité.

La cara de Petunia pareció iluminarse al hablar de ella.

—Los visitantes del local están siempre pendientes de la dueña. Saben que no dudará en intervenir si en cualquier momento se pasan de la raya... Naturalmente, esto no es tampoco un colegio de monjas —se apresuró a aclarar —. La dueña sabe crear un ambiente y dar a sus locales la atmósfera que más conviene. Por ellos circulan todas las noches rostros muy conocidos. La gente de paso acude aquí para admirarlos.

—Los que se sientan alrededor de esa mesa larga de allí son muy interesantes. El hombre de los cabellos negros y las gafas brillantes que se acomoda a la cabecera, que habla ahora, que mueve mucho las manos, es un brillante artista. Es el autor de la pintura de la chica frente a la valla de alambre de espino. La joven que se encuentra a su lado es una modelo muy atractiva y popular. Se dice que vive con...

—No es necesario que pases delante de mí todas las hojas del muestrario —le advertí—. No me interesa lo más mínimo la atmósfera del local.

—¿Y qué le interesa a usted exactamente?

—De momento, tú.

Ella movió la cabeza, respondiendo:

—Yo no estoy disponible.

—No me refería a eso —le contesté—. Tal como están las cosas, ahora me siento satisfecha.

Ella me estudió el rostro una vez más y comentó:

—Usted es diferente, sí... Y muy amable.

Bailamos de nuevo.

Ahora, la actitud de Petunia era más cordial, parecía más confiada. Había perdido buena parte de su rigidez inicial.

—Pues sí —dijo cuando terminamos de bailar—. Voy a aficionarme a usted. Usted me gusta.

—Supongo que para variar. Sin presunción por mi parte, claro.

Ella me miró muy seria, contestando:

—Para variar, en efecto. Yo no me desenvuelvo muy bien en este trabajo. Jamás me dedico a una persona sin antes haberla estudiado bien a fondo.

—¿Me estuviste observando antes de acercarte a mí? —quise saber yo.

—Naturalmente.

—Me siento halagada otra vez.

—¿Cómo he de llamarle?

—Puedes llamarme Amanda.

La joven pareció desconcertada.

—Es un nombre poco corriente.

La miré a los ojos.

—Tal vez lo sea, pero me llamo así. Por añadidura, no estoy casada y me gusta conocer caras nuevas. No me tomes por una cualquiera que desea una aventura de una sola noche.

—¿Le interesa la gente?

—Me interesas tú, de momento.

—A mí me gusta bailar con usted.

—Sin cumplidos, tú lo haces divinamente —señalé—. Hay en tu modo de bailar un toque especial que...

—Es mi profesión.

—¿Estás contenta con la vida que llevas?

—Me gusta bailar; pero no me gusta hacerlo como una profesión.

—¿Por qué?

—Lleva aparejadas muchas cosas.

—¿Por ejemplo?

—¿Es necesario que se las detalle?

Sonreí.

—Bueno, está claro que tienes que ganarte la vida y seguramente recibes una comisión.

Levanté una mano para llamar al camarero.

—No pida más bebida.

—¿Por qué no he de hacerlo?

—No me apetece.

—¿Qué te apetece en concreto?

—Quiero bailar otra vez.

Salimos a la pista dos veces más. Ella se abandonó en mis brazos confiada, y en ocasiones apoyó la frente en mi barbilla. Durante el último baile se mostró muy pensativa.

La escolté hasta la mesa, diciéndole:

—Me remuerde un poco la conciencia. Temo que estés perdiendo el tiempo conmigo.

—Me divierto, simplemente.

—Insisto en que seguramente has llegado a un tipo de acuerdo con la dirección del local, que te permite ser compensada por...

—¿Desea que vayamos a algún otro sitio? —inquirió la chica.

—¿A dónde podríamos ir?

—Uno donde haya más marcha y distracción.

Escruté el rostro de mi interlocutora.

—Me parece que te ha costado un poco proponérmelo, ¿no es así?

Ella no me rehuyó la mirada.

—Sí.

—¿Te asaltan siempre las mismas dudas?

—Alguna que otra vez; pero en cuanto me decido, voy hasta el fin.

—En marcha, pues.

Hice otra seña al camarero y pagué la cuenta. Recogí el abrigo en el guardarropa y escolté a Petunia hasta la salida. Cuando buscaba con la vista al vigilante del aparcamiento, la joven se adelantó a mis propósitos.

—No necesita para nada su coche. Iremos en el mío.

Enarqué las cejas, sorprendida.

—¿De acuerdo? Añadió. ¡Alfredo! El coche, por favor.

El vigilante asintió. Una enorme y negra limusina se acercó a la entrada del local. Del vehículo se apeó un chófer uniformado, que abrió la portezuela de atrás.

Petunia le dio las gracias con una sonrisa. Yo la ayudé a subir al coche y subí tras ella. La portezuela se cerró tras nosotras.

—Y ahora, ¿qué? —le pregunté.

—Visitaremos algunos lugares.

Consulté mi reloj de pulsera.

—Me imagino que en este preciso momento tú sabes ya quién soy yo y que se puede hablar de una recepción especial que...

—No. Me tiene sin cuidado su identidad. Usted, simplemente, es una persona agradable.

Tiró de un negro cordón de seda para correr unas oscuras cortinillas que cubrieron las ventanillas del vehículo y nos aislaron del mundo exterior. Una gruesa mampara de cristal opaco impedía al conductor ver lo que pasaba en el compartimiento de los ocupantes. La ventanilla de atrás contaba también con su correspondiente cortina. No era posible ver por dónde íbamos.

—¿Por qué haces esto, Petunia? —le pregunté.

Ella se me acercó un poco más.

—¿No le gusta verse así, aislada, a resguardo de la curiosidad de los demás?

Sonreí mientras le rodeaba con un brazo la cintura.

Disimuladamente pasé la mano del otro por la lisa superficie del vestido, para ver si en alguna parte se escondía algún arma de pequeño calibre.

No era probable, pero no está de más ser precavido; nunca se sabe lo que el destino nos tiene preparado. El automóvil rodaba ya lentamente.

—¿A dónde vamos, Petunia?

—A algunos sitios. ¿Es que no le gusto?

—Sí.

—Entonces, ¿por qué se detuvo?

Me eché a reír.

—Quería asegurarme de que no llevabas un arma de fuego escondida o al menos una navaja en la liga, como se dice que la portan las españolas, según el folclore.

—Ha estado buscando por un lado. Pruebe ahora suerte por el otro.

Petunia cambió de posición.

—Siga, siga buscando por aquí —me invitó.

—No hace falta —le respondí—. La única arma de que dispones son tus encantos.

Petunia apoyó la cabeza en mi hombro.

—Según las referencias, eres una buena chica.

—¿Quién se lo dijo?

—Alguien que te conoce.

—Con la mayor parte de las personas no soy tan expresiva. Por lo general me limito a bailar.

—¿Te gusta tu trabajo?

—No demasiado.

—¿Y la dueña? ¿Te agrada?

—Mucho; es una mujer estupenda, muy comprensiva y considerada. Sólo por ella, vale la pena trabajar en esto.

—¿Conoces a mucha gente?

—Depende de lo que se entienda por mucha. Conozco a algunas personas.

Hubo una larga pausa.

Petunia se agitó en el asiento.

—Usted es diferente...

Me limité a reír.

—Usted es diferente, repitió.

—¿A dónde estamos yendo, Petunia?, le pregunté.

—A algún que otro sitio.

—¿Qué clase de sitios?

—Ya lo verá.

Me aparté un poco de ella. Guardó silencio y al fin preguntó:

—¿Eso es todo? ¿No hay nada más?

—Por el momento, sí —respondí.

Ella se irguió por un instante. Después, se dejó caer contra el respaldo y se quedó tan inmóvil que llegué a pensar que se hubiese dormido.

El automóvil empezó a ir más despacio. Luego giró en una curva. Por último, se detuvo, retrocediendo unos metros.

Avanzó un poco de nuevo y se quedó parado.

La chica tiró del cordón de seda y descorrió las cortinillas. Nos hallábamos en una especie de estacionamiento detrás de un edificio. Olía a humedad y cebollas fritas.

La iluminación era pésima.

Consulté mi reloj de pulsera. El viaje había durado veintidós minutos.

El chófer abrió la portezuela y se quedó en posición de firmes. Salí del coche y tendí una mano a Petunia para ayudarla a bajar.

—¿Y ahora qué?

—Deje su abrigo en el coche —me dijo ella.

Subimos tres peldaños hasta un porche oscuro. Petunia sacó una llave y abrió inmediatamente una puerta.

A la amarillenta luz de una pequeña bombilla se veía una escalera.

Petunia me indicó con un gesto que cerrara la puerta y tras agarrarse a la barandilla empezó a subir los escalones.

Yo la seguía detrás.

—¿Vives aquí? —le pregunté.

Ella no me respondió y siguió subiendo.

Arriba en el rellano empezaba un largo corredor. Llegamos a otra puerta a la derecha, Petunia la abrió y se hizo a un lado para invitarme a pasar con una sonrisa.

Yo obedecí

Se trataba de una estancia de medianas dimensiones amueblada con mucha sencillez. En un lateral había la barra de un bar y ante ella algunos taburetes giratorios. Aquí y allá se veía unas cuantas sillas plegables. Un hombre mezclaba bebidas detrás del mostrador y varias personas ocupaban los asientos.

Se abrió una puerta que llevaba a una habitación interior y por ella se asomó un individuo que vestía de esmoquin. Tras echar una ojeada a los recién llegados desapareció y la puerta se cerró de nuevo a su espalda.

La puerta se abrió de nuevo para dar paso a aquel hombre, que sonriendo afablemente se nos acercó. Era alto, moreno, esbelto y estaría entre los treinta y los cuarenta años de edad. Sus grisáceos ojos, sin embargo, resultaban más bien fríos.

—Buenas noches, Petunia —dijo—. ¿Sabes quién te acompaña?

La chica sonrió a medias y se encogió de hombros con displicencia.

—Se presentará ella misma.

—No es necesario que lo haga —manifestó el hombre—. Se trata de Amanda, la criminalista.

Petunia hizo un gesto de asombro.

—¡Oh! —exclamó, consternada.

—Supongo, señora, que no la habrán traído aquí motivos de índole profesional —dijo el individuo del esmoquin.

—¿Y si no fuese así? —quise saber.

—Todo sería igual, señora. A menos que sus motivos personales nos afectaran de un modo u otro.

—Me limitaré a subrayar que no trabajo para el fiscal del distrito —declaré sonriente.

—¿Quiere usted entrar?

—Creo que me han traído aquí con ese fin.

El otro sonrió.

—Supondría una lamentable pérdida de tiempo por nuestra parte tratarle como tratamos a casi todos nuestros clientes. Si desea seguir adelante, estamos a su servicio.

—¿Y Petunia?

—Percibe una cantidad por haberle traído aquí y una pequeña comisión sobre el importe de lo que usted consuma.

—Está bien, respondí. Entremos.

—Es por aquí...

—¡Amanda, la criminóloga! —exclamó Petunia—. Debería habérmelo figurado cuando me dijo que se llamaba Amanda. Ya noté en usted algo diferente que la distinguía de todas las demás. ¡También es mala suerte la mía, haber dado con usted precisamente yo!

—Buscaremos una fórmula para que te sientas compensada por todos los conceptos.

El hombre abrió la puerta. Entró en una habitación amueblada como una sala igual a las que habíamos visitado en los locales Paddles; con la diferencia de que los espectáculos que aquí se representaba eran de más subido color o más atrevidos que los otros y bordeaban lo que las leyes censuraban o podrían herir la sensibilidad de espectadores menos encallecidos que los que formaban el público asiduo de los anteriores.

El individuo del esmoquin se excusaba:

—Lamento mucho, señora, que tengamos que recurrir a esta especie de clandestinidad. Puedo garantizarle, en cambio, una seriedad absoluta en todo lo tocante a los juegos que aquí se practican. Desgraciadamente y debido a la intransigente actitud de las autoridades, nos vemos obligados a cambiar de emplazamiento de cuando en cuando, buscando constantemente nuevos escenarios donde desarrollar nuestras actividades.

—¿Y ponen luego el hecho en conocimiento de las muchachas?

—No. Avisamos a los conductores de los coches.

—Ya. Eso les proporciona cierta seguridad.

—Alguna, sí —admitió el hombre. Como comprenderá, hacemos lo que podemos.

Petunia y yo buscamos un asiento que nos permitiera ver de cerca lo que iba a comenzar. La sala estaba a medias concurrida. Eché una mirada a los otros espectadores. No vi nada que me llamara la atención. En esos momentos se acercó al proscenio la introductora de lo que íbamos a ver.

Petunia, a mi lado, guardaba silencio.

# Capítulo 27

## El show de Ama Nuña

La presentadora nos dijo que estábamos a punto de ver el espectáculo de la famosa Ama Nuña, cuyas actuaciones despiertan siempre mucha expectación. Suele actuar en el famoso club de la capital llamado **Las llamas del infierno** y todas las noches el local se llena hasta los topes. Esta Ama es única en su género. Entre otras cosas se distingue de las demás por su desparpajo o falta de prejuicios en lo que la gente común considera un tabú. Hoy se presenta aquí por invitación especial de la propietaria de este lugar para darnos a conocer lo que los anglosajones llaman TCB o *Cock and Ball Torture*, que traducido al castellano equivale a 'tortura de las bolas y el miembro' y puesto en lenguaje castizo equivaldría a 'tortura de huevos y nabo'; pese a lo que a primera vista se pudiera pensar, el nombre no tiene en absoluto nada que ver con el arte de la culinaria; la similitud es pura coincidencia. Es un número que goza de mucho predicamento en los grupos *Dom-Sub-Friends* o grupos especializados en la dominación femenina sobre hombres sumisos. Con ustedes, señoras y caballeros, el Ama Nuña.

Entre los aplausos de la concurrencia se presentó en el estrado una mujer de mediana edad y muy buen ver vestida para la ocasión. Una camisa negra sin mangas que le llegaba a las rodillas y un par de botas de camuflaje del Ejército.

Por todos sus poros respiraba autoridad. Estaba acostumbrada a mandar; se lo veía a la legua.

Nos dijo que en su mansión de las afueras disponía de barracones parecidos a los de los militares en los que vivían los muchos que se habían entregado a ella en cuerpo y alma para que los esclavizara. Hoy ella había seleccionado a los tres más dispuestos a someterse a lo que su Ama quisiera. El primero se llamaba Juan y aún no estaba adiestrado del todo en la esclavitud; era algo novato en lo concerniente a la TCB por lo que ella debía estar alerta y no llevar las cosas al extremo, para que el espectáculo no se le fuera de las manos; el siguiente, Moisés, tenía más experiencia que el otro y estaba ansioso por probar las deliciosas descargas eléctricas que su Ama querida tuviera a bien aplicarle; y finalmente el esclavo Raimundo, que, como dijo ella con orgullo, había sido adiestrado durante dos años hasta alcanzar los más altos niveles de aguante y obediencia.

El público estaba absorto en lo que veía mientras los esclavos se iban desnudando y nos mostraban sus espléndidos y bien afeitados órganos genitales, "en plena forma para la función", avisó la señora.

Tras la introducción nos explicó que ella solía usar ante todo las manos para aplicar la tortura, porque lo más importante en lo que hacía era tratar de no causar dolor indebido o lesión a la víctima u objeto de experimentación; luego ordenó al neófito Juan dar un paso adelante y colocar las manos detrás de la espalda, con el fin de no obstaculizar la tarea. A renglón seguido le agarró la polla y las pelotas y mostró cómo tirar, estirar y retorcer el "paquete", "de la misma manera que un panadero amasa la harina!", dijo al tiempo que se reía de su propio chiste.

El malestar de Juan era evidente y el miedo se le veía en la cara, pero aparentemente salió de la prueba ileso y sin un rasguño. Como se suele decir, la procesión le iba por dentro, caso de que hubiera alguna. Luego la señora le ató en torno al pene y los testículos un trozo de cuerda de color rojo que se los apretó y separó para dejarlos tales que no parecían sino los globitos y adornos de un árbol de Navidad. "¡Ha nacido el Señor! ¡Aleluya!," cantó ella con voz de contralto, no se sabe si aludiendo al miembro en erección, y de hecho, el paquete se veía muy bonito.

El siguiente en probar el *bondage* o ligadura con cuerdas fue el esclavo Moisés; en esta ocasión, el Ama Nuña dejó libre curso a su fantasía para atarle con el cable rojo las bolas y luego enrollarlo con fuerza ocho o nueve veces en torno al pene. "¡Respira hondo!" -le ordenó, porque este truco tiene un final repentino: y dando un fuerte tirón hizo girar locamente el miembro como hubiese girado un trompo en similares circunstancias. Moisés llevó bastante bien la ocurrencia, si se exceptúa la exclamación o casi alarido que se le escapó de entre los labios cuando el ama llevó a cabo el numerito. "En este caso hay que tener cuidado," señaló el Ama Nuña, "porque la cuerda al desenrollarse puede quemar la piel." Y por si alguien se hubiese distraído y no hubiese visto el truco, la señora lo repitió, y de nuevo la polla de Moisés dio vueltas locas, como las que hubiese dado un molinillo de viento azotado por un huracán, pero totalmente bajo control.

A primera vista los genitales masculinos parecen delicados e incapaces de soportar bromas pesadas, y nunca más oportuno el juego de palabras si atendemos a lo que va a seguir, pero nos equivocamos, porque son muy sufridos y pueden aguantar muchas cosas; una manera de demostrarlo es colgar pesos de ellos y ver hasta dónde llegan. Claro está que la cosa depende de la constitución del dueño. Hay quien es capaz de aguantar hasta cincuenta kilos colgando de sus bolas e incluso abrumado por tal peso el miembro se les levanta. ¡Misterio! Quizá quedan aquí en suspenso por unos momentos las leyes de la gravedad, como dicen que se suspenden cuando ocurren milagros. En fin, no se sabe; pero el problema está en cómo colocar la carga con eficacia y con arte.

El Ama Nuña estaba al tanto al respecto. La manera más obvia de hacerlo es servirse de un arnés común como los que usan los paracaídas; el ama lo demostró en el esclavo Juan. Suspendió de su arnés varios pesos que Raimundo había preparado con plomos de pesca y los que usan los buzos para sumergirse. Juan alardeó de haber aguantado bastantes kilos en anteriores ocasiones y de que la cosa no había significado para él ningún problema. Pero, advirtió el Ama Nuña, hay que estar muy atento, porque los arneses de paracaídas acaban siempre soltándose y arrastran consigo lo que hay detrás. Y procedió a demostrar varias maneras menos peligrosas de hacerlo.

El esclavo Moisés se adelantó ahora a probar el numerito y dejó que las diestras manos del Ama le colgasen de las bolas los correspondientes pesos. En lugar de un arnés comercial, la señora mostró cómo hacer uno en el acto con su provisión de elegante cordón rojo. El problema, dijo, es que "Las bolas son tímidas, tratan de esconderse y se deslizan a través del arnés." Luego, por desgracia, "¡Bang! Las pesas caen al suelo y lo siguiente que se oye es mi vecino del piso de abajo que golpea el techo con su escoba y pide silencio!" Moisés y Juan se paseaban por la pista para mostrar a la audiencia los pesos que ahora colgaban de sus respectivos paquetes.

Pero en lo tocante a colgar pesos de las bolas de alguien la forma más divertida de todas estaba reservada al esclavo Raimundo. La señora mostró ahora la manera más segura de hacerlo: sujetar pinzas médicas en el escroto. Ella disponía de algunas muy buenas provistas de gomas en las puntas para no lastimar la piel; muy pronto Raimundo estuvo de pie, con ocho o nueve sujetas a su escroto, y cuando se añadieron los pesos a cada una, él se convirtió en algo que recordaba la famosa campana de Huesca, cuando el rey Ramiro II de Aragón hizo colgar de otras tantas cuerdas como si fueran badajos de otras tantas campanas las cabezas de los nobles levantiscos a los que había mandado degollar en un banquete al que los había invitado. Para que aprendieran a comportarse. El público se acercó a mirar más de cerca, y luego vino lo mejor de todo: quitar las pinzas. Raimundo era hombre valiente, pero está claro que esta es la parte más difícil de la experiencia. "Si te quieres mostrar realmente sádica," Ama Nuña rió, "le quitas dos a la vez!" Y así lo hizo. Cuando más tarde se preguntó a Raimundo qué opinaba de aquel tipo de tenazas, dijo, "son más duras que las pinzas de la ropa, pero yo las he llevado puestas hasta una hora. Y preferiría llevarlas incluso más tiempo, antes que dejar que me las arrancasen." Pasando ahora de las bromas a las veras, el Ama Nuña nos confió que, cuando "me muestro sádica, se me humedecen las partes; y en comparación con los amigos y clientes ocasionales, donde respeto cuidadosamente los límites, con el esclavo personal de que dispongo para tales recreos me dedico a diferentes niveles de juego; me abandono y dejo correr la fantasía. Pero una cosa es segura: Ama Nuña hará siempre "lo que los espectadores le pidan, pero lo hará a su manera!"

Una vez colocadas las pinzas, es posible otro juego: el Ama Nuña pasa la cuerda roja a través de las asas de todas ellas y ordena al esclavo Raimundo bajar la cabeza y coger la cuerda con los dientes, luego le manda alzar la cabeza de nuevo de modo que él tire para arriba de todo el "Árbol de Navidad", hasta que polla y pelotas alcancen casi el ombligo junto con todos los pesos "de adorno". Es una visión impresionante, ¡no cabe duda!

Las pesas de plomo envueltas en su funda de paño rojo para darles color, como si dijéramos, son dignas de ver, ciertamente, pero no basta; se necesita algo que anime más el espectáculo; por ello el Ama ordena al esclavo Juan se adelante para probar otro método. Ahora le cuelga de las bolas un cubo lleno de agua y le ordena caminar de un lado a otro sin derramar una gota. El infeliz no puede hacerlo y el Ama lo amenaza con castigarlo con las descargas eléctricas de un aparato que los quiroprácticos usan para enderezar a sus clientes contrahechos. Juan es ingeniero eléctrico y sabe muy bien que con tales artilugios es mejor no jugar, de modo que pide al Ama lo excuse y le aplique el castigo a otro de los esclavos.

Por esta vez el Ama Nuña se deja enternecer y accede a lo que él le pide; aplicará las descargas al esclavo Moisés, que se presta a regañadientes a ocupar el lugar de su compañero y colega.

Moisés se adelanta, se presta al jueguecito, que la señora ha llamado forma leve de estímulo, y casi da un salto hasta las nubes al sentir la corriente recorrerle las carnes.

Las formas de TCB son muy variadas, casi infinitas, nos dice el Ama Nuña, y algunas de ellas toman más tiempo que otras; nos habla pues de las delicias de la infusión del escroto, en el que se inyecta una solución salina estéril hasta que las bolas crecen hasta el tamaño de dos grandes naranjas. Una vez ella se lo había hecho a Raimundo antes de salir con él a hacer la compra, y en el supermercado el líquido había comenzado a gotearle. El esclavo había tenido que retirarse a toda prisa, pues todo el mundo lo miraba con aire de pensar que se había meado en los pantalones, como un bebé todavía en pañales. ¡Él, un hombre hecho y derecho y con todo en su sitio! ¡Qué ignominia!

Habíamos llegado a la mitad del espectáculo, era el momento del número principal; el esclavo Raimundo fue llamado al centro del escenario para mostrar hasta qué punto era capaz de aguantar lo que le echasen. En primer lugar el Ama lo puso a punto con un *flogger* o látigo de mediano tamaño, con el que le calentó los muslos, la polla y las bolas. "Ooooh!" gimió una espectadora, una representante del género femenino, cuya exclamación llamó la atención de la señora Nuña: "¿Qué te pasa?, le dijo. Usted no tiene bolas. Las que estoy golpeando no le pertenecen. ¿A qué vienen pues las quejas? La otra prudentemente se calló. Terminado el que pudiéramos llamar calentamiento, le tocaba el turno a algo de mayor sustancia, un látigo de una sola cola. El Ama ordenó al esclavo mantener la compostura mientras le golpeaba el miembro, zas, las bolas, zas, la entrepierna, zas, y los muslos. Raimundo se tiene por un tipo duro, pero esta prueba era más que suficiente.

La señora Nuña sintió que se excitaba hasta las nubes. "Necesito un escudo de bragas", gritó en el colmo del frenesí. Igualmente excitada la audiencia se acercó al escenario para ver las marcas, sobre todo las dejadas por el látigo de una sola cola en los muslos y la polla: rayas largas y rojas. Mientras tanto, la señora Nuña disertó sobre cómo se adiestra a un esclavo: "¡Han de sentir placer con el dolor, para que así aguanten más!"

Con el esclavo Raimundo así puesto a punto, la señora Nuña decidió sacar a escena su increíble juguete eléctrico HotBox. El HotBox tiene tres salidas independientes; con él y una sola mano se puede controlar fácilmente a dos o incluso tres esclavos a la vez. El esclavo Moisés es invitado a unirse a la diversión y saborear esta nueva forma de placer y tortura. El Ama comienza rodeándole la base del pene con una correa a través de la cual se puede aplicar descargas eléctricas. "¿Sientes algo? ¿Ahora? ¿Ahora?", el Ama lo desafía aumentando gradualmente la intensidad de los choques, "Básicamente se trata de una unidad de las que llaman TENS, con la cual se suprime de ordinario el dolor; sólo que yo la utilizo a mi manera", nos dice. Luego le enrolla alrededor del miembro una segunda correa, para el segundo canal del aparatito. Mientras tanto, el esclavo Raimundo se pone él mismo una correa asimismo flexible alrededor de la base del escroto y la cabeza de la polla. "¿Te sientes capaz de aguantar el Canal 3, el Canal de Castigo?, le pregunta ella. Sí que me siento capaz; de eso y de mucho más, alardea aquel macho patético. "¡Bien! Así me gusta, le replica satisfecha ella". La señora Nuña nos dice que el instrumento ha sido diseñado "Por pervertidos, para pervertidos", y nos enseña como se lo puede aplicar de muchos modos, con intensidades de corriente variables. La frecuencia y la intensidad son seleccionables individualmente para cada canal; o se puede cambiar de uno a otro en todos ellos simultáneamente. Así que se puede torturar a un esclavo al mismo tiempo que otro consigue placer infinito. Todo a través de la electrónica más avanzada; son los progresos de la técnica, que permite hacer virguerías, a lo que parece. La señora muestra cómo los monitores LED indican hasta qué grado cada esclavo es estimulado. Son verdaderos disparos de flash, nos dice entusiasmada. Y ¡hay que ver los saltos que dan los carajos! Son música celestial para sus oídos. "¡Te haré llegar hasta el cielo, Raimundo!", lo avisa, y consigue que su polla alcance niveles nunca vistos.

La señora Nuña nos habla de todos los adaptadores disponibles, "Mientras jodes a un esclavo analmente, puedes joder a otro vaginalmente, si te da por jugar con una pareja de distinto sexo. "No hay límite a lo que se puede hacer", remata complacida. A Moisés le ha puesto almohadillas en las pelotas, para excitarlo de un modo distinto. "¡Los saltos que veo dar a la polla de Raimundo, es que me encantan!", se entusiasma la señora Ama.

Ahora el Ama Nuña tiende al esclavo Raimundo sobre una mesa de examen médico, para jugar con él un poco más. Saca a la vista unos instrumentos que de ordinario se usa para explorar la uretra. Con la ayuda de un lubricante quirúrgico para facilitar la tarea y no lastimar al esclavo, introduce en la polla de Raimundo un tubo de metal de dimensiones alarmantes. Era como joderlo a través de polla. Ahora el Ama cogió su gran consolador vibrador y lo aproximó al tubo insertado! Con la combinación del vibrante consolador y la máquina HotBox, proclamó, se llega a provocar en el paciente increíbles orgasmos, todos bajo el control del Ama, por supuesto.

El juego de las agujas es otra forma de torturar los genitales masculinos, por lo que la señora Nuña rápidamente mostró cómo crear una "corona de espinas" en la polla del esclavo Raimundo. Tomando una aguja hipodérmica, le agarró la polla y se la clavó paralela al eje del miembro, en la piel que rodea la cabeza, pero no profundamente. La señora quiso mostrarse sensible y compasiva. Fue añadiendo una aguja tras otra, hasta rodear con 13 aquella cabeza; ¡trece, la llamada corrientemente docena del panadero! Puestos en fila, los espectadores se acercaron a contemplar el bonito espectáculo. Raimundo les dijo que la sensación es muy erótica y sensual; y una vez las agujas en su sitio, casi no duele. Por supuesto, luego hay que sacarlas, y ya es otra historia.

El espectáculo tocaba a su fin y el Ama Nuña mostró un solo truco más: el asiento del inodoro. Cualquiera puede hacerlo en su casa, siempre que disponga de agua corriente. Ordenó al esclavo Moisés adelantarse y poner la polla en el asiento. Cuando él lo hubo hecho, ella bajó la tapa sobre el órgano desventurado y aplicó presión, primero con el pie, y luego con todo el cuerpo. El órgano del pobre infeliz se vio increíblemente aplastado entre el asiento y la tapa, y el sufrimiento del esclavo era evidente. Por fin libre, sintió alivio al comprobar que después de todo su pene estaba todavía en su sitio. A partir de ahora puede que recuerde la experiencia cada vez que vea un inodoro; y sin duda nunca olvidará bajar siempre la tapa.

Hubo tiempo para un par de preguntas y respuestas y alguno de los espectadores quiso saber si el esclavo podía masturbarse después de una sesión de TCB. Según la señora Nuña, el esclavo Raimundo no tiene ningún problema en absoluto al respecto, e incluso ha desarrollado un callo en el lugar apropiado.

Una salva de aplausos, y el Ama Nuña y sus esclavos se fueron, sin duda para seguir llevando a cabo en otra parte sus experimentos sobre la tortura de una polla y unos testículos.

Fue una magnífica velada, otra función diferente. Tal como el presentador nos había dicho, siempre que el Ama Nuña ofrece uno de sus espectáculos el éxito es arrollador.

# Capítulo 28

## Me asaltan las dudas

Fue una noche increíble, una conferencia y demostración fuera de serie.

Como no dejaron de decirnos los presentadores, es lo que siempre pasa, cuando el Ama Nuña presenta sus espectáculos

—Caramba, Petunia, dije a la muchacha, que se sentaba a mi lado. Tenía el rostro en ascuas; le brillaban los ojos de excitación. Dime ¿qué sacas tú de todo esto? —le pregunté.

—Es mi trabajo; me pagan por hacerlo—me respondió.

—Está bien, —le dije—. ¡Vámonos!

—¿Tan pronto?

—Sí, tan pronto.

—¡Pero si acabamos de llegar!

Me encogí de hombros.

—De acuerdo —respondió ella—. La acompaño.

Salí de la estancia detrás de Petunia. Nos detuvimos en el mostrador para beber algo. El individuo del esmoquin se dirigió a mí.

—Espero verle por aquí de nuevo, señora.

—Gracias —le contesté cortésmente.

Bajamos las escaleras y en virtud de alguna orden convenida previamente la limusina nos esperaba ante la puerta.

Una vez dentro del coche, la joven tiró del cordón de seda. Al quedarnos los dos aislados del exterior, ella se acurrucó contra mí.

—Creo que es usted maravillosa —dijo—. Y me alegro de que me haya hecho abandonar el local. El final es siempre el mismo ahí arriba, antes o después...

—Hoy pareces haber disfrutado.

—Es verdad, pocas veces me he sentido tan cómoda como en esta ocasión. Dígame: ¿por qué ha preguntado por mí en el otro local?

—¿No lo sabes?

—No.

—Una de las chicas que trabajan contigo me dijo que conocías bien a vuestra compañera Marisa.

—¿Quién es esa Marisa? No la conozco. Yo...

Petunia guardó silencio de pronto.

—¿Y bien? —le pregunté.

—No me moleste ahora. Estoy pensando.

Petunia se acurrucó contra mí. Dentro del coche hacía calor, casi.

—¿Le gusto? —preguntó ella

—¿Qué me dices de Marisa? —insistí yo.

—No estoy hablando de ella. Estoy hablando de nosotros. ¿Le gusto?

Ella deslizó una mano por detrás del respaldo. Pulsó con los dedos un interruptor oculto.

Encima del cenicero se encendió una luz muy suave.

La chica me puso sobre los hombros el brazo derecho. Me levantó el cuello del abrigo y me acarició brevemente con los dedos el vello de la nuca.

—Tranquilícese —dijo, riendo—. No pienso morderle.

Yo la contemplé.

Petunia se miraba en mis ojos, muy seria.

Había abierto los rojos labios. Por entre ellos le brillaban blancos los dientes.

—Me gusta usted.

Otra vez me acarició con los dedos la nuca.

—¿Le gusto, señora?

—Por supuesto.

—No veo que coopere.

—¿Deseas que lo haga?

—Puede empezar por sentirse entusiasmada, simplemente, para que eso constituya nuestro punto de partida.

Ahora, Petunia alargó la mano izquierda y asiendo con firmeza la solapa de mi abrigo inició un insinuante tirón.

En este momento, le pregunté:

—¿Te acuerdas, Petunia, de la noche del pasado fin de semana?

Ella se quedó, de repente, rígida, inmóvil.

—¿Qué ocurre con eso? —inquirió con voz fría y cautelosa.

—¿Viste a Marisa aquella noche?

Bruscamente, se apartó de mí diciendo:

—Bien. Adelante. Pórtese como lo que es, una policía criminalista.

Usted me cae bien. Pero sólo quiere interrogarme. Soy un ser humano, pero dudo de que usted sepa darse cuenta. Para usted soy una fuente más de información.

—Lo único que te he preguntado es si viste esa noche a Marisa — repliqué yo.

De pronto, los dedos de la joven pulsaron el interruptor del respaldo del asiento y el recinto quedó a oscuras.

Yo guardé silencio durante unos momentos.

—¿Vas a contestar a mi pregunta? —quise saber al cabo de un instante.

No me respondió. Seguidamente, me pareció oír una serie de débiles sonidos muy característicos. La chica sollozaba.

La busqué en la oscuridad.

—¡Aléjese de mí! ¡No me toque! —dijo ella cuando le rocé los hombros.

—Creo que exageras, Petunia. A fin de cuentas, yo sólo te he preguntado...

Un convulsivo sollozo la sacudió.

Casi inmediatamente, el automóvil se detuvo.

—¿Qué es esto? —pregunté yo.

Ella no contestó.

La puerta del coche se abrió. El chófer descorrió la cortinilla de la ventanilla.

—Villa Celia —dijo.

Eché un vistazo a mi reloj de pulsera. El viaje de regreso había durado exactamente seis minutos y medio.

Me apeé del vehículo. Petunia seguía sentada en el interior y me daba la espalda. Se había llevado un pañuelo a los ojos.

—¿Vienes tú? —le pregunté.

—No —repuso ella, con voz apagada.

El chófer cerró la portezuela y me di cuenta de que me miraba con desaprobación.

—¿Hay que pagar algo? —quise saber yo.

—Nada, señora.

Me aproximé al porche de Villa Celia.

—¿Desea su coche, ahora? —me preguntó el vigilante del aparcamiento.

—Dentro de unos momentos.

Entré en el club nocturno y otra vez dejé el abrigo en el guardarropa. El camarero que al comienzo de la noche me había atendido solícito ahora se hacía el sueco.

—Me parece que no disponemos de ninguna mesa libre —me dijo.

Traté de localizar en el establecimiento a mi ayudante Miguela. No la vi.

—Creo que no hay ninguna mesa desocupada —insistió el camarero, ahora casi con desprecio.

—Voy a los servicios de señoras —le contesté yo.

Me dirigí a la parte de atrás del restaurante, mirando a todos lados. No vi a Miguela por ninguna parte.

Abrí una puerta que daba a un pasillo. Lo seguí y al final había otra puerta. Daba a una especie de porche en el que se amontonaban varios cubos de la basura.

Más allá había una zona sumida en la oscuridad. A la izquierda estaban aparcados los coches de los clientes del club. A la derecha quedaba una alta valla de tablas.

Flotaba en el aire un fuerte olor a cebollas fritas.

Volví sobre mis pasos. Entré de nuevo en el club. Seguí el corredor y a la derecha descubrí una puerta que abrí.

Daba a una escalera.

La cerré con cuidado a mis espaldas y después de subir unos peldaños tomé un segundo pasillo que doblaba a la derecha. Una última puerta me permitió entrar en la habitación en la que había estado unos minutos antes, la habitación del mostrador, de los taburetes portátiles, de las sillas plegables.

El mismo hombre del esmoquin avanzó hacia mí sonriendo, como la primera vez, pero al ver que de nuevo se trataba de mí, la sonrisa se le heló en el rostro de pronto. Sus mirada era fría, glacial, más fría que nunca.

—¿Olvidó algo aquí, señora Amanda?

—Pensé que podía darme una vuelta de nuevo por el lugar, para ver qué pasaba —respondí yo, muy afable.

—¿Puedo preguntarle cómo llegó hasta aquí?

—Subí por la escalera.

—¿Qué escalera?

—La del pasillo del club.

El hombre del esmoquin dijo:

—No debiera haber hecho eso, señora Amanda.

—¿Por qué? —le pregunté ingenuamente.

—Esto no tiene nada que ver con el club.

—Yo no he dicho lo contrario. Dije que llegué hasta aquí por la escalera del club. Usted me preguntó y yo le contesté.

Otro hombre que hasta aquel momento había estado en un extremo del mostrador, un tipo de grueso cuello, con todo el aspecto de un luchador de lucha libre, se levantó y como quien no ha roto un plato en su vida, se dirigió a la puerta. Finalmente, a metro y medio de ella se detuvo para encender un cigarrillo.

El individuo del esmoquin dijo:

—Usted es una mujer conocida, señora Amanda, que pesa lo suyo en nuestra ciudad. Pero hay cosas que no debiera hacer, ya que suponen una gran imprudencia.

—¿Por ejemplo?

—Yo no estoy aquí para contestar a sus preguntas.

—¿Para qué está usted aquí?

—Para mantener el orden.

—Yo no lo estoy alterando, ¿no es así?

El hombre del esmoquin pareció haber adoptado una decisión.

—Desde luego, señora. ¿Quiere pasar de nuevo a la otra habitación?

Vacilé por unos momentos. Después, penetré otra vez en la sala adjunta.

Se estaba representando un nuevo espectáculo.

El acomodador me miró, perplejo.

—¿Cambió de opinión, señora?

—Sí.

El hombre titubeó.

—Esta vez viene sola.

Hice un gesto exagerado de sobresalto, mirando primeramente a mi derecha y luego a la izquierda.

—¡Pues es verdad! —exclamé, burlonamente.

El hombre miró por encima de uno de mis hombros y pareció captar una seña de alguien a mis espaldas. Calladamente eficiente, me condujo a mi asiento.

# Capítulo 29

## El Ama Emilia cabalga la cara de un sumiso

Estaba a punto de representarse un número llamado La Señora Emilia cabalga la cara de un sumiso. Formaba parte de los aspectos más atrevidos y al límite del BDSM. Sólo apto para mayores. Niños y personas sensibles, mejor abstenerse.

Apareció en el escenario la llamada Señora Emilia. Conducía del ronzal a un macho rubio, alto y musculoso. Primero lo obligó a que le adorase los pies lamiéndole las plantas, chupando los dedos, especialmente el dedo mayor, y pasando la lengua entre ellos. Luego le hizo besarle el culo, como atendiendo a los historiadores las brujas de la Edad Media besaban en los aquelarres el de Satanás disfrazado de macho cabrío. A continuación se puso unos leotardos abiertos en los bajos y se le sentó sobre la cara para que él le chupase las partes, y mientras él se esforzaba en hacerlo lo mejor que podía, ella lo animaba a persistir en el intento pegándole con un látigo en los colgantes. Finalmente se levantó y tras dejarle recuperar el aliento, pues no hay que llevar las cosas al límite y como decían los clásicos en el término medio está la virtud, lo hizo ponerse a cuatro patas sobre la alfombra o tapiz que cubría la escena y lo cabalgó como quien cabalga un asno o caballo, sin olvidar aplicarle a los flancos las espuelas de que iban provistas las botas de equitación que para el caso se había puesto. Antes había cuidado de atarle el miembro viril al bocado con que lo dirigía para que al levantar y bajar la cabeza como hacen las monturas bien adiestradas cuando caminan, también él sintiese el tirón y recordase que lo suyo era mantenerse atento y sin flaquear en posición de firmes, presentando el arma, arr, lista para el combate.

Su actitud soberbiamente dominante junto con sus piernas y pies perfectamente moldeados hacían de ella un magnífico espécimen de las dominadoras en leotardos. Ahora la Señora Emilia obliga al musculoso y fuerte esclavo a sentarse en la picota, que como el lector sabrá era un dispositivo medieval de tortura consistente en un tablado vertical en el que se había practicado los orificios correspondientes para dejar pasar por ellos la cabeza, los brazos y en este caso el miembro en erección del condenado. Luego se toma unos momentos para recrearse en lo que está viendo y a continuación se dedica a desfilar ante él provocativa de un lado a otro del tablado mientras se exhibe y deja ver sus partes con impudor y llama su atención sobre ellas para excitarlo todavía más, si tal cosa es posible, y diciéndole cosas que si bien en condiciones normales serían consideradas una atroz humillación, en este caso por el contrario parecen aumentar la hinchazón de lo que salta a la vista, como demuestran los estremecimientos y cabriolas que deja ver.

Cuando ella se cansa del numerito, cambia de tercio; ahora se sienta y lo obliga a él a lamerle de nuevo las plantas de los magníficos pies mientras le dice lo mucho que la adora y cuan dichoso se siente de servir a un ama tan celestial y divina. Ella le ordena cerrar la boca y concentrarse en lo que está haciendo, al cabo de lo cual se saca los leotardos que tiene puestos y mientras él no le quita ojo y en la boca se le hace agua, con ademán provocativo se los cambia por otros de fantasía que le parecen más adecuados para la ocasión. Le ordena luego que de nuevo le adore los pies, pero esta vez cubiertos de nailon.

Ahora ella se ha puesto de pie y con los pies le acaricia la cara, le da suaves golpecitos en ella y finalmente le mete en la boca el dedo gordo de uno, que él le chupa como si fuera un chupa-chups o un pirulí de los de antes, una verdadera golosina, para entendernos. Para los gustos se han hecho los colores. Luego se cansa y para variar le da patadas en ambos costados.

Las patadas en los flancos, en la espalda, en la entrepierna y también en los muslos no tienen fin. Ella no se cansa de pasarlo bien mientras él sufre y aguanta. Así premia ella su devoción.

Es el momento de pasar a otra cosa. La Señora Emilia lo pone de pie, le ata las manos a la espalda con un pañuelo de seda auténtica traído especialmente de China para la ocasión y luego se tiende en el sofá. Doblando el dedo índice lo invita a acercarse. Levanta una pierna y se abre de ellas, y luego le dice que quiere lo que los más refinados llaman y venden como sexo oral.

Ella le da instrucciones, le dice lo que ha de hacer y cómo ha de hacerlo y luego se deja caer en el sofá y se abandona a las perversas caricias. Le abraza el cuello con las piernas cubiertas de seda y según el caso lo atrae o aparta de su intimidad. Él se esmera en la faena.

He ahí una escena para no olvidar, una despampanante dominadora en leotardos dejando que un macho le dé gusto donde más la complace. Por donde más pecado había, que dijo el poeta.

Por fin el hombre siente calambres en la lengua y de buena gana se tomara un respiro, a fin de cuentas también él es un ser humano como los demás y sujeto a las debilidades de la carne; pero no hay problema, ella ha llegado al orgasmo y se relaja como resultado de aquel trabajo bien hecho. La luz se refleja en la humedad que le recubre las perfectas e íntimas partes y en el rostro le brilla una sonrisa de triunfo. Entonces le ordena volverse de espaldas y postrarse en el suelo a la manera de los que rezan mirando el oriente, al mismo tiempo que echa mano de una pala de madera como aquellas con las cuales antiguamente las amas de casa golpeaban la ropa de la colada arrodilladas a orillas de un río de mansa corriente.

Empieza a golpearlo sin prisas, pero también sin pausas, como en el mensaje de Navidad decía siempre nuestro Caudillo, que Dios haya, primero en el cuello y espaldas, luego en el trasero. Está disfrutando una barbaridad. Tras el orgasmo, esto es como el postre o la cereza guinda que corona el pastel.

Tras calentarle el culo de mala manera, la señora Emilia se tiende en el suelo de espaldas y hunde de nuevo entre sus piernas la sufrida cara de él, para que de nuevo la bese y la lama, la adore y la quiera, y con sus caricias la transporte por fin al séptimo cielo del paraíso o donde quiera que sea que uno vaya a parar en tal situación.

Ahora es el turno de él. La señora Emilia lo tiende en el suelo igualmente de espaldas y le planta en plena cara las deliciosas posaderas ya algo tomadas de la antiestética celulitis. Por breves momentos él se queda sin aire, no se sabe bien si porque las nalgas de ella le impidan la respiración o porque la emoción indescriptible que siente lo deje sin aliento. Con las manos atadas a la espalda a él no le queda otra cosa que hacer que observar lo que pasa y sentir las consecuencias. Ella empieza por darle esperanzas de que esta vez le habrá tocado la lotería, o lo que sea, y cuando lo ha puesto a cien lo defrauda y lo deja quedar como la zorra y las uvas verdes del cuento. Agita sus nalgas a pocos centímetros de su boca abierta y para hacer mayor aún su frustración casi le roza los labios con los suyos mayores. Él puede olerla, como un perro en el parque huele a una perra o un chimpancé macho a una hembra en el zoológico, y para llevar al extremo la cosa y añadir el insulto a la injuria, como si dijéramos, ella se abre con los dedos el que algunos escritores de siglos pasados llamaron templo del amor, para que a él no le quepan dudas acerca de lo que ve y tiene ante las narices.

Al fin ella se cansa de hacerlo rabiar y de las burlas pasando a las veras se le sienta del todo en la cara y empieza a sofocarlo con el peso mayor de que es capaz. No se cansa de hacerlo y para introducir en la cosa un poco de variedad y añadir a la escena algo más de diversión le ordena enfundarse las piernas en otros leotardos a juego con los suyos propios sin sacar la cabeza de donde la tiene, lo que él trata de hacer con las mil dificultades que el lector bien se imaginará dada la situación.

Lo agarra luego del miembro erecto, que pese a todo y bajo el nailon no se ha desinflado, y se lo acaricia y golpea al mismo tiempo sin olvidar por ello los sufridos colgantes que le hacen de complemento. Tras hacerlo sufrir de este modo un buen rato, le ata la base del paquete con una cinta elástica para que resalte como resaltaría un repollo entre las berzas que lo rodean y una vez reducido de este modo a la impotencia se ríe y se burla del espectáculo al mismo tiempo que lo masajea y golpea sin darse reposo ni a sí misma ni a su esclavo y víctima.

De nuevo en el sofá, ahora atormenta al infeliz apresándole el miembro entre las plantas de los pies. Ella es una experta en masturbar a los hombres de esta manera, sin usar las manos, como hacen algunos de esos cuitados que nacidos sin algunos miembros debido a la droga que sus madres encinta tomaron para aliviar la incomodidad del embarazo, son capaces de escribir, pintar, tocar la flauta y hacer otras virguerías con los que le quedan.

El hombre está tendido en el suelo y viste unos leotardos parecidos a los de la señora. La señora Emilia se le sienta en el pecho de cara a los pies y con los suyos le golpea las bolas y todo el paquete al ritmo que marca la música rock que escucha a través de los auriculares de un iPod de la última generación. De vez en cuando ella se vuelve de cara al rostro de él y le planta los pies en la cara para que él los bese y los lama e introduzca en su boca el dedo gordo de uno de ellos o de los dos a la vez. Luego se levanta y se sienta de nuevo en el sofá para ponerse unas botas de caña larga hasta los muslos y tacones altos de 20 cm; una vez que lo ha hecho y se ha alzado para ver en el espejo de cuerpo entero que forma parte del atrezo como le queda su nuevo atuendo, vuelve al asiento y empieza a torturar los pezones del hombre con aquellos imposibles tacones de aguja. Disfruta un montón viéndolo retorcerse de dolor verdadero o fingido bajo la operación. Luego le ordena ponerse a cuatro patas, le pone en la boca una mordaza de bola, otro par de leotardos como riendas y cogiendo un látigo de color rojo para dar más color al ambiente, lo cabalga y obliga a dar unos cuantos pasos por el escenario. ¡Lástima que no se pueda hacer esto en la calle a la vista de los transeúntes! Pero con el tiempo, todo se andará, no cabe duda. Ella lo monta, le azota los flancos con la fusta, lo espolea con sus espuelas de rueda y a mitad del tercer giro se quita el sujetador y se deja libres los senos o glándulas mamarias como dirían los más entendidos, para que él los vea y se chinche sin poder tocarlos, y lo hace dar vueltas y más vueltas hasta cansarlo.

Ha llegado el final. Ella le ordena tenderse de nuevo en el suelo ante el sofá, se quita las botas y se las planta en la cara para hacerle sentir el olor a cuero y sudor que en ese momento las impregna. Por si no bastase para conseguir el efecto que busca, toma una vez más entre sus pies el miembro que a través de tanto abuso y maltrato no ha perdido ni un ápice de su intumescencia o hinchazón, y se lo frota arriba y abajo con toda la destreza de que es capaz. Ha sido demasiado para las fuerzas de él que al final se abandona y dejándose ir lanza hacia el cielo o las nubes, como se quiera, un chorro de un líquido blanquecino que tras describir un arco perfecto que algunos llaman parábola vuelve sobre sí mismo y le cae en la boca abierta a la espera. Ella contribuye a la original apoteosis exprimiendo las últimas gotas de aquel desusado cañón no sin advertir a su dueño de que ha hecho mal no pidiendo antes permiso para explosionar o también eyacular. Y ahí terminó todo lo que se daba.

Durante la media hora o así que duró el espectáculo, miré con disimulo los rostros de quienes me rodeaban. De nuevo no reconocí a nadie, nada me llamó la atención. Parecían gente normal, la de todos los días. Sólo alguno que otro dejaba escapar de vez en cuando alguna exclamación o suspiro de alivio o de éxtasis y hubo incluso quien en cierto momento se movió inquieto en el asiento como si sentado sobre las brasas de alguna hoguera y sintiéndose incómodo quisiera aliviar su situación.

Ya había visto bastante y con un encogimiento de hombros me levanté dispuesta a irme.

Una voz de mujer comentó detrás de mí:

—Mala suerte, señora Amanda, pero es imposible pasarlo siempre bien.

# Capítulo 30

## Madame Celia

Me volví y me encontré cara a cara con la señora Celia.

—Buenas noches —le dije.

—No esperaba verle por aquí —respondió ella.

Sonreí cortésmente.

—¿Cómo dio con este lugar? —quiso saber la señora Celia.

—Ésta es la segunda vez que me formulan tal pregunta en la última hora.

—Creo que necesito hablar con usted, señora Amanda.

—¿Dónde? ¿Cuándo?

—Como usted indudablemente sabe, mi club Paddles-3 se encuentra abajo, en el edificio contiguo. Dispongo de un despacho en el que podremos charlar sin que nadie nos moleste.

Yo hice una leve reverencia.

—Estoy a su disposición.

Bajé con ella las escaleras y pasamos luego al corredor del local. Me cogió del brazo cuando cruzábamos el club nocturno. Después de dejar atrás una pequeña estancia, un recibidor, entramos en su despacho.

Sin duda lo había decorado una mujer. Varios cómodos sillones tapizados en cuero rojo, muy lujosos, saltaban a la vista e invitaban al visitante a probarlos. La iluminación era indirecta y muy agradable. Parecía que hubiésemos entrado en un útero materno, si se me permite la expresión quizá demasiado refinada.

La señora Celia me invitó a ponerme cómoda y en lugar de sentarse detrás de la mesa y establecer así cierta distancia entre nosotras, se sentó ella misma en otro de los sillones. Tras ajustarse con cuidado la falda, se cruzó de piernas. Las tenía bien formadas y calzaba con gusto.

A continuación abrió el bolso, que había dejado sobre la mesa antes de subir a verme, y sacó de él una pitillera de plata y un encendedor del mismo metal. Cuando hubo prendido fuego a su cigarrillo, una marca de elevado precio, le dio una larga chupada y se quedó inmóvil, mientras me observaba con detenimiento por entre las azules espirales de humo.

Con toda naturalidad, me llevé a los labios uno de mis propios cigarrillos, lo encendí y adopté idéntica actitud que la suya.

—¿Y bien? —me preguntó finalmente.

Me encogí de hombros, sonriente, sin pronunciar una sola palabra.

—¿Qué deseaba usted? —inquirió ella.

—El lunes pasado se ha encontrado no lejos de esta ciudad el cadáver de una joven mujer que al parecer ha trabajado en alguno de los clubes Paddles. ¿Qué puede decirme usted al respecto?

Ella me sostuvo la mirada, desafiante.

—No tengo nada que formular —replicó al tiempo que se incorporaba y se alisaba la falda de nuevo.

—Muy bien. Buenas noches.

—Quiere usted hacerse la dura conmigo ¿verdad?

—Podría darse.

—¿Por qué ha de ser tan difícil?

—Estoy investigando un crimen.

—¡Bah! —Exclamó la señora Celia—. ¿Quién era el muerto? ¡Un pobre diablo, sin duda!

—Era una mujer. Murió asesinada, no obstante.

—Esa persona está bien donde se encuentra ahora. No sea tonta: de seguro no era una persona respetable.

—Alguien la mató.

—Alguna razón habría.

—Es algo que todavía tenemos que ver.

—Muy bien. ¿Qué quiere usted? ¿Cuál es su precio? ¿Qué es lo que pretende?

—Yo no tengo precio.

—Usted parece interesarse mucho por mi vida y asuntos.

—Me siento muy interesada por lo que tenga que decirme a respecto del crimen.

—¿Por qué cree que yo tenga algo qué ver?

La miré a los ojos.

—Usted dirige varios locales en los que no siempre se respetan las reglas acerca de hasta donde se puede llegar.

—¿Quién dice que no se respetan?

—Creo que lo diría el fiscal si tomara cartas en el asunto.

—Las apariencias engañan y no todo es lo que parece; no se deje engañar. Aunque lo que acaba de ver pudiera parecer a algunos algo extremista y pasado de rosca, sin embargo no lo es. Lo hacemos aparte, como si dijéramos al margen de lo que se ofrece en las otras salas, para no escandalizar a los más susceptibles. Proponga algún precio.

—No se me ocurre ninguno.

—Muy bien. Lo diré de otro modo: ¿qué tendría que hacer yo para que usted desistiera de seguir el camino que sigue?

—No lo sé, tampoco se me ha ocurrido.

—No sea ingenua, señora Amanda. Todo el mundo tiene un precio, sólo cambia la cuantía. Usted es policía criminalista y cobra un salario. No le vendría mal un complemento. Usted vende su esfuerzo y sus capacidades. ¿No es eso venderse?

—¿Y usted? ¿No se vende? —le pregunté.

—También yo me vendo, es verdad. Todos nos vendemos. Unos por más, otros por menos.

—No creo que sea una filosofía muy consoladora.

—Es una filosofía muy práctica. Todo el mundo lo hace. Algunas mujeres se venden por dinero; otras quieren seguridad. Y recurren al matrimonio. Toda mujer en posesión de un espejo se pregunta continuamente cuál será su valor de mercado.

No nos andemos con más rodeos, señora Amanda. Usted es una persona práctica. Yo soy una persona práctica. Estoy dispuesta a respetar, a tener en cuenta su integridad personal y profesional. Usted hace su trabajo. Personalmente, no sé por qué razón ha de mostrarse tan rígida y tomar tan en serio lo que hace. Por mucho que usted haga y lo que hagan los demás de su misma profesión, nada cambiará. En el mundo en que vivimos, las cosas son como son.

—Me han encargado que investigue un crimen. Quiero llegar hasta el fin.

—Está bien. No vuelva a repetírmelo. Sé muy bien que le gusta hacer bien su trabajo. No ha dejado de proclamarlo: «¡Es mi deber! ¡Es mi deber! ¡Es mi deber!».

¡Santo Dios! ¡Ya lo sé! Perfectamente. ¿Qué desea usted concretamente?

—Que se haga justicia.

—¿Qué entiende usted por eso?

—El descubrimiento de lo que pasó y por qué pasó.

—Eso es pedir demasiado.

—¿Y usted qué sugiere que haga?

—Supongamos que usted da el caso por sobreseído.

—¿Cómo justificaría mi decisión ante mis superiores?

—No lo sé. No soy yo quien ha de decirlo.

—Pues si usted no lo es, no sé quién podría serlo.

—¿Qué está usted pensando?

—El descubrimiento del asesino pondría fin al asunto de una vez por todas.

—No se haga ilusiones, no lo conseguirá.

—¿Quién va a impedírmelo?

—Yo, para empezar.

—Puede que se equivoque.

—No, no me equivoco.

—Usted jura que no tiene nada que ver en todo el asunto.

—Efectivamente, yo estoy al margen; el asunto no me concierne. Y vuelvo al principio: —¿Qué se proponía al merodear por aquí?

—Quería hablar con la señorita Petunia. Oí decir que frecuentaba estos lugares.

—La señorita Petunia no tiene nada que decir.

—No es lo que yo entendí.

—Pregúntele de nuevo.

—Descuide, lo haré.

—Bien. ¿Qué es lo que ella le dijo?

—Que no sabe nada de todo el asunto.

—Lo pasaría mal si atestiguara algo que no es verdad.

—Será verdad lo que diga.

—¿Tendré que volver a decirle, señora Amanda, que ella no pinta nada en este asunto?

—Bien —le contesté, y me puse en pie—. ¿A dónde nos lleva esta cuestión?

—Siéntese. No tenga tanta prisa. Nos lleva aquí. ¿Por qué volvió a la casa de espectáculos?

—Porque me sentí interesada...

—¿Por qué?

—Por ver cómo funciona todo.

—¿Ha sentido la tentación de chantajearme?

—No. Simple curiosidad.

—¿Puedo preguntarle qué es lo que excitó su curiosidad?

Le respondí:

—Tardamos veintidós minutos en ir de la puerta principal de Paddles-3 hasta allí. Y seis minutos y medio para regresar.

—¿Y qué?

—Me sentí intrigada. Al ir tanto como al volver, la velocidad fue aproximadamente la misma. A la entrada de aquel local olía a cebolla frita y a mi regreso aquí me acerqué a la cocina para ver si mis sospechas eran ciertas. Las sentí confirmadas cuando volví a percibir idéntico olor.

—Lo comprobaré en persona —repuso ella, frunciendo el ceño.

—Y luego, por supuesto, me fijé en la discrepancia entre los dos tiempos citados.

—Si usted se hubiera comportado normalmente, no se habría producido tal discrepancia.

—¿Qué quiere decir con eso de que si me hubiese comportado normalmente?

—Si usted hubiese sido biológicamente normal, no se habría dedicado a interrogar a la chica.

—Ya. Prefiero creer que no la he entendido. Por otro lado debe de haber un sistema de señales entre las muchachas y el chófer...

—No las hay de ninguna clase. Existe en el coche, eso sí, un micrófono que permite al chófer estar al corriente de lo que ocurre a su espalda. Se trata de un hombre discreto y se espera de él que lo sea en cualquier momento.

—Las posibilidades... He ahí lo más interesante.

—Ni siquiera conoce usted la mitad de las que pueden ofrecerse.

—Me hago cargo. Cuando el espectador despistado no parece interesado en lo que se le ofrece, el viaje de regreso es corto. En ese caso, la muchacha recibe una prima por haberlo llevado allí. Si, por otro lado, el tal se ha excitado con lo que ha visto y se muestra generoso, el viaje se alarga hasta que la chica se las arregla para lograr que la generosidad de él encuentre un medio tangible de expresión.

—Ha expresado eso con mucha delicadeza, señora Amanda.

—Y con bastante precisión, espero.

—Si quiere averiguar algo en ese terreno, tendrá que ampliar su campo de observación. No discuto estos asuntos con los chóferes y, créalo o no, señora Amanda, nada tengo que ver con los locales adjuntos a los míos. Villa Celia es un negocio completamente aparte. El único punto de conexión radica en la oportunidad que se facilita a las chicas de obtener un poco de dinero adicional sin dejar de ser respetables.

Yo repuse secamente:

—Me figuro que ellas insisten en lo tocante a la respetabilidad.

—Puede que le sorprenda, pero la verdad es que sí, con referencia a algunas.

Yo dije ahora:

—Bueno. Me voy.

—No ha contestado a mi pregunta —señaló la señora Celia.

—¿Qué pregunta?

—Qué la ha traído a mis locales.

—El lunes pasado se ha encontrado en la comarca el cadáver de una joven mujer que bien pudiera tener con usted algún tipo de relación. ¿Qué me dice al respecto?

Ella me miró directamente a los ojos y respondió desafiante.

—No tengo nada que decir —replicó mientras se alzaba del asiento y se alisaba la falda otra vez.

—Muy bien. Buenas noches.

—Buenas noches.

La mujer se me acercó para ofrecerme la mano. Por un momento, me miró a los ojos. Me pareció ver en ella curiosidad e incluso admiración. Y no pareció asustada.

—Vuelva por aquí —dijo la señora Celia—. Cuando guste.

# Capítulo 31

## No me doy por vencida

Recordé una película americana de los años 70. *Never give an inch, sometimes a great notion*, estrenada en España con el título de Casta invencible. La protagonizaban Paul Newman y Henry Fonda.

*Never give an inch was the motto of the Stamper of Oregon... and live it they did,* no cedas nunca, era el lema de los Stamper de Oregón; y fueron fieles a él; nunca lo hicieron, decía la publicidad. El asunto era el siguiente: una familia de leñadores liderada por Henry Fonda se esfuerza en cumplir un contrato de suministro de árboles talados a las aserradoras cuando el naciente sindicato del ramo considera más conveniente la huelga local. Familia y sindicato se enfrentan a muerte. Después de perder en la lucha a la mitad de sus miembros, la familia se sale con la suya.

Henry Fonda no atiende a razones. Si los demás leñadores hallan abusivos los contratos, allá ellos. Él ha conseguido uno, se siente capaz de cumplirlo y lleno de euforia ante su propia energía no quiere ni oír hablar de sindicatos ni de uniones para el bien común. Es fuerte, los demás son débiles. Como el fariseo de la historia, da gracias a Dios: Gracias te doy, Señor, porque no soy como ese publicano, etc. etc.

Los principios del capitalismo bien representados: cada uno por sí y Dios contra todos, como decía el título de otra película, una de Fassbinder, director alemán. Yo incluso admiraría esa actitud si no fuera un detalle: que la soberbia depende de la buena salud. Mientras un hombre rebosa energía, sus cuatro hijos son jóvenes y capaces de comerse el mundo y dos nueras hermosas y tranquilas mantienen encendida la llama del hogar, ¿quién se le opondrá o a quién habrá de temer? Pero la salud es cosa incierta. Nuestro Henry Fonda pierde primero un brazo y muere poco después. Un hijo se le ahoga en el río, una de las nueras se va de casa, los otros leñadores les queman la camioneta nuevecita. El júbilo ante la propia potencia se convierte en maligna depresión y finalmente en catástrofe.

Pues bien, yo me sentía entonces como aquella familia, llena de energía y decidida a ir hasta el final, sin dejar que nadie me apartase de mi propósito.

En vista de que aquella mujer no parecía muy dispuesta a hacerme confidencias, decidí seguir jugando la carta de Petunia, así que tan pronto como dejé a su empleadora busqué a Miguela, que se había mezclado con la concurrencia para ver qué podía sacar en limpio por su parte, y le propuse que siguiese a Petunia cuando librase aquella noche y que averiguase su domicilio.

Ten cuidado de que nadie te vea, le advertí. No me fío nada de la dueña de este local y no me extrañaría que hubiese dado órdenes de vigilar nuestros pasos.

Así me lo prometió y nos separamos.

A la mañana siguiente nuestro jefe convocó en su despacho a todos los interesados en la investigación y quiso saber si adelantaban o no las pesquisas. Le expliqué con detalle lo que Miguela y yo habíamos hecho hasta el momento, omitiendo como es lógico todo aquello que probablemente, dado el puesto que él ocupaba, le hubiese escandalizado por demasiado atrevido y fuera de las normas, y le expuse a continuación mis proyectos.

-Me parece que valdría la pena centrarnos en la dueña de los locales llamados Paddles; hay en todo ello y particularmente en su actitud, algo que me parece sospechoso y no acaba de convencerme. Propongo seguir por ahí nuestras pesquisas, -le dije.

Él estuvo conforme y nos dio carta blanca, advirtiéndonos sin embargo de que cuanto antes descubriésemos al culpable o culpables del crimen, tanto mejor; porque a su vez sus propios jefes lo estaban presionando para que ofreciese a la opinión pública algún resultado que además de tranquilizar los ánimos de la población acallase los rumores que habían empezado a propagarse y según los cuales nos hallábamos tal vez ante un asesino en serie que, si no le parábamos los pies lo más pronto posible, se crecería y no pararía de aumentar el número de sus víctimas hasta que alguien más listo que él le echase el guante y lo pusiese a la sombra, como vulgarmente se dice; o, quién sabe, quizá se tratase de alguna nueva modalidad de terrorismo sofisticado y más refinado que los anteriores, uno que en vez de echar mano de bombas y explosivos Goma 3 y demoler edificios, como se había hecho hasta el momento hasta en los más apartados puntos del globo (terrestre), prefiriese sembrar en la gente alguna psicosis de muerte macabra gratuita y sin explicación.

Ya se sabe; con el miedo a lo desconocido se controla a los ciudadanos mejor que con cualquier batallón o cuerpo de policía, y por otro lado, la ausencia de emociones fuertes de la vida ordinaria en el mundo en que vivimos hace que el que más o el que menos esté deseando alguna sacudida que le produzca escalofríos y lo saque del muermo. Para muestra, lo que le habíamos contado, y como la gente buscaba en el sexo violento el desahogo que tanto necesitaba.

Se dio por satisfecho con nuestras explicaciones y sin más trámite nos dio licencia para irnos y atender a nuestros respectivos quehaceres. Así lo hicimos y yo llamé a Miguela al despacho que compartíamos, para preguntarle por los resultados de la noche anterior cuando había seguido a Petunia a la salida de su trabajo.

Todo fue bien, me respondió, hasta un momento en que sin darme cuenta ella me dio plantón; sencillamente, la perdí de vista, se me escabulló. No me parece probable que supiera que la estaba siguiendo, pero todo es posible. La gente con la que tratamos es muy astuta y desconfiada. De modo que me di por vencida y regresé a mi apartamento.

Tras reprocharle como era mi deber su descuido o falta de profesionalidad, le ordené que repitiera el acoso y no se desanimara ante el primer fracaso, pues, como bien dicen los que de ello entienden y la experiencia ha curtido, 'lo que importa no es perder una batalla, sino ganar la guerra'.

Mansamente ella estuvo de acuerdo conmigo y prometió mostrarse más avisada a la próxima ocasión.

Puesto que por el momento no había otra cosa que hacer, la despaché sin más comentarios y sacando del cajón del escritorio alguna literatura que estaba reuniendo acerca del mundo en que sin proponérnoslo habíamos penetrado, me dispuse a leerla en paz y gracia de Dios.

Me arrellané pues en la poltrona ergonómica acomodada a mis formas que mis considerados jefes me habían proporcionado para aliviar el estrés de la tarea que me habían encomendado, y tras ponerme cómoda y colgar en el exterior de la puerta el cartel de que no quería ser molestada sin causa más que suficiente, so pena de la bronca y enfado correspondientes a quien fuera el osado que a ello se atreviese, me dispuse a leer un relato sadomasoquista titulado **Devoto del dolor, la humillación y el trato degradante**. Helo aquí.

# Capítulo 32

## Adicto al sufrimiento

Me hallo solo otra vez; he llegado a la conclusión de que quiero dedicar el resto de mi vida a servir a una mujer dominante. Habiéndome divorciado recientemente de una con la que estaba muy contento, he tomado la decisión de no repetir la experiencia. Sueño con la esclavitud. Mi ex me había dejado fantasear con la dominación femenina. Era el momento de hacerla realidad.

Al principio de nuestra relación, mi ex y yo habíamos hablado acerca de mis fantasías de dominación y travestimiento. Tengo que reconocer que a ella no le importaba verme por casa vestido de mujer y maquillado. Un día de Todos los Santos incluso me encargué yo de sacar a los niños e ir con ellos de casa en casa. Me había vestido de bruja para hacer creer que era solo un disfraz y oí algunos comentarios de los vecinos. Incluso fui a una tienda del ramo y pedí al dependiente un par de tetas falsas, que él me entregó con una sonrisa cómplice. A veces poníamos en práctica mis fantasías de que me dominara una mujer y dejaba que ella me azotara, me aplicara los electrodos que se aplica a las reses, me quemara con cera fundida, me penetrara con un consolador e incluso me hiciera comer hígado crudo, todo ello con los ojos tapados con un antifaz. A veces el dolor me hacía gritar, pero ella nunca me puso a prueba, ya que pese a mis deseos, tenía reparos en hacer daño de verdad a alguien al que a final de cuentas quería. Como todas las parejas, a veces nos peleábamos, pero también pensábamos que vivir siempre en paz es un poco aburrido. Un día ella me anunció que pensaba dejarme. No había nada que añadir. Yo había sido su único marido hasta entonces y ella sentía que se estaba perdiendo algo y que si ahora no lo buscaba, ya nunca lo haría.

Tenía razón, me dije, también yo necesitaba cambiar. Esta vez iba a encontrar, al menos creía que la encontraría, una mujer que estuviese dispuesta a tomar en sus manos mi vida las 24 horas de cada día los 7 días de la semana durante todo el año y para siempre. Ya que no soy precisamente rico, no había ni que pensar en llevar a cabo mis fantasías con una profesional del oficio. Dudo de que pudiera permitirme el lujo incluso de una sola visita, mucho menos el de una relación frecuente y continuada.

Se sabía que en la cercana gran ciudad había clubes que atendían a las necesidades de quienes como yo deseaban conocer más a fondo otros modos de vida que no el corriente. Pensando que esto sería más práctico que buscar a través de Internet lo que quería, decidí visitar alguno el sábado siguiente. No tenía ni idea de lo que me iba a encontrar allí y pensaba que lo más probable era que ante todo los frecuentasen los gay y las lesbianas más que gente metida en la cultura del cuero, el BDSM y la dominación femenina. Lo que menos deseaba, incluso travestido, era que un hombre se me acercase. Nunca me había dado por ahí y la idea misma me repelía. Era más que consciente de que una vez metido en harina, como se dice, aquello no podría menos que ocurrir y no me quedaría otro remedio que aceptarlo, pero sabía también que en la vida de un esclavo lo que él prefiera o no prefiera, le guste o no le guste deja de tener importancia. Lo que yo quería era encontrar una mujer que me dominase.

No tenía en absoluto idea de cómo me iría aquella noche ni de lo que pasaría en aquel mi primer intento, de modo que rechacé la idea de presentarme allí en mi propio coche. En Internet di con un hotelito discreto para encuentros breves a un par de km del club. Reservé una habitación, tomé un autobús a la ciudad y un taxi hasta el hotel. Como es natural pensaba presentarme travestido en el lugar. Arriesgaba que se me echasen encima los hombres, pero de seguro alguno de ellos no dejaría de indicarme dónde encontrar lo que andaba buscando.

Llegué al motel el viernes a mediodía, pagué tres días de estancia y subí a mi habitación. Disponía de 8 horas para preparar mi primera incursión en el mundo de los travestidos. Mi primera aventura en un local orientado al sexo extraño y naturalmente la primera vez que dejaba ver a la gente mis tendencias masoquistas sumisas.

Saqué de la maleta tres frascos de crema depiladora y entré en la ducha. Iba a vestirme seriamente de mujer. Con mi aspecto actual ni por sueños nadie me tomaría por una de ellas. Tengo la voz ronca y masculina. Recordando a los hombres que en tiempos pasados había visto travestidos y sin afeitar no pude menos que reírme. Lo que hagas, hazlo bien, si has de hacerlo a la vista de todos, me dije. Tras cubrirme de pies a cabeza excepto la espalda con la crema depiladora salí de la ducha, me serví un trago y di unas vueltas por la habitación al mismo tiempo que miraba en la tele las últimas noticias. Al cabo de una media hora volví a lavarme y me quité de encima los restos de crema. Retoqué con una cuchilla de afeitar un par de puntos que lo necesitaban, me miré al espejo y satisfecho de lo que veía me maravillé de lo lisa y suave que parecía mi piel.

Ahora me tocaba vestirme. Primero los sujetadores. Puesto que mis pechos son planos como una tabla, me tocaba fingirlos, de modo que rellené el sujetador con los mismos trapos que había usado en casa con ese propósito. Luego le tocó el turno a las medias. Los leotardos no eran lo más adecuado cuando alguien estaba buscando que abusaran de él. Unas medias caladas altas hasta la entrepierna y sujetas con un liguero dejarían mis partes al alcance de todos si tenía suerte en mi primer intento. Como es natural quedaba también excluida cualquier tipo de ropa interior. A continuación elegí ponerme una falda azul de terciopelo que a duras penas me llegaba a las rodillas y abierta en los laterales para dejar a la vista los muslos. Para el tronco, una blusa rosa con volantes casi transparente. Las mangas lo bastante largas para llegarme casi a la muñeca y terminadas también en volantes. Al mirarme al espejo me felicité de haber escogido unos sujetadores de color carne casi invisibles a través de la blusa. Los de color negro y sexy que solía llevar en casa resultarían demasiado inapropiados para la ocasión.

A seguir vino lo más difícil, el maquillaje, uno que diera a un hombre el aspecto de una mujer y no de un payaso. Por fortuna, habiéndolo hecho ya varias veces, me sentía confiado, pero de seguro me tomaría un par de horas lograr lo que quería.

Lo más complicado para mí, sin embargo, era lo que me debía aplicar debajo. Hacer que el rostro de un hombre se parezca al natural y suave de una mujer no es cosa fácil. ¿Cómo se maquilla uno de modo que no parezca maquillado? Tras aplicarme la crema, quitármela y volverla a aplicar hasta tres veces seguidas conseguí un resultado que me pareció lo más a que podía aspirar. Me depilé las pestañas y por medio de un lápiz adecuado traté de darles apariencia femenina. Me dibujé luego el contorno de los ojos de un azul a juego con la falda y realcé las esquinas con un rosa parecido al de la blusa. Sin olvidar el toque final de los labios pintados con un carmín de lo más provocador y brillante.

No sabiendo aún cual sería mi aspecto final me puse una peluca castaña y algo rizada que me llegaba a los hombros. El maquillaje necesita por fuerza una buena peluca que lo complete. Me miré al espejo y me gustó lo que veía. Me cepillé el pelo durante algunos momentos y me dije que el dinero mejor empleado en mi atuendo femenino había sido el de aquella peluca de primera calidad. Puestos a presumir, me gustaba mi pelo.

Faltaban todavía dos horas hasta que el taxi pasase a recogerme y aún tenía que pintarme las uñas, ponerme los zapatos de tacón y echarme un poco de perfume. Escogí un esmalte un poco más rojo que el de los labios y me apliqué hasta tres capas, tuve que retocarlo en cuatro dedos porque por descuido me había pasado y teñido la piel; al fin me di por satisfecho y pasé a lo siguiente. En casa me había acostumbrado a caminar con tacones altos de modo que este vez solo tuve que dar un par de vueltas por la habitación con ellos puestos para sentirme cómodo. Unos toques de perfume detrás de las orejas, en el escote y en las muñecas y estaba listo para entrar en acción. Me serví una ración generosa de mi licor favorito y esperé por el taxi. Nunca había tomado drogas de cualquier tipo pero necesitaba un trago que me pusiese a tono y me animase a lanzarme a la aventura.

De pronto llamaron a la puerta y el corazón me dio un vuelco. Pero era solo alguien que me avisaba de que el taxi había llegado, de modo que me tranquilicé. Ya estaba oscuro, así que salir sin que nadie me viera no era un problema. Me asomé a la ventana y dije al taxista que bajaría en uno o dos minutos. Eché mano del bolso, comprobé que llevaba el lápiz de labios, el carnet de identidad y algún dinero y salí a la calle. Al entrar en el taxi el conductor me miró con sorpresa y me di cuenta de que antes había oído la voz de un hombre que le pedía esperar y ahora la que entraba en el vehículo era una mujer. Cuando de nuevo una voz masculina le dijo a donde debía ir, se rió con disimulo y arrancó.

Llegados al club me dijo que la carrera eran siete euros, pero que me saldría gratis si accedía a chupársela.

-Gracias por el ofrecimiento, le dije sonriendo amablemente, pero no me interesan los machos; y aunque no fuera ese el caso, de ninguna manera iba a estropearme el maquillaje haciendo lo que él me pedía

-¿Qué es lo que busca, entonces?, me preguntó.

-Acérquese aquí cuando deje el servicio y lo verá, le repliqué. Le alargué un billete de diez y bajé del coche.

Al entrar en el club, me sorprendió hallarlo lleno. Había allí más de doscientas personas. La música estaba a tope. Jamás se me hubiese ocurrido que tanta gente se sintiera atraída por la idea de probar nuevas formas de sexo. Y este era solo uno de los varios lugares que se anunciaban en la red de redes para los que buscasen nuevas emociones en la cama.

Vestirse de mujer tiene algunas ventajas inmediatas. No más verme entrar, un cliente sentado a la barra se bajó de inmediato de su taburete y me lo ofreció. No pareció sorprenderlo mi voz masculina. Estoy seguro de que la poca luz no le permitió darse cuenta de que yo era un hombre hasta que me escuchó. Como era de esperar el haberme ofrecido su sitio en la barra le hizo creerse con derecho a alguna recompensa de modo que alargó la mano y trató de metérmela en la entrepierna para ver qué pasaba.

-No, no, amigo, te equivocas, no me van los machos, le dije. Soy un marica al que le gusta que abusen de él y he venido a este lugar para ver si doy con una mujer que me ate corto.

Obviamente se sintió burlado y me dio un bofetón, luego gritó 'jodido marica' y se largó. Con solo cinco minutos en aquel lugar y ya tenía en la cara a la vista de todos un moretón. Me senté y pedí una bebida.

A medida que avanzaba la noche me sentía cada vez más frustrado. Al parecer todos mis esfuerzos habían sido en vano. Demasiado a menudo para mi gusto algún hombre se me acercaba por detrás y trataba de aprovecharse. Otros me preguntaban si yo tomaba, a lo que yo respondía que no, y hubo incluso algunos tan atrevidos que trataban de besarme sin siquiera pedir permiso. Docenas de veces tuve que poner las cosas en claro y decirles lo que andaba buscando. De seguro un gay lo hubiese tenido fácil en el lugar y pronto hubiera conseguido pareja. Parecía haber por lo menos diez gay por cada lesbiana. Quizá ellas preferían algún otro club. ¿Conseguiría yo en alguno de ellos lo que perseguía?, me preguntaba desalentado. Hasta el momento me había pasado un par de horas deshaciéndome de los moscones.

Finalmente se me acercó una mujer. Vestía de cuero de la cabeza a los pies, con guantes largos hasta el codo. Era de raza negra y de piel muy oscura, tenía el pelo rizado y muy corto, un collar claveteado le rodeaba el cuello y llevaba en las muñecas sendas pulseras también claveteadas. Sus botas eran altas y de color rojo brillante, lo mismo que los guantes. Un pequeño látigo atado a su cinturón le colgaba al costado. Su maquillaje era espeso y le daba el aspecto de toda una mujer de la calle.

En tono autoritario me dijo que no lejos de allí había alguien que podría interesarme. ¿Nadie te dijo que en la parte de atrás del local había una barra de bar en exclusiva para sumisos y dominantes?, me preguntó con aspereza. Sin aguardar a que yo le contestase me agarró de una mano y me arrastró tras de ella hacia una puerta al fondo del establecimiento. Lo que vi al otro lado me hizo lamentar las dos horas que había perdido esperando en vano. Aquí estaba la gente que yo andaba buscando.

Nos acercamos a la barra y ella se sentó en uno de los taburetes y me ordenó arrodillarme. La obedecí sin replicar y de inmediato fui uno más de los sumisos que llenaban la sala. No había manera de equivocarse acerca de quién era quién.

-Por de pronto ha quedado claro que eres capaz de recibir una orden y obedecerla sin rechistar, me dijo aquella mujer. Me llamo señora Malvada y con ese nombre habrás de dirigirte a mí de ahora en adelante siempre que yo te dé permiso para hablar. Puesto que es la primera vez que nos encontramos, procuraré no ser demasiado dura contigo al principio. Habla claro y dime por qué yo habría de gastar mi precioso tiempo con un marica patético como tú -me gritó sin andarse con ceremonias.

-Gracias, señora Malvada, por conceder a este esclavo en potencia el honor de rogaros le dejéis serviros. Por la mayor parte de mi vida adulta he sido un travestido que no me atrevía a salir del armario, he soñado constantemente con ser el esclavo de una bella y dominante mujer como usted y esta es la primera vez que me dejo ver en público. En mis fantasías más atrevidas, sueño que se me castiga continuamente sin poder huir, sin palabras de seguridad, nada de juegos, solo realidad. También deseo que se me humille y degrade, pero no hasta el extremo de ver los límites de mi aguante puestos a prueba constantemente. No tengo demasiada experiencia, porque la mujer con la que he vivido me permitía travestirme y me pegaba, sin llegar nunca sin embargo a comprender mi tolerancia de tales malos tratos. He acudido a este lugar en busca de una dominadora como usted, aunque los medios de que dispongo no me permiten pagar una tarifa. Nunca he estado con un hombre y la sola idea de hacerlo me llena de repugnancia. Ni que decir tiene que de aquí en adelante y si esto prospera no me corresponderá a mí decidirlo. Solo en una cosa me dejaría matar antes que hacerlo, a saber, nada que tenga que ver con los niños. En resumen he acudido a este lugar con el vivo deseo de hallar a una mujer a la que servir con devoción y que lo más pronto posible me haga desear no haberla conocido nunca. Gracias, señora Malvada.

-Muy interesante, esclavo, pero has de darte cuenta de que son muchos ahí fuera los que dicen querer lo que quieres tú, pero que al llegar a la hora de la verdad se echan atrás acobardados, me dijo con aspereza aquella Ama. Y sin decir nada más alargó la mano, me la metió bajo la falda y me agarró con firmeza las bolas y me las estrujó sin miramientos. Se me escapó un leve quejido pero no perdí la compostura. Entonces ella se sacó de los labios el cigarrillo que estaba fumando y plantó su extremo encendido en la cabeza de mi miembro. No lo esperaba y di un salto de sorpresa. Ahogué un grito en la garganta pero pronto me recobré. Gracias, señora Malvada, le dije, pero me equivoqué y ella me abofeteó.

-Tú, miserable mariquita de mierda, ¿quién te ha dado permiso para abrir la boca?, me preguntó. Temeroso de decir nada, bajé la cabeza. Y de nuevo me abofeteó por no haberle respondido a la pregunta. Es evidente, añadió, que necesitas bastante adiestramiento. En contra de lo que pudiera parecer mi mejor idea, te voy a llevar conmigo a mi casa para ver cómo te comportas allí una vez te someta a dos horas de mi disciplina. Si pasas la prueba de iniciación y muestras el debido respeto y la capacidad para obedecer de inmediato mis órdenes y llevar a cabo lo que yo te diga, te enviaré de vuelta a tu casa para que allí reflexiones con calma acerca de si la vida que te ofrezco es la que estás dispuesto a llevar por todo el tiempo que te quede de vida. Mañana a las 9 de la mañana pasará mi chófer a recogerte; llevará consigo un contrato que has de firmar sin remedio antes de seguir adelante. Si lo firmas, tu vida como hombre libre y mariquita se habrá terminado para siempre. Con ese contrato te pondrás totalmente en mis manos. Si esto es lo que deseas, está preparado para cuando él llegue. Pero antes vayamos a mi casa y veamos cómo te comportas bajo las pruebas a que voy a someterte.

Llegados aquí la señora Malvada me cubrió la cabeza con una capucha y cogiéndome de la mano me llevó hasta su coche. Una vez en lo que creí su domicilio aparcó en el garaje y me condujo al interior de la vivienda. Desnúdate, YA, gritó la señora, y yo la obedecí sin perder un instante. Entonces me quitó la capucha, me vendó los ojos y de nuevo me puso la capucha, para que no viera lo que iba a pasar. Permanecerás así a lo largo de todo el periodo de prueba, porque no quiero que te hagas ni la menor idea de lo que te espera. Y diciendo esto me agarro del miembro y me condujo bajando unas escaleras al que supuse un sótano o tal vez una mazmorra. Ya allí me puso en los tobillos unas esposas sujetas al suelo con unas cadenas y me obligó a abrirme de pies un metro o más. A continuación me puso también esposas en las muñecas y las ató a un sistema de poleas suspendidas del techo o algo parecido porque me vi obligado a levantar los brazos y abrirlos también, como las piernas. No puedo decir con exactitud donde me encontraba, pero tuve la impresión de que faltaban las paredes, tanto delante como detrás de mí.

-Ha llegado la hora de poner a prueba tu aguante, pijo marica. ¿Hay algún nombre de mujer que te guste más que los otros?, me preguntó.

-Sí, señora Malvada, me gustaría que me llamaran Maruja, le dije.

-Bien, marica Maruja, esto bastará por el momento, pero te daré otro nombre, el que a mí me parezca, si vuelves por aquí.

-Gracias, señora Malvada, le respondí, hablando de nuevo cuando no me correspondía.

Recibí el primer golpe de la velada. Tú, patético esclavo, has vuelto a hablar sin autorización. Esta es una prueba. Me tienes que demostrar que eres capaz de obedecer las órdenes más sencillas, antes de que te permita entrar en mis dominios para siempre.

Y hasta ahora has hablado tres veces sin mi permiso o no has respondido a una pregunta directa. Por ello en lugar de darte diez golpes con mi caña de bambú, como había pensado primeramente, te golpearé veinte, diez en cada nalga, para enseñarte a obedecer como es debido. Los contarás en voz alta a medida que los recibas; si te equivocas, empezaremos todo de nuevo.

La señora Malvada pasó primero sus manos por mis nalgas como acariciándolas para que los nervios se despertasen y así reaccionasen mejor a la mordedura que la caña iba a producirme.

-Dos, señora Malvada, dije, cuando la caña me golpeó.

-Respuesta equivocada, marica Maruja, dijo la señora Malvada dando la vuelta para mirarme de frente. No recuerdo haberte dicho que el golpe de prueba que te he dado antes de explicarte las reglas del juego entrase en la cuenta. Y deberás darme las gracias por cada golpe que recibas. ¿Está claro? Vale, empezamos de nuevo.

Me limité a decir que sí con la cabeza, temeroso de hablar de nuevo sin su permiso.

-Bien, me gusta ver que eres capaz de aprender a mostrarme el debido respeto y a obedecer, dijo entonces la señora Malvada.

-Uno, señora Malvada, gracias.

-Dos, señora Malvada, gracias.

-Tres, señora Malvada, gracias, y así sucesivamente por un total de diez golpes en cada nalga sin perder la cuenta. Al final yo gritaba, pero el dolor no tardó en desaparecer tras el último golpe. Naturalmente, la señora

Malvada me obligo a besar la caña y agradecer el castigo antes de ponerla a un lado.

-No está mal para un mariquita, marica Maruja. Has aguantado la vara mucho mejor de lo que esperaba y que otros que lo han experimentado. Pero esa era la más suave de las tres pruebas que te tengo preparadas. Se te ven en las nalgas las marcas rojas de los golpes y durante un par de días te costará trabajo sentarte cómodamente. Has de saber que tu dominadora te causará dolor preferentemente en el miembro y las bolas. Veamos hasta qué punto eres capaz de soportar el castigo en tus partes más sensibles.

Me di cuenta de que la señora me ataba algo a las bolas, pero no conseguí saber de qué se trataba, a ciegas como me encontraba. Me las apretaba y era incómodo, pero no doloroso.

-Te explicaré lo que está sucediendo, mariquita Maruja. Te he rodeado la base de las bolas con una fuerte correa que tiene un gancho en la parte inferior. Me propongo averiguar cuánto peso eres capaz de aguantar antes de perder el conocimiento con el dolor. Te desmayarás, tenlo por seguro, pero será una buena prueba de hasta dónde llega tu aguante.

Cómo yo no dijera nada, la señora Malvada me golpeó las bolas y me informó de que esperaba que yo le respondiera cuando ella me avisara de que me iba a aplicar un nuevo tormento, para confirmar que lo deseaba y me sentía orgulloso del honor que se me hacía al atormentarme. No pudo ver las lágrimas que me llenaban los ojos cuando asentí con la cabeza.

Tras haberme golpeado como ya he dicho, comenzó la verdadera prueba con mis bolas ya lastimadas. La señora Malvada me dijo que empezaría por colgarme de ellas una pesa de 2 kilos, a los que añadiría 1 kilo más a medida que fuera necesario. El primer peso me hizo tragar saliva, pero no demasiado. Los siguientes 2 kilos ya me hicieron quejarme en voz alta, y ya no digamos los 2 que vinieron a continuación, que me hicieron dar un grito, hasta que el grito se hizo continuo cuando el peso llegó a los 10 kilos. Semejante peso tirando de mis bolas y escroto me hicieron poner casi el grito en el cielo. Para añadir el insulto a la injuria, como si dijéramos, la señora Malvada los hizo oscilar como el badajo de una campana.

-Antes de seguir añadiendo pesas, me dijo, te voy a amordazar. He dejado las ventanas del piso abiertas y no quiero que los vecinos se enteren de lo que aquí está pasando.

Cogió en un rincón un puñado de trapos que se metió entre las piernas y mojó con su orina antes de ordenarme que abriera la boca y tapármela con ellos. Me prometió que lo haría a diario si llegábamos a un trato.

-Tienes suerte, esclavo, se me hace tarde y quiero acabar cuanto antes. Te colgaré 5 kilos más de una sola vez, para que al fin te desmayes y terminar con la prueba.

Ahora sí que grité de veras a medida que el peso aumentaba y mis bolas y escroto casi tocaban el suelo. No pude más y me desmayé. La señora Malvada me hizo oler un frasco de sales y cuando recobré la conciencia me felicitó por haber sido capaz de aguantar 20 kilos. Muy pocos, me dijo, eran capaces de semejante proeza. Y no te preocupes, el dolor se te irá más pronto de lo que piensas.

Me costó trabajo creerla, por lo mucho que me dolía, y temí no volver a ser nunca lo que antes fuera.

-Pasemos a la última prueba, me dijo, antes de que nos sentemos y discutamos cómo será tu vida de ahora en adelante si te decides a ponerte a mi servicio. Por hoy, no habrá ya más sufrimiento y dolor. No mentías cuando me dijiste lo mucho que eres capaz de aguantar. Pero dolor es lo que quieres y dolor es lo que tendrás, a mí me da igual. Tu primera obligación será la de ser mi juguete y someterte de buen grado a cualquier tortura, humillación o trato degradante que se me ocurra. Espero que lo tengas presente y mientras tanto te pondré en una posición más adecuada para lo que estoy a punto de hacerte.

Dicho esto la señora Malvada me soltó las muñecas y las volvió a sujetar a unas argollas que había en el suelo con lo que mi trasero se alzó en el aire y quedó a su entera disposición. Se dirigió a un cuartito contiguo y trajo de él un consolador que sin andarse con rodeos me metió en la boca. No habrá otro lubricante que tu saliva, me dijo. Cuando acabes de lamerlo bien me lo sujetaré a las caderas con un arnés y te lo enfilaré en el ano.

Debo decir que no era de gran tamaño, más bien del tamaño de un pene normal, flexible y parecido a él. Ella se situó a mis espaldas y me lo metió de un solo empujón. Aun no siendo demasiado grande, me dolió la penetración y aun más cuando ella siguió metiéndolo y sacándolo durante quince minutos al mismo tiempo que con la mano me agarraba las bolas por si echaba de menos aquel abuso. Finalmente se retiró y viniendo ante mí me obligó a chupar y lamer de nuevo aquel vergonzoso instrumento.

-Excelente, mariquita Maruja, me dijo, deja que te felicite por lo bien que has pasado las tres pruebas a que te he sometido y ahora lo único que falta es tu decisión, si quieres que esta sea tu vida de hoy en adelante, una de esclavitud y total sometimiento a mis caprichos. No digas nada por el momento, aunque creas conocer ya la respuesta. Voy a explicarte lo que te espera si te entregas en cuerpo y alma a mí. Quiero que te tomes un día para pensar en todo lo que ha pasado aquí esta noche y lo que te voy a decir.

-Si decides entregarme tu vida, el contrato que firmarás tendrá validez legal y no podrás recurrir contra él. La ley me reconoce sobre ti los mismos derechos que sobre cualquier otra posesión y podré hacer contigo absolutamente todo lo que se me ocurra salvo matarte. Como si fueras un piso de mi propiedad podré venderte, alquilarte, reformarte en cuerpo y alma siempre que ello convenga a mis necesidades. Tu vida no será otra cosa que un continuo rosario de sufrimientos, humillación y abuso degradante que te harán pensar que lo de hoy ha sido un lecho de rosas en comparación. Raramente tendrás una hora de respiro, ya no digamos un día, en que no sientas algún tipo de dolor. Si tienes algo que decir o comentar, habla ahora o calla para siempre.

-Señora Malvada, dejadme daros las gracias por conceder a este pobre esclavo marica el honor de haberos servido esta noche. Ha sido para mí una verdadera revelación darme a conocer algo de lo que solo sabía por lo que había leído pero que nunca hubiera soñado ver hecho realidad. Me habéis dado de plazo hasta mañana. Lo primero que quiero saber es si se me permitirá desplegar libremente mi faceta femenina.

-Buena pregunta, mariquita Maruja. Naturalmente se te permitirá. Vestirás un uniforme de chica de servicio y debidamente maquillada y calzada con zapatos de tacón se te obligará a hacer las tareas domésticas. También, cuando yo reciba visitas tú las servirás igualmente maquillada y travestida. En todo caso, huéspedes o no, por la noche siempre estarás así vestida. Si llegas a complacerme del todo se te concederá algún tiempo libre. Yo me encargaré de comprarte la ropa que sea necesaria   conforme a mis gustos y te enseñaré a parecer más convincente en tu nuevo papel. ¿Alguna otra cuestión?, remachó.

Como yo me callara, añadió lo siguiente: Mi chófer te llevará ahora a tu casa y pasará mañana a las 9 a saber lo que has decidido. Recuerda que si firmas el contrato, no habrá ya vuelta atrás. La decisión será irrevocable. Nunca me busques de nuevo si tienes dudas o no quieres seguir adelante. Si vienes, ven solo con una gabardina. Ni zapatos ni cualquier otra prenda de ropa bajo ella. Tan pronto atravieses la puerta de mi casa te quitarás la gabardina y de inmediato te conducirás frente a mí como lo haría un esclavo. Ve, ya puedes vestirte e irte. Hasta más ver, si tal es el caso.

Terminé la lectura. Hay que ver, me dije para mí misma sintiéndome filosófica, a qué extremos es capaz de llegar la naturaleza humana a poco que se la invite y se le dé pie. Hay gente para todo y para los gustos se hicieron los colores, me figuro, rematé sentenciosa.

# Capítulo 33

## Hay que golpear el hierro mientras está aún caliente

Por la tarde recibí de nuevo a Miguela. ¿Y bien?, le pregunté.

-Esta vez me ha ido mejor y he tenido más suerte que en la precedente, me contestó apresurada sin hacerse rogar y deseando congraciarse conmigo y hacerme olvidar su anterior fracaso; porque al mediodía Petunia se presentó de nuevo en el local en el que trabaja y tras permanecer en el interior así como una media hora, volvió a salir y caminó hasta el que creo sea su domicilio, o en todo caso el piso en el que vive. Está en la calle.... Cerca de....

-Perfecto. Se me ocurre una idea. Entrarás en su casa o piso cuando ella esté ausente y verás qué puedes descubrir.

-Pero, jefa, me contestó; eso sería allanamiento de morada y lo prohíben las leyes. No creo que a nuestros jefes les fuese a gustar si se enteraban.

-No tienen por qué enterarse, repuse, si somos discretas y hacemos bien las cosas.

A Miguela le repugnaba arriesgarse y contravenir lo mandado; a final de cuentas ¿a dónde iríamos a parar si los mismos encargados de perseguir a los delincuentes se comportaban como lo hacen ellos? Pero me mostré firme y la convencí. Era cuestión de fuerza mayor, asunto de Estado, por así decirlo, si se me permite la exageración, y como se sabe desde muy antiguo 'el fin justifica los medios'. Creo que fue un jesuita el primero a formularlo de esa cruda manera; o en todo caso y si no fue él a decirlo de su propia cosecha, lo habría copiado de algún clásico y tanto da.

Preparamos la escena para aquella misma tarde, cuánto antes mejor; el tiempo apremiaba y los malos tragos hay que pasarlos de una sola vez. ¡Ale, al avío!

Miguela se fue y al cabo de un rato recibí una llamada.

-La llamo desde una cabina, me dijo; la cosa no salió como pensábamos.

-Vale, le respondí. Ven al despacho sin perder un instante, no hables con nadie y cuéntame qué pasó.

Al cabo de unos minutos apareció. Estaba sofocada y le faltaba la respiración.

-No he querido detenerme a esperar el ascensor y he subido las escaleras corriendo, me dijo; he creído llegar antes haciéndolo así.

-Está bien, le respondí; cuéntame lo sucedido.

-Bien. Llegué a la casa y entré en el portal; nadie me salió al encuentro, de modo que me dirigí a las escaleras; tampoco encontré a nadie mientras iba subiendo. Creí que el piso estaría desocupado, porque a aquellas horas Petunia debería estar ya trabajando, pero me equivoqué. Por precaución, antes de echar mano a la llave maestra que llevaba conmigo, llamé al timbre. Esperé unos momentos y cuando me disponía a introducir en la cerradura la ganzúa, oí unos pasos en el interior que se acercaban y Petunia entreabrió la puerta, que estaba retenida por una cadena de seguridad. Disimulando lo mejor que pude la desagradable sorpresa inventé lo primero que se me ocurrió y le dije que si me dejaba pasar entraría para hablar con ella unos momentos.

Ella descorrió el cerrojo y me dejó pasar. Una vez dentro le dije quién era y lo que buscaba, y que yo sólo deseaba saber la verdad; que veía en ella a un ser humano como otro cualquiera víctima de las circunstancias y que por nada del mundo estaba allí para hacerle daño y perjudicarla.

-Prescinde de lo que tú le dijiste —la interrumpí—. Háblame de lo que la joven te respondió, de lo que hizo.

—Al principio pareció sorprendida; luego me dijo que ella no sabía nada de nada y que de todas formas estaba harta de que no la dejaran en paz, y añadió que no tenía más que quedarme donde estaba para ver a dónde la estábamos llevando. Se retiró unos instantes y regresó con un frasquito oscuro, que volcó sobre su mano izquierda. Vi en ella dos o tres docenas de píldoras. Se las llevó a la boca y empezó a masticarlas. Nunca olvidaré su mirada de desesperación, sus hinchadas mejillas; escupía de cuando en cuando un polvillo blanco... Luego, se perdió de vista de nuevo, y volvió con un vaso de agua, que apuró de un trago. Me dijo entonces: «Vea usted lo que ha logrado» o algo por el estilo. No percibí claramente sus palabras, porque todavía tenía la boca llena de aquellas pastillas.

—Y entonces te asustaste y bajaste a toda prisa en busca de ayuda y me telefoneaste, ¿no es así?

—Sí. No se me ocurrió nada mejor. Estaba muy nerviosa.

Pensé que no era conveniente dar la impresión de que yo había llevado a la joven a aquel intento de suicidio, que cualquier publicidad sobre el episodio nos comprometería a las dos.

Hice un gesto de asentimiento.

—Y mientras estaba a la espera de que apareciese un taxi y me recogiera, vi llegar una ambulancia de la que se bajaron dos que parecían ser enfermeros. Como si los hubiesen estado esperando, se abrió inmediatamente la puerta y pasaron al interior. Al cabo de unos minutos aparecieron de vuelta portando entre ellos un bulto, lo subieron al coche y desaparecieron a toda prisa. Supongo que se llevaron a la presunta suicida. Y no sé más.

# Capítulo 34

## Sigo insistiendo

Miguela se acomodó en el asiento que ocupaba y me miró preocupada.

—A nuestros jefes no les va a gustar, me dijo, si se enteran de lo que hemos hecho.

—Nada más cierto —confirmé yo.

—¿Qué haremos, pues?

—Disimular, hacernos los suecos.

—Muy bien. ¿Y después?

—Después, investigar; buscar alguna prueba que nos ponga en la pista acertada.

—Será mejor que te expliques.

Yo sonreí.

—En la actualidad estamos despistadas, Miguela. En el juego en que nos hemos metido no contamos con otra cosa que unas débiles sospechas; la sospecha de que aquí está sucediendo algo irregular que no comprendemos. Sería una gran ventaja que tuviésemos algo a qué atenernos. Hay que hacer algo decisivo.

—Me parece razonable. Dime qué pretendes.

—Usaremos nuestras cabezas, recurriremos a la lógica.

—De acuerdo. ¿A dónde quieres que vayamos ahora?

—De nuevo al piso.

—¿Nos servirá de algo?

—Haremos dos cosas... Primero, enviaremos a alguien al hospital para ver qué le ha pasado a Petunia; en segundo lugar, nos vamos al piso y vemos qué podemos descubrir en él. ¿Hay un proceder más lógico que ése?

—Explicada así la cosa, también a mí me lo parece. ¿Vamos a ir ahora?

—Sí.

—¿Qué quieres decir?

—Nada. En marcha al apartamento de Petunia.

—Y luego, ¿qué?

—Luego, veremos si tenemos suerte.

—Supón que nos sorprenden allí.

—Sería un mal paso, en efecto...

—Supón que haya alguien dentro.

—Tomaremos la precaución de tocar el timbre antes de utilizar la llave.

—¿Y si la llave no le fuera bien a la cerradura del apartamento?

—Ya daríamos con otro medio para entrar en él —dije—. Hemos llegado hasta aquí y de aquí tenemos que salir con la prueba que necesitamos.

—¿La prueba? ¿A qué te refieres, concretamente?

—Hemos de probar sin que haya lugar a dudas que la relación de Petunia con la señora Celia es sospechosa.

—¿Tomamos un taxi? —preguntó Miguela, ya en la calle.

—No. Iremos andando. Está sólo a cuatro o cinco manzanas de aquí.

—¿Sabes dónde es?

—Sí. Conozco bien la ciudad.

Echamos a andar. Había poca gente en la calle. Por nuestro lado pasaban los autobuses urbanos.

Comprobé las señas que Miguela me había dado y por fin nos detuvimos ante un pequeño bloque de apartamentos, de varios pisos.

—Aquí es.

Oprimí el botón correspondiente al nombre de Petunia. Esperamos varios segundos y llamé de nuevo. Como no contestara nadie, torné a pulsar el botón.

—Muy bien, Miguela —dije—. Aquí es donde el factor suerte comienza a entrar en juego.

La puerta de la entrada estaba cerrada. Hice una prueba con la llave falsa. La puerta se abrió...

—Dios mío, jefa. Nos estamos conduciendo como unos vulgares rateros. Tengo el presentimiento de que aquí va a ocurrir algo gordo.

—Llevas contigo la máquina fotográfica y el equipo para la toma de huellas dactilares, ¿no?

—Sí, en la cartera.

—En marcha, pues.

Prescindimos del ascensor, usamos las escaleras.

En uno de los apartamentos de la planta baja, hacia la parte posterior, estaban dando una fiesta, al parecer. Se oía las fuertes risas de una juerga. No había otros ruidos en la casa.

Hallamos el apartamento que buscábamos. Tomé la precaución de llamar suavemente a la puerta. Al no contestar nadie, introduje la llave en la cerradura.

La puerta se abrió fácilmente...

Entré en el apartamento, y encendí las luces.

—¡Santo Dios! —exclamó Miguela con voz ahogada.

Tiré de ella y cerré la puerta de un puntapié.

Reinaba allí un completo desorden. No solamente habían sido descolgados los cuadros y fotografías de las paredes; se hallaban también destrozados los marcos.

Alguien, con una herramienta muy afilada, había cortado la tapicería de sillas y sillones. En el dormitorio, el colchón había sido materialmente apuñalado, lo mismo que las almohadas. En el centro de la cocina, derramado, vimos un frasco de harina. Habían vaciado también un azucarero y los diminutos cristales esparcidos por el suelo crujían cuando los pisábamos mientras inspeccionábamos el apartamento.

—Bien. Alguien necesitaba algo con urgencia —declaré—, puesto que no se anduvo con remilgos. No quería perder tiempo. Necesitaba registrar el piso a fondo y en pocos minutos.

—¡Dios mío, qué destrozo! —exclamó Miguela—. Fíjate en el armario. Sacaron las ropas y las destrozaron.

—Exactamente —repuse—. Ello nos proporciona una pista.

—¿Qué clase de pista?

—Sobre el tipo de cosa que andaban buscando.

—¿Qué quieres decir?

Le contesté:

—Era algo pequeño, plano y de valor. Nosotros vamos a hacer aquí lo que nos proponíamos. Luego, nos iremos. Dame un frasco de polvos, Miguela.

Miguela abrió la cartera. Siguiendo las instrucciones de los especialistas saqué de aquí y de allá algunas huellas dactilares.

—Bueno, aquí habrá huellas dactilares de Petunia y también de la persona o personas que cometieron este desaguisado... ¿Cómo vas a distinguir unas de otras? ¿Cómo vas a saber a quién corresponde cada una de ellas?

—No lo sé —contesté yo—. De momento me limito a coleccionarlas, más tarde las clasificaremos.

Esas huellas de la superficie superior del cajón deben de pertenecer a la persona que lo cerró. La persona o personas que andaban buscando algo por aquí no pensaron en ese detalle. Se limitaron a abrirlos, para derramar su contenido.

—Es verdad —admitió Miguela.

A continuación eché un vistazo al escritorio.

—De aquí se han llevado, al parecer, toda la correspondencia —consideré—. Veo tres cartas que a juzgar por su contenido carecen de importancia. Una de ellas trata de la suscripción de una revista; otra es de la Agencia de Modelos Tanatos; y la tercera...

De pronto me quedé callada. En la cocina se había oído un zumbido.

—¿Qué ha sido eso? —preguntó Miguela—. ¿Crees que habrá alguien en la puerta trasera?

—Más seguro es que haya sido en la principal...

—¿Qué hacemos? Estamos atrapados. Nosotros...

Moví la cabeza.

—No hay peligro —le dije en voz baja—. La chica que vive aquí se encuentra trabajando. Todo lo que hemos de hacer es guardar silencio.

No volvió a oírse el zumbido. Al cabo de unos momentos, sonó un golpe en la puerta.

Hice una seña a Miguela para que no se moviera ni pronunciase palabra.

Esperamos durante unos segundos que se nos hicieron interminables. Finalmente, oímos un tintineo metálico. Alguien metía una llave en la cerradura. La puerta se abrió, y entró una mujer. Al ver en la estancia otras dos mujeres, se detuvo y dio un paso atrás, tiesa con la sorpresa.

—Muy bien, señora —dije yo—. Ya ha entrado usted.

La desconocida vaciló. Estaba muy pálida. Finalmente, preguntó con voz alterada, pese a sus esfuerzos para contenerse y afectar naturalidad:

—¿Quiénes son ustedes? ¿Qué hacen aquí?

Yo repliqué, tranquila:

—Creo que es usted quien tiene que justificar su presencia en este apartamento. Haga el favor de cerrar la puerta. Los demás no tienen por qué enterarse de lo que ocurre aquí. Bueno, ¿qué sabe usted de todo esto? —inquirí señalando elocuentemente el desorden imperante a mi alrededor.

La mujer rondaba la cincuentena, más o menos. El pelo se le había empezado a encanecer, se le notaba en algunos puntos. Sus ojos azules nos miraban con frialdad. Tenía cara de pocos amigos. De momento, se encontraba terriblemente desconcertada, no sabía qué hacer.

—¿Cómo explica usted todo esto? —repetí, para hacerla bajar de las nubes.

—¿Y a mí qué me pregunta? Yo no sé nada —contestó la desconocida.

—¿Conoce usted a Petunia?

—No, no la conozco... conozco solo a su hermana.

—¿No conoce usted a Petunia? —insistí, mirando expresivamente a Miguela.

—Sólo a su hermana.

Una de las cejas de Miguela se levantó casi imperceptiblemente.

Yo bajé la cabeza.

—¡Vaya, hombre, a mi hermana! ¿Sería usted tan amable de decirme —inquirió Miguela, muy irritada— por qué entra así en mi apartamento, sin más, valiéndose de no sé qué llave?

¿Se cree autorizada a hacer lo que hace por el solo hecho de que conoce a mi hermana?

—Dios mío, señorita... Lo siento. No sabía que estaba usted aquí. Pensé... La suponía fuera, por eso entré.

—Lo mejor será qué se siente usted —intervine yo—, y nos explique bien toda esa historia. De paso, nos dirá también qué es lo que sabe sobre este destrozo.

—Yo... ¡Dios mío!... ¿Qué está usted haciendo? ¿Tomando huellas digitales?

—Así es —corroboré yo—. Tengo que ayudar a la señorita Petunia a descubrir al culpable de este asalto.

—¡Santo Dios! ¡Una detective! —exclamó la mujer—. Bueno, mire, sea usted razonable. He de evitar a toda costa que mi nombre salga en este asunto... Soy casada y una cosa así me arruinaría la vida. Si mi esposo se enterara tan sólo de que yo conocía... ¡Oh, Dios mío!

Bruscamente, se desplomó sobre una silla.

—Siga hablando —dije—. Explíquenoslo todo. Y deprisa.

—Si usted mantiene mi nombre fuera de todo esto, sabré compensarle. No la engaño; en lo tocante a este punto siento una gran preocupación. No puedo...

—Siga hablando —indiqué—. ¿Quién es usted? ¿Cómo se llama? ¿De dónde viene?

—¿No podríamos pasar por alto esos detalles, señora?

—Antes de que salga usted de aquí tendrá que decirme quién es. Además, me aseguraré de que no me miente. Quiero ver su carnet de identidad. Y deseo saber de dónde sacó la llave para entrar en el apartamento y qué buscaba en él.

—¡Dios mío! —gimió la mujer.

—¿Cómo se llama usted? —pregunté de nuevo.

—¿Es absolutamente necesario?

—¿Cómo se llama usted?

—Carol.

—¿Carol qué?

—Gómez.

—¿Dónde vive?

—En La Coruña.

—Déjeme ver su carnet de identidad.

La mujer sacó un pañuelo y se secó la frente. Luego, de una cartera, extrajo el carnet y me lo entregó.

Comprobé los datos.

—Aquí dice que usted vive en Santiago de Compostela.

—Sí. Ahí es donde vivo; pero tengo negocios en La Coruña.

—Bueno, ¿qué se le ha perdido en este apartamento?

—Ayer, al no saber qué hacer..., entré en uno de los locales Paddles. No buscaba a nadie en particular. Me encontraba sola y... Había oído hablar de que allí había chicas y que... Realmente, me dejé llevar de la curiosidad... Una cosa conduce a otra. Bailé con una joven. La muchacha y yo dimos un paseo en coche.

—¿A dónde fueron ustedes?

—Fuimos a un local nocturno que ella conocía.

—¿Fueron allí en su coche?

—No. En una limusina, una limusina lujosa, con cortinillas en las ventanas...

—¿Y allí qué hicieron?

—Asistimos a un par de espectáculos para gente especial.

—¿Y luego qué?

—¡Oh! La chica se mostró muy amable. Parecía contenta, como si hubiese ganado la noche...

El caso es que la joven se portó bien. Mencioné que me dirigía a La Toja... Bien. Es que habíamos estado hablando de ello...

—Y usted le preguntó si tenía algún inconveniente en acompañarla, ¿no es así?

Gómez evitó mirarme a los ojos.

—Sí —respondió, avergonzada.

—¿Y qué pasó?

—Me contestó que no podía acompañarme, que aún le quedaban cosas por hacer y no libraba hasta tarde. Añadió que le hubiera gustado pasar la noche conmigo. Dijo que... que yo le gustaba... también.

—Ya. Le dijo que usted era diferente a los demás.

La mujer dio un salto.

—¿Cómo sabe usted lo que ella me dijo?

—No importa... Usted siga contando lo que pasó. Tenga presente, sin embargo, que tengo medios más que sobrados para comprobar que no miente.

Gómez respondió:

—Aquella joven... Lo siento... No había ninguna razón para...

—Siga usted hablando —la apremié.

—Me dijo que su hermana Petunia se había mudado de piso y con las prisas había olvidado algunas cosas en el apartamento. Ella no podía recogerlas en persona porque estaba trabajando. Me preguntó si yo tenía algún reparo en hacerlo por ella y enviárselas allí, al club.

—¿Qué quería concretamente? —le pregunté.

—Una maleta que llevaba pegada una etiqueta de un hotel de Madrid, varias prendas del armario, un vestido a cuadros, un abrigo largo con cuello de pieles y el contenido del cajón de arriba del lado derecho del escritorio.

—¿Algo más?

—Eso es todo.

—¿Qué tenía que hacer con esas cosas?

—Yo tenía que guardarlas en la maleta junto con la llave del apartamento una vez hubiera salido de él y enviar el paquete a Paddles no. 2.

—¿A la señorita Petunia?

—No. A nombre de la señora Celia, la propietaria,

Llegados aquí examiné de nuevo el carnet de identidad que me había entregado.

—Fíjese —dijo Gómez—. Voy a demostrarle quién soy. En el carnet que tiene en las manos figuran mis huellas dactilares: voy a reproducir la del pulgar de mi mano derecha para que usted la compruebe.

La mujer cogió del escritorio un trozo de papel secante al que dobló cuatro veces; vertió en él un poco de tinta y luego oprimió su pulgar contra el improvisado tampón. Finalmente, tomó una de las cartas que había sobre la mesa y estampó varias veces su pulgar en la parte de atrás.

—Aquí tiene —dijo, al tiempo que me entregaba el papel—. Compare estas impresiones con la del carnet.

Mientras yo comparaba las huellas, ella cogió una de las otras cartas, la arrugó y se secó bien el dedo con ella. Seguidamente, miró a su alrededor en busca de una papelera y como no viese ninguna se guardó el papel en el bolsillo.

—Verá que se trata de la misma huella dactilar, señora.

Asentí. Le devolví el carnet de identidad, doblé el papel en el que había impreso sus huellas y me lo metí en el bolsillo.

—¿Dónde se hospeda usted aquí? —quise saber.

—En el Hotel Bahía.

—¿Figura allí con su verdadero nombre?

—Sí, desde luego.

—Perfectamente. Puede que la necesitemos de nuevo. Ahora entregue su llave a la señorita aquí presente y váyase.

Gómez obedeció.

—Haré lo que quieran con tal de que mi nombre no figure en este asunto. Yo...

—Nos hacemos cargo —repuse yo.

—Puede localizarme cuando quiera en esas señas de Santiago que le he dado. Pero le ruego que sea prudente. No escriba; hable conmigo, personalmente, por teléfono. Disimule... Diga que se trata de una multa de tráfico o algo parecido... Si mi esposo llegara a sospechar... No quiero ni pensarlo.

—Está bien. Váyase.

Gómez no se lo hizo repetir y salió por la puerta como alguien que se ha librado de una buena.

—¡Uf! —resopló Miguela cuando la otra se hubo ido—. Desde luego, acertaste al obligarla a ponerse a la defensiva nada más entrar aquí. A mí se me doblaron las piernas de miedo, en cuanto la vi. Me faltó poco para caerme al suelo desmayada. ¿Qué hacemos ahora?

—Salir de este apartamento cuanto antes.

Miguela enarcó las cejas.

—¿Y eso por qué?

—Porque en la tal Gómez hay algo que me inspira recelo. No me extrañaría que en estos instantes estuviese telefoneando a la policía.

—¿Sí? —preguntó la joven, sorprendida—. No es posible que pienses eso de ella. Parecía asustada. Lo más seguro es que esté todavía corriendo...

Fue presa del pánico y todavía le debe de durar el susto.

—Pues ahí está la cosa: que estaba demasiado asustada.

—¿Qué quieres decir?

—No es natural que alguien con los ojos tan fríos y expresión decidida, esté tan espantado.

Miguela se echó a reír.

—La mujer ha querido vivir una aventura y teme verse descubierta. Para entender mejor su aparente miedo tendríamos que conocer a su marido. Podría ser la explicación.

—Con todo, Miguela, más vale que nos vayamos de aquí cuanto antes.

# Capítulo 35

## Un paso adelante

Cuando salimos de allí, Miguela y yo entramos en un bar próximo que parecía tranquilo y pedimos unas bebidas.

—Bien. ¿Qué haremos ahora? —me preguntó.

—Veremos qué se me ocurre, le respondí.

Miguela levantó el vaso que tenía delante.

—Bien, Amanda. Brindo por el éxito en lo que estamos buscando.

Yo hice hizo lo mismo, sonriendo. ¡Santo Dios!, exclamé.

—¿Qué pasa ahora? —inquirió Miguela.

—¡Gómez!

—¿Qué ocurre con él?

—Pensé que se mostraba complaciente en exceso cuando me ofreció espontáneamente su huella dactilar.

—¿A dónde quieres ir a parar?

—¡Y lo hizo todo ante nuestras mismísimas narices!

—¿Quieres decirme, jefa qué...?

Llamé al camarero. Pagué la consumición.

—Quédese con la vuelta. Nos vamos. En marcha, Miguela.

Salimos a toda prisa a la calle.

—¿Qué ha pasado?

—Gómez... Visitó el apartamento porque buscaba algo..., algo que se llevó.

—No, jefa. Ella no se llevó nada del apartamento. No lo perdí de vista un momento. La estuve vigilando.

—Repasa de nuevo la escena, Miguela.

—No. No tocó nada. Sólo...

—Continúa.

—Cogió aquella carta circular para secarse los dedos...

Yo aclaré:

—Quería sacar algo de la mesa y me sugirió examinar su huella dactilar para hacerse con lo que buscaba.

—Pero, Dios mío, jefa... Se trataba de una carta circular... No iba a molestarse por...

—Tendremos que hacer una comprobación.

—¿A dónde vamos ahora? —preguntó Miguela.

—A charlar abiertamente con la señora Gómez.

—A esta hora se habrá dado cuenta ya de que le mentimos.

—No obstante, vamos a comprobar un detalle.

Seguimos por aquella calle, en medio de tiendas de modas atestadas de gente.

—Esta calle por donde vamos me recuerda el aspecto de muchas grandes poblaciones durante las Navidades —comentó Miguela.

—Es que nos hallamos en una de las ciudades más activas del mundo —le respondí.

—¿Siempre hay tanta gente aquí?

—Yo siempre la he visto igual, cada vez que he venido.

—¿Cuándo se detiene toda esta fiebre?

—Podría decirse que nunca. Quizá de madrugada la animación disminuye un poco, pero enseguida las calles vuelven a llenarse de gente... Ya hemos llegado, Miguela.

Entramos en el Hotel Bahía.

—Quisiera hablar con Carol Gómez, de La Coruña —dije a un empleado.

—La señora Gómez abandonó el hotel hace quince minutos.

—¿Dejó alguna dirección?

—No.

—Gracias.

Comenté con Miguela aquel hecho.

—¿Qué hacemos ahora? —preguntó la joven.

Reflexioné unos instantes. A continuación, me acerqué decidida a la ventanilla de caja del establecimiento.

—Buenas noches —me dijo la mujer que la atendía.

—Buenas noches —repliqué fría y formal—. Soy amiga de Carol Gómez, que dejó este hotel hace unos quince minutos. La señora Gómez llevaba prisa y no se detuvo a comprobar su cuenta antes de abonarla. Cuando nos vimos, había advertido ya un error en el detalle de los importes correspondientes a las llamadas telefónicas hechas desde aquí.

La empleada movió la cabeza.

—Es corriente que en las llamadas telefónicas la gente se explaye más de lo que pensaba...

—No es eso —la interrumpí—. Sucede, realmente, que en su cuenta figuran números de teléfonos a los que no llamó.

—¿En llamadas normales?

—Cierto. Números de esta ciudad.

La joven sacó de un cajón el comprobante de una factura con el sello de PAGADO. Me lo mostró y dijo con frialdad:

—Hay tres llamadas... Las tres al mismo número. Estoy del todo segura de que la señora Gómez hizo esas tres llamadas.

Fingí estudiar la factura y declaré:

—La señora Gómez está completamente segura de que solamente habló dos veces.

La cajera replicó irritada:

—Pues fueron tres. No obstante, repasaré mis notas, para mayor seguridad.

—Gracias —le contesté amablemente.

La mujer se apartó de la ventanilla, abrió otro cajón y comenzó a pasar fichas.

Tomé nota de las tres llamadas y advertí también que Gómez había estado en el hotel solo cuatro horas. Volvió la empleada:

—La cuenta es correcta. Hubo tres llamadas de teléfono, efectivamente. Una de ellas a las cinco de la tarde, poco después de haber llegado la señora al hotel; la segunda, a las seis, y la tercera unos minutos antes de salir de aquí. Precisamente, ella se aseguró de que esta última entrase en la cuenta, porque se produjo poco antes de que se fuera.

—Sí —repuse yo—. Esa llamada y la primera son correctas. A mi parecer, el error está en la de en medio.

—No ha habido ningún error —dijo la cajera.

Le sonreí.

—Bueno, en todo caso, yo hice lo que tenía que hacer. Prometí a mi amiga que se lo diría.

—Buenas noches —respondió la empleada, tratando de dominar el enfado.

—Buenas noches —le contesté fríamente.

Miguela y yo cruzamos el vestíbulo del Hotel, en dirección a la calle.

—¿Has anotado el número o números a los que llamó? —quise saber.

—Sí. Y además consulté la guía mientras tú hablabas con esa mujer.

—Es imposible buscar un número que...

—Miré en los de Paddles —explicó Miguela—. Esa mujer llamó a Paddles Nº3.

—¡Buen trabajo! —la felicité—. Reflexionemos ahora. Telefoneó alrededor de las seis y luego poco antes de irse. ¿Qué deduces tú de eso?

Miguela contestó:

—Veamos... Indudablemente, la última llamada fue para decir que había tropezado con una chica que decía ser Petunia y con una mujer que la acompañaba y parecía persona de autoridad.

—No te muestres tan segura...

—Entonces, ¿para qué fue esa llamada?

—La última llamada, probablemente, fue para decir que Miguela, la ayudante de la investigadora, se encontraba en el apartamento haciéndose pasar por Petunia, y que la comisaria Amanda estaba también allí, tomando huellas dactilares.

—Pero, jefa, no puede ser... No vi nada en ella que me hiciera pensar que nos había reconocido... Se quedó completamente desconcertada al abrir la puerta y...

—Se desconcertó, sí —corroboré yo—. No había esperado hallar a nadie allí y luego, al vernos a nosotras dos, su desconcierto fue todavía mayor. Pienso, no obstante, que se portó hábilmente. Y me parece que hice lo que convenía, al dar lugar a que tú te hicieses pasar por Petunia y presentándome yo como policía... Por unos momentos, esa mujer trató de ganar tiempo, pensando en la forma de hacerse con lo que había ido a buscar.

—¿No pensó en cómo explicar lo que ella hacía allí?

—En cuanto a su persona no había problema. Hubiera podido dar la vuelta, simplemente, e irse. Lo sabía... De haber intentado nosotros retenerla, hubiera llamado a la policía que entonces nos habría preguntado qué hacíamos allí. No, Miguela. Esa mujer quería algo y se hizo con ello. Luego, telefoneó a la señora Celia para decirle que había conseguido lo que buscaba.

—Tuvo que ser aquella circular. No me explico qué puede haber de particular en una carta acerca de una suscripción que...

—Tendremos que echar un vistazo —dije yo—. Sea lo que fuere aquello que se metió en el bolsillo, se trataba de lo que había ido a buscar allí.

—¿No habrá llamado a la policía para denunciarnos, sin decir quién era?

—Es posible.

—Pero sin embargo, estás pensando en volver por allí e inspeccionar el apartamento.

—Exacto. Tenemos que hacerlo. Vamos.

—Es peligroso, jefa.

—Tomaremos todas las precauciones imaginables antes de entrar —le dije sin inmutarme—. Estaremos allí poco tiempo. Pero es preciso que averigüe qué ha ocurrido.

-¡Tres llamadas a la señora Celia! —No acierto a imaginarme el motivo.

—Vamos a ver si lo explico, Miguela. Gómez llega aquí, a Vigo. Telefonea para asegurarse de que las cosas están como deben estar y se le da la señal de que siga adelante.

Se dirige al apartamento de Petunia y lo destroza todo, en busca de lo que necesita encontrar.

Sale y telefonea de nuevo a la señora Celia para decirle que ha registrado a fondo el piso, sin resultado...

Entonces ella le pregunta si ha visto unas cartas. Le dice que ha visto tres en el escritorio.

-¡Estúpida! —le contesta ella—. Hay una que no puede quedarse allí. Regresa al apartamento y cógela.

Vuelve al apartamento y nos encuentra en él. Monta una comedia. De vuelta al hotel dice a su jefa que nos ha visto allí. Le dice que ha conseguido la carta en cuestión y se ha apoderado de ella ante nuestras narices. Finalmente, abandona el hotel.

—Es posible —respondió la joven, dudosa—, pero me parece raro dar tanta importancia a una carta rutinaria...

—Ya veremos lo que hay —apostillé—. Había allí tres cartas. La de la suscripción a la revista la tengo en el bolsillo, con su huella dactilar. Las otras dos eran de una agencia de modelos y de una firma sobre propiedades... Ya hemos llegado... Será mejor que tú te mantengas aparte ahora de este asunto,

—No, no, jefa. Si subes al apartamento, te acompaño.

—Vamos a hacer otra cosa. Tú vas a situarte al otro lado de la calle. Si me pasa algo y salgo del apartamento escoltada por la policía, tú podrás echarme una mano presentando una fianza. Si saliera escoltada por alguien que nada tuviese que ver con la policía, toma nota de la matrícula del automóvil, fíjate en mi acompañante o acompañantes y pide ayuda inmediatamente.

—¡Dios mío! No me gusta pensar que va a estar sola ahí, jefa.

—Es que así me podrás ayudar mejor.

—De acuerdo.

Miré a ambos lados de la calle. Esta vez no perdí tiempo oprimiendo el botón del timbre del apartamento.

Simplemente, abrí con la llave y subí corriendo las escaleras. No tardé en penetrar en el piso.

Nada había cambiado en él.

Me aproximé al escritorio y cogí la carta que había allí. Era de la compañía inmobiliaria... La de la agencia de modelos no se encontraba por ninguna parte.

No me molesté siquiera en apagar las luces. Salí al pasillo, cerré la puerta a mis espaldas, bajé corriendo las escaleras y puse los pies en polvorosa, que es lo mismo que decir en la acera de la calle.

Miguela, con una expresión de alivio en el rostro, se me acercó.

—¡Dios mío, jefa! Estaba asustada... ¿No oyes?

Se oía el aullido de una sirena. Un coche de la policía dobló la esquina y se detuvo enfrente de la casa de apartamentos.

Dos hombres se apearon del vehículo, se dirigieron a la entrada y uno de ellos pulsó un timbre.

Miguela y yo nos alejamos del lugar procurando no dar lugar a sospechas ni llamar la atención.

—He dispuesto solamente de muy poco tiempo —comenté yo.

—¿Ha sido cosa de Gómez?

—Una llamada anónima. Gómez dejó el hotel y cuando se vio a salvo telefoneó a la policía diciendo que unos extraños habían entrado en el apartamento de Petunia.

Doblamos otra esquina.

—¿Qué se llevó la mujer? —inquirió Miguela.

—La carta circular de la agencia de modelos. ¿Te acuerdas del nombre?

—¡Dios mío! No, jefa. Era algo así como... Modelos Tanatos. No recuerdo más.

—Creo que podremos localizarla —declaré con seguridad—. Iremos al Hotel Coia. Hazte con una guía telefónica y busca en ella ese nombre: «Tanatos».

Una vez en el hotel consultamos las Páginas Amarillas.

—¿Has encontrado algo sobre la Agencia de Modelos Tanatos?

—No figura en la guía.

—¿No hay ninguna entidad con ese nombre?

—No.

—Estoy casi segura de que el membrete era ése... Se trataba de una agencia de modelos y en él figuraba el nombre de Tanatos. No consigo recordar el nombre completo, pero sí recuerdo que en él figuraba esa palabra. Es una palabra rara y poco usada y según creo significa lo mismo que Muerte. Me pregunto qué quiere decir.

—Estoy de acuerdo, pero no se la encuentra en la guías.

Yo fruncí el ceño.

—Busquemos en las publicaciones para la mujer —dije—. Empecemos por echar un vistazo a la sección de anuncios, en el apartado de «Ofertas de trabajo». Tenemos tiempo de sobra. Cerca de aquí hay un quiosco... Elegiremos algunas. Estudiaremos la sección a que acabo de aludir, a ver si damos con algo interesante.

Llegamos al quiosco. Compré las revistas y me dirigí con Miguela a la Alameda, que nos quedaba próxima, donde nos sentamos en el primer banco que encontramos y nos dispusimos a leerlas cómodamente.

—¿Qué deberíamos mirar primero? —inquirió ella.

—Me interesan sobre todo las ofertas de trabajo, las demandas de personal femenino, oportunidades de negocio, echadores de cartas del tarot, asuntos personales y cualquier otra cosa que se te ocurra. Tú te harás cargo de una y yo revisaré otra.

No habían transcurrido ni siquiera diez minutos cuando mi ayudante dijo:

—Aquí tenemos algo...

A continuación, abrió su bolso, sacó unas pequeñas tijeras de manicura y recortó cuidadosamente un anuncio.

—¿De qué se trata? —quise saber. La muchacha me leyó lo que sigue:

"¿Le puede el desánimo? ¿Cree que ha fracasado? ¿Piensa que su vida ya no tiene sentido y no vale la pena seguir viviendo? Se equivoca, y nosotros se lo probaremos. No lo piense más; atrévase y se llevará una sorpresa. No dude en telefonear al número 986...... De tal hora a tal hora, solamente días laborables. Cuanto antes mejor."

"A mujeres jóvenes, de 21 a 29 años, amantes de la aventura, se ofrece un modo original de ganarse la vida e incluso hacer dinero. Sólo han de ser capaces de tolerar emociones fuertes y estar libres de prejuicios tontos, que otros llaman sentimentalismo. Las aspirantes han de llamar la atención por sus curvas, lo más seductoras posible. No hace falta que tengan estudios ni que sean cultas, el cuerpo es lo que importa. Ni muy gordas, ni demasiado delgadas; no han de ser excesivamente altas, ni tampoco muy bajas. Los rasgos faciales estarán de acuerdo con todo lo demás; tienen que responder al tipo medio de la mujer española de buen ver. Agencia de Modelos Tanatos. Apartado 679IX."

—¿Nos llevará esto a alguna parte? —preguntó Miguela.

—No lo sé —le repliqué—. Pero prefiero pensar que de aquí saldrá algo útil—repasé atentamente mi publicación, y añadí—Aquí hay un texto similar.

—A lo que parece, Petunia debió de contestar al anuncio y le respondieron por carta.

—Una carta sin duda importante, pues de lo contrario no se hubiese enviado a nadie al apartamento solo para recobrarla.

—¿Tú crees?

—Estoy casi segura de que fue como digo. Y me gustaría saber el porqué.

# Capítulo 36

## Cerca de la solución

Al día siguiente me dirigí a la comisaría a primera hora de la mañana y pedí a nuestro jefe que me recibiera lo más pronto posible. Enseguida me llamó a su despacho. Muy seria, sostuve con él una conversación y le dije hasta donde habíamos llegado en las pesquisas.

Me escuchó con atención y finalmente me dijo:

—No sé, no sé, Amanda; temo que te equivoques y que sigas una pista equivocada. Las sospechas que me cuentas acerca de la señora Celia no me parecen muy convincentes. Parecen algo forzadas.

—¿Qué me dice usted de Carol Gómez?

—Según se deduce de lo que me cuentas, tu ayudante Miguela no ha podido averiguar nada en concreto sobre ella. La dirección de Santiago que figuraba en el carnet de identidad que os mostró, no existe. Todo apunta a que la tal disponía de un documento falsificado. Tendrá otro de recambio a su verdadero nombre que utiliza en otras ocasiones.

—Hemos de localizar a esa mujer.

Mi jefe me contestó, ligeramente impaciente:

—La tuviste en tus manos. Hubieras podido contratar a alguien que la siguiera tras dejar el hotel en que se hospedaba.

—No pude actuar con tanta rapidez. Y que conste que no me disculpo. Se trata de circunstancias que no se puede prever. En lo tocante al apartado de la Agencia citada, no he podido descubrir nada de particular. De cuando en cuando se presenta en la redacción de la revista una mujer que recoge la correspondencia en respuesta al anuncio. También ella se encarga de pagar la inserción. En su momento, esa persona fue capaz de convencer al jefe del departamento de publicidad de que lo suyo era una oferta con todas las garantías de seriedad, dirigida a muchachas de vida clara y ordenada.

Llegó incluso a dar los nombres de dos chicas que habían sido contratadas. Quien pone el anuncio suele rechazar a muchas aspirantes, pero las admitidas se colocan bien. El trabajo no dura mucho. Sin embargo, viajan con todos los gastos pagados, y además ganan un salario. El empleo es ideal para las chicas de carácter inquieto que desean prosperar en la vida. Añadiré que en él último número de una de las revistas que consultamos aparece de nuevo el anuncio a que nos estamos refiriendo.

—He pensado una cosa —añadí—. ¿Qué le parece si solicitamos nosotras una de esas colocaciones? Una detective femenina podría contestar a los anuncios de la agencia. Si llega a establecer contacto con ella, quiero que la cosa siga hasta el fin, con todas las consecuencias. Creo que sería lo mejor para saber si hay algo extraño detrás de esa organización con un nombre tan rebuscado y poco común.

—No disponemos ya de mucho tiempo para realizar una investigación a fondo —señaló mi jefe.

—Estoy de acuerdo —le respondí—. Pero no se me ocurre otra cosa mejor que podamos hacer.

—Bien, por esta vez me dejaré convencer y haré caso a tu intuición. Dirígete al departamento que haga falta y selecciona a dos jóvenes que reúnan las condiciones requeridas por los anunciantes. Y ahora, ¿cuáles son tus planes? ¿Qué más necesitas de mí?

—No lo sé —dije, pensativa—. Voy a tirar la pelota y dejarla rodar. Pienso aprovechar todas las oportunidades que se me ofrezcan. A fin de cuentas, es lo que hacemos los investigadores. Asistir al desarrollo del caso y estudiar todo con mucha atención para ver si descubre algún frágil eslabón en la cadena de los indicios.

—Desde luego, Amanda, todo eso está muy bien si lo que sospechas es cierto. Pero ten en cuenta que hasta el momento solo tenemos eso, sospechas, y nada más.

—Sé muy bien lo que pasa ahora, en estos momentos —repuse yo—. Pero no sé por qué el instinto me dice que estoy en el camino correcto.

Mi jefe me advirtió:

—Sabes perfectamente que tienes entre manos un caso difícil y que ningún juez aceptará nunca una acusación que no se apoye en pruebas bien sólidas. La mayoría de los jueces no quieren saber nada de suposiciones o conjeturas. Dentro de su sala aspiran a que la máquina de la administración de la justicia marche como un reloj.

—Lo sé, desde luego.

—¿Qué puedes hacer entonces? —inquirió mi jefe.

—Recurrir a todas las artimañas que me sea posible, siempre claro está sin salirme de la ley.

—Ya te he dicho que el juez que nos toque no se dejará camelar.

—Ya lo veremos. Estoy dispuesta a correr el riesgo que haga falta.

Me mantendré dentro de los límites de la ley. Y todavía no he renunciado a la carta de Petunia.

—Una vez más, pisas terreno poco firme, Amanda —repuso mi jefe—. La muchacha que está en el hospital es sin duda Petunia, la que tú conociste en Paddles No. 3.

—¿Qué tal se encuentra?

—Bien. Recobró el conocimiento y progresa. Me parece que está bien ahora. Se presentó allí su esposo con el médico de cabecera.

—Su... ¿qué? —pregunté atónita sin creer lo que oía.

—Su esposo.

—¿Cómo pudieron hacer eso?

—Bueno, Amanda, no hubo nada irregular. Su esposo había recibido unas cartas en las que ella le pedía ayuda. Él acudió con un amigo, un médico al que conocía. Se presentó la madre de la chica y hubo sus lágrimas...

—¿Dónde se encuentra ella actualmente?

—En el Cíes, un sanatorio privado. Al poco tiempo de ingresarla se presentaron allí el esposo y la madre.

—¿Cómo están planteadas las cosas en estos instantes?

—El médico que la atiende no permite ninguna visita. Creo que la chica no se encontrará en condiciones de declarar nada. Está todavía demasiado nerviosa.

Me quedé muy pensativa.

—No me gusta nada esto. Si a esa chica le ocurriera algo...

—Olvídalo, Amanda —manifestó mi jefe—. La reputación del médico es excelente, es persona de una moralidad intachable. Acompañan a la chica su madre y su esposo.

—¿Se tiene pruebas de que son su madre y su esposo?

—Amanda, Amanda... Despreocúpate de ella. Es un caso como tantos otros. La chica ingirió un puñado de píldoras somníferas. Miguela vio cómo las tomaba y cómo más tarde la recogía una ambulancia.

—¿Y quién llamó a la ambulancia?

—Reconozco que no puedo contestar a esa pregunta con precisión, ni mucho menos. Quizá la llamó ella misma, cuando Miguela se fue. Los hombres de la ambulancia no fueron más allá del tercer piso. La chica que recogieron se hallaba en el ascensor.

—¿Y qué ha sido de ella?

Mi jefe se encogió de hombros.

—Sé paciente, Amanda. Se la vigila de lejos. Es todo cuanto sabemos y te puedo decir hasta el momento.

—¿Dónde me ha dicho que la ingresaron?

—En el Policlínico Cíes. Es un establecimiento bien conocido en la región.

—¿Y se halla consciente?

—¡Oh, sí! Verás: estamos al tanto de lo que sucede. Una de las enfermeras colabora con nosotros. La muchacha se recobra bien, pero se muestra muy nerviosa. Por una razón u otra, no quiere declarar como testigo. Por eso intentó desaparecer. Pero no se puede dudar en cuanto a ella, Amanda. Es Petunia.

—Todavía sigo pensando que hay algo raro.

—Es posible —repuso él—. Pero lo cierto es que la tal Petunia se está recobrando bastante bien de lo de las píldoras. No tienes que estar preocupada en lo tocante a eso. Sin embargo, no puedes hacerla declarar, si ella no quiere.

Yo dije:

—Sugiero apostar a alguien junto al Policlínico para asegurarnos de que la chica esté vigilada si sale de allí.

Y convendría averiguar todo lo que se pueda acerca del médico que la atiende.

El gesto de mi jefe demostraba bien a las claras que no se hallaba del todo convencido. Sin embargo me dijo:

—Se hará como dices, Amanda, puesto que insistes. Al fin y al cabo se trata de tu caso. Y todos queremos que tengas éxito.

# Capítulo 37

## Carol Gómez

Entré en mi despacho y pregunté a Miguela:

—¿Qué noticias hay acerca de las jóvenes que contestaron al anuncio?

—Ninguna. Salieron hace cosa de una hora y no se ha vuelto a saber nada de ellas.

—¡Vaya! Eso me da mala espina; no me gusta nada —le dije preocupada.

-Y qué podemos hacer?

-Veamos. Antes de sacar conclusiones, repasemos lo que ya sabemos.

Un hombre vestido de mujer ha aparecido asesinado y nosotros queremos saber quién lo mató y por qué.

Bien. Examinado en la morgue el forense halló que había muerto sofocada, ¿no es así?

-Exacto.

-Al parecer la víctima no se defendió. El asesino le apretó contra la cara un objeto blando, ¿correcto?

-Correcto.

-¿Qué pensarías si te dijera que nos hallamos ante un caso que se sale de lo ordinario? En vez de uno que mata a otro para vengar alguna ofensa o en un arrebato de celos y ofuscamiento, puede que aquí hayan intervenido circunstancias peculiares, que aquellos que se tienen por personas progresistas llaman modos de vida alternativos, en suma, que alguien haya jugado con fuego y se haya quemado.

Quizá esté usted en lo cierto.

—Estoy en lo cierto.

—La hipótesis es interesante. Podría proporcionar una pista. Tal vez pueda ser más explícita y darme a conocer el nombre del individuo que cometió el crimen.

—Puedo hacerlo. El nombre de ese individuo es el de una individua que se hace llamar Madame Celia. Ella participó en el crimen si no lo cometió con sus propias manos. Puede que ese crimen no haya sido el primero ni el único. Sencillamente: una vez llevado a cabo no quería verse en apuros y que el muerto o la muerta la denunciase 'a posteriori' como si dijéramos. Intentaba evitar que pudiese ser probado que ella estaba detrás.

En consecuencia, tras cometer la fechoría, se halló con un problema. Tenía que deshacerse de cualquier testigo, cualquiera que estuviese al corriente.

—Siga, siga —dijo Miguela—, la escucho. Me limito, eso sí, a escucharla tan solo. No doy por bueno lo que afirma.

—Será mejor que lo aceptes como artículo de fe, Miguela. De lo contrario, nos exponemos a quedar en ridículo.

—No nos gustaría, puedo asegurarlo.

—Me consta —dije yo—. Pero, en fin, sigue escuchando. Acabarás por aceptar de buen grado lo que te digo.

—Continúe hablando, Amanda.

—De un modo u otro Petunia estaba mezclada en el asunto que Madame se traía entre manos y el cadáver de Marisa, la muerta, las comprometía. Había que encontrar una solución lo más rápidamente posible.

—No me lo repita—advirtió Miguela—. Me lo sé de memoria. Es uno de los casos más desconcertantes con que nos hemos enfrentado. No hemos podido dar con nadie que nos cuente algo referente a esa mujer y sus andanzas.

—Antes de que quede cerrado, tendremos información más que suficiente.

—Espero que no se equivoque, Amanda —dijo Miguela—. Hasta ahora ha propuesto su hipótesis. Ya se puede usted imaginar qué sería de nosotras si nos equivocamos. En menos de cuarenta y ocho horas nos veríamos haciendo un trabajo de oficina. Necesitamos hechos y lo mejor que podemos hacer es no descansar hasta conseguirlos. ¿Qué podríamos decir que tenga consistencia?

Sobre mi mesa sonó el teléfono.

—¿Quién será? —dije cogiéndolo. No espero ninguna llamada.

Me llevé el auricular a la oreja y dije—: Amanda al habla. ¿Quién es?

No oí ningún sonido...

—Diga... ¡Diga!

Sólo el zumbido eléctrico característico. Bruscamente, en el otro extremo de la línea pareció como si alguien hubiese colgado el teléfono, se cortó la comunicación.

Me quedé unos segundos inmóvil, contemplando pensativa el teléfono. De pronto, me dirigí a mi asistente:

—Vámonos, Miguela... Deprisa. Ponte en movimiento.

—¿Qué ocurre?

Cogí mi cartera, que se hallaba sobre la mesa

Abrí la puerta del despacho, repitiendo:

—¡Vámonos!

Seguidamente, eché a correr por el pasillo.

Miguela vaciló unos segundos y después se lanzó detrás de mí, lo más aprisa que pudo.

—¡Eh! —dijo Miguela—. ¿Qué idea se le ha ocurrido ahora, jefa?

—¿Habrá algún coche de la policía abajo? —quise saber mientras avanzaba por el corredor hacia los ascensores.

—Sí —respondió Miguela, caminando más lentamente.

—¿Con su sirena? —pregunté al mismo tiempo que pulsaba el botón de «bajada».

—Sí.

—Hemos de trasladarnos a los apartamentos situados delante del Hotel Coia. Ya sabes dónde queda, detrás del Alcampo. Te daré las indicaciones precisas mientras conduces.

¡Deprisa, Miguela! Es una cuestión de vida o muerte. Allí se encuentra la solución del asesinato que investigamos.

Miguela parecía vacilar.

—¡Oh, Miguela! Vete al diablo, caramba. Hoy vamos a coleccionar bastantes multas por infracciones diversas de las leyes del tráfico.

El ascensor se había detenido. Abrí las puertas y me precipité en el interior. Los titubeos de Miguela no duraron más que una fracción de segundo.

Ordené al encargado:

—¡Déjenos en la planta baja! ¡Se trata de un caso urgente! ¡Rápido!

Primero el hombre se quedó perplejo, luego respondió:

—Sí, señora Amanda.

Ya abajo, eché a correr hacia la entrada del edificio, seguida por Miguela.

—Supongo que habrás dejado nuestro coche no lejos de aquí, le dije.

—Sí.

Subí al automóvil. Miguela se acomodó tras el volante. Se le habían contagiado mis prisas y nerviosismo.

Arrancó el motor, se apartó de la acera y conectó la sirena. Poco a poco fue ganando velocidad y nada más iniciar aquella carrera se saltó las luces rojas de otros tantos cruces.

La sirena nos abría paso. La luz intermitente del techo deslumbraba a los conductores que venían de frente.

—Vamos, vamos —lo apremiaba yo—. ¡Más deprisa!

Miguela adelantó a un vehículo aprovechando el primer hueco que vio delante, esquivó un gran camión que surgió de pronto en un cruce y se saltó otra luz roja.

—¡Más deprisa, mujer! —le grité fuera de mí—. ¡Santo Dios! ¿Eres un caracol?

Miguela no se molestó en contestarme. Se concentraba en lo que estaba haciendo. Resultaba extraordinariamente peligroso conducir a aquella velocidad por las calles de la población, incluso ejerciendo un derecho.

—¿Seguimos en esta dirección? —inquirió ella en cierto momento.

—Seguiremos en el mismo sentido durante un kilómetro más, aproximadamente —le contesté—. Ya te diré dónde hemos de doblar. Es en esa avenida... Espera un momento... Ya estamos llegando. Por ahí, hacia la señal de tráfico... Gira ahora a la derecha.

Chirriaron los neumáticos.

—En la siguiente señal de tráfico, gira a la izquierda —le ordené—. Será mejor apagar ya la sirena. No hay que poner en guardia a esa gente.

—Si todo esto que hacemos es debido a la llamada telefónica, Amanda, debería usted explicarme qué es lo que oyó.

—Nada, Miguela. Ahí está la cosa. Sólo dos personas en el mundo conocían el número de la llamada, un número secreto que yo les proporcioné. Una de ellas ha tenido que ser la que llamaba.

—¡Dios mío! —exclamó Miguela, disgustada—. Temo que nos hayamos precipitado, Amanda. Alguien marcó un número equivocado... Al oír tu voz, el comunicante desconocido se daría cuenta de su error y colgó... Y por eso solamente nos hemos lanzado en esta loca carrera.

—El comunicante no llegó a oír mi voz —insistí yo—. Colgó enseguida. El micro colgaba del hilo, ya que hubo unos golpes espaciados. Estaba dando contra la pata de una mesa, quizá. Quien llamaba no pudo hablarme. Se limitó a marcar el número de teléfono ante la imposibilidad de explicarme nada.

—Nos hemos estado jugando la piel únicamente por una intuición.

—Sigue, sigue. Estamos llegando ya.

Miguela había disminuido todavía más la marcha.

—Detente lejos de la casa de apartamentos, no te pares ante ella. Allí hay un sitio... Así...

—Bueno, jefa. No me gusta lo que estamos haciendo.

Abrí de un golpe la portezuela del automóvil y me apeé. Me hallaba ya en medio de la calle cuando mi asistente apenas se había bajado del vehículo.

Ya en el edificio que buscaba, comencé a oprimir los botones de diversos apartamentos, poniendo buen cuidado en saltarme el número de Jaime Ostos. Finalmente, se oyó el zumbido y la puerta de entrada se abrió.

La empujé y eché a correr por el pasillo para entrar en el ascensor. Cerré las puertas a toda prisa tan pronto Miguela me alcanzó. Por último, apreté el botón del cuarto piso.

—Escúcheme —dijo Miguela—. Tenemos que ser muy prudentes. No me gusta nada lo que está pasando. No sé qué vamos hacer una vez estemos ahí arriba. No traemos ninguna orden de registro. Tampoco...

—Está bien. Tú mantente al margen. Pero abre bien los ojos, escucha con atención.

Frente al apartamento que buscaba, que daba a la fachada principal del edificio, me detuve jadeante y llamé a la puerta.

—Un momento —respondió una voz de mujer.

Se oyó un ruido metálico dentro y la puerta se abrió.

La persona que se plantó en el umbral me miró con perplejidad.

—Muy bien, señora Gómez —le dije—. Parece ser que las señas que figuraban en su carnet de identidad no eran las correctas.

La sobresaltada Gómez no se atrevió a cerrarme el paso. Miguela me siguió.

—Oigan ustedes, este apartamento me pertenece. Yo no las he invitado a entrar. Esto es allanamiento de morada. Salgan de aquí o llamaré a la policía.

—Hemos de saber a qué atenernos. ¿Se llama usted Carol Gómez o Jaime Ostos?

—No tengo por qué responder a sus preguntas.

Miré alrededor. Echando a Gómez a un lado, abrí una puerta. Daba a la cocina.

—Salga usted de ahí. No toque esa puerta.

La mujer me aferró de un brazo. Le hice una llave de judo y la tumbé.

Entré en un dormitorio.

Sobre el lecho, una de las muchachas detective que habíamos enviado a la Agencia se hallaba amordazada y atada, y producía sonidos inarticulados.

Gómez avanzó hacia mí. Luego, se detuvo. De pronto dio media vuelta como si se dispusiera a escapar. Traté de impedírselo.

—¿Qué diablos pasa aquí? —preguntó Miguela.

—Echa un vistazo —le invité yo.

Miguela vio entonces a la muchacha sobre la cama.

—Quítense de en medio —dijo Gómez, intentando abrirse paso hacia la habitación contigua.

Miguela agarró a la mujer por la chaqueta y la empujó contra la pared.

—Tómalo con calma, amiga. Represento a la ley.

Yo estaba soltando las cuerdas con que había sido amarrada la muchacha.

—No saldrán con bien de esto —amenazó Gómez todavía—. Les demandaré por...

—¡Cállese de una vez! —ordenó Miguela.

La muchacha se esforzaba por hablar.

—No se ponga usted nerviosa, señorita —le dije—. ¿Está usted herida? ¿La han golpeado?

Ella movió la cabeza, negando.

—Bien. Explíquese. ¿Qué ha sucedido?

—Desconfió de mí nada más entrar yo aquí y se dio cuenta de que se le estaba tendiendo una trampa. Fingió, sin embargo, no sospechar nada. Aprovechando un momento de descuido, me golpeó por detrás en la cabeza. Cuando recobré el conocimiento, me encontré tendida en la cama, tal como usted me vio. Hay un teléfono en este cuarto y otro en el contiguo. Creo que se trata de líneas distintas.

Llamó alguien, para pedir instrucciones, me parece. Yo me las arreglé para acercarme al mío y con las manos atadas a la espalda logré marcar el número que usted me había dado... Como es natural, no pude pronunciar una palabra. Pero esperaba que usted lo comprendiera... El aparato se quedó colgando del cable. Oscilaba como un péndulo y como ella oyó en la otra habitación los golpes alternados que daba contra la cama, entró aquí a ver qué pasaba. Cuando se dio cuenta de lo que yo había hecho o tratado de hacer, colgó, muy furiosa. Seguramente, no creyó que yo hubiese sido capaz de completar la llamada.

Gómez alegó:

—Todo eso es mentira. Esta mujer entró aquí para chantajearme. Ella...

—¡Cállese! —le ordenó Miguela, que sentó en una silla a Gómez, de un empujón.

—Echemos un vistazo por el apartamento —propuse yo.

—No puede usted registrarlo a menos que disponga de un permiso oficial — objetó Gómez.

Miguela me miró, dudosa.

—Usted no puede, pero yo sí —decidí con aplomo.

—Un momento —repuso Miguela—. Voy a colocarle unas esposas a esta chica para que no se nos escape.

Gómez contestó:

—Usted no me va a esposar. Yo no tengo por qué huir. Ustedes entraron aquí por la fuerza... Voy a telefonear a mi abogado inmediatamente. Yo...

—Este asunto tiene alguna relación con Madame Celia, la dueña de los locales Paddles. Algunas de las modelos, en ciertos instantes, trabajaron en los clubes nocturnos de esa señora.

—La cosa no parece fácil —declaró Miguela—. Por lo que a esta pájara respecta, no hay dudas, pero nos va a costar mucho trabajo demostrar que la otra está implicada.

—En cuanto localicemos a Petunia, la joven que ocupaba el apartamento que visitamos, tendremos en nuestro poder las pruebas que necesitamos.

—¿Dónde entra Petunia?

Le señalé a Gómez.

—Ella es la única que puede decírnoslo. Si no lo hace dentro de los próximos diez minutos, lo más seguro es que la vida de la joven corra grave peligro. Recuerda lo que dijo la muchacha que hemos encontrado aquí maniatada: que Gómez había telefoneado a alguien inmediatamente después de haberla amordazado y atado.

Miguela miró a Gómez.

Gómez dijo, burlona:

—Está bien. A ver, hágame hablar.

Miguela se quitó la chaqueta y después de doblarla cuidadosamente la colocó a los pies de la cama. A continuación, dijo:

—Señoras, será mejor que se trasladen a otra habitación. A veces se necesita métodos expeditivos. De pie, tú... Dime ahora en qué está metida la señorita Petunia.

Gómez movió la cabeza a un lado y a otro.

La mano abierta de Miguela alcanzó a la mujer en toda la cara. El golpe la hizo trastabillar.

Miguela la cogió después por el pelo y la hizo girar en redondo para darle en el lado opuesto. Finalmente, le propinó un tremendo puñetazo en el pecho, por encima del sostén.

—Si quieres que sea por las malas, por las malas será.

En los ojos de Gómez apareció un destello de pánico.

—¿En qué está metida? —preguntó Miguela, descargando un fuerte puñetazo esta vez sobre el vientre.

Gómez se dobló. Miguela la obligó a erguirse.

—Esto no es nada comparado con el vapuleo que te van a dar los de la jefatura si a esa chica le sucede algo. Lo que te acabo de hacer no sirve ni de ejemplo...

Gómez abrió la boca, angustiada, como si no pudiera respirar.

—Está bien... Hablaré... Les diré todo lo que sé...

—¿Ves? Eso ya está mejor —dijo Miguela—. En marcha. Y no hagas tonterías, ¿eh?

Bien, jefa. Usted regresará a comisaría en nuestro coche en compañía de esta chica asustada. Yo telefonearé, para pedir refuerzos. No nos conviene que haya extraños en esto. ¿No es cierto?

—Lo entiendo —repuse yo—. Ahora, Miguela, déjame que te diga algo. En este asunto hay algo raro. De no haber sido por una corazonada, no hubiéramos descubierto nada. Pero nosotras sospechamos que alguien trataba de eliminar a Petunia. Nos puso sobre la pista ver que tomaba unas píldoras somníferas delante de nuestras mismas narices y que luego pasaba una ambulancia a recogerla.

La llevaron a una clínica privada y luego se presentaron unos supuestos parientes que no nos dejaban verla. Es absolutamente necesario que hablemos con ella.

Miguela contestó, segura de sí:

—Yo me encargo de eso, descuide, jefa.

Dio un empujón a la Gómez.

—Adelante, granuja. Vas a decirnos todo con respecto a Petunia y cuanto antes mejor.

# Capítulo 38

## El desenlace

Me encontraba en el despacho de nuestro jefe y le daba cuenta de lo sucedido.

Él dijo entonces:

—Así pues, la tal Petunia viene hacia aquí ahora...

—En efecto. Una vez haya formulado una declaración completa, Miguela la acompañará. Ella quiere hablar conmigo y yo, naturalmente, ardo en deseos de hablar con ella y que nos cuente todo lo que sabe.

Unos minutos más tarde llamaron a la puerta. Yo misma la abrí.

—Adelante, pasad adentro, os estábamos esperando.

Miguela dijo:

—Aquí les traigo a Petunia, la llave del asunto.

Al vernos a Miguela y a mí, la chica dijo sonriendo:

—Ya nos conocemos. Hemos pasado juntos algún rato agradable.

—Siéntate, Petunia, y cuéntanos tu historia—le dije yo.

La joven me miró y tras una breve pausa nos contó lo siguiente:

—Procedo del este. Estaba casada, pero mi matrimonio no salió bien y decidí venirme para acá. Un día, leí el anuncio de la Agencia Tanatos de modelos. Fui a ver a aquella gente.

Me hicieron todo género de preguntas personales, me midieron, tomaron fotografías... Luego, me dijeron que esperara, que ya me avisarían.

Por algún tiempo no tuve noticias; pero al cabo de casi un mes recibí una llamada para comunicarme que había sido elegida y se me deparaba una oportunidad: tenía que ver a una señora, la señora Celia, y que ella decidiría.

Fui a verla donde me indicaron. Me dijo que yo le había parecido reunir todos los requisitos que exigía el trabajo que tenía en mente y que me pondría a prueba. Se trataba de actuar de gancho, como si dijéramos, y conseguirle clientes para una actividad que no todo el mundo aprobaría.

Trabajaría en sus clubes como señorita de compañía y me fijaría en aquellas personas que me pareciesen más dispuestas que otras a vivir experiencias nuevas, más subidas de tono que las que se les ofrecían en los clubes digamos 'normales'. Yo tenía que hacer los avances y si me parecían bien dispuestas proponerles un plato especial y llevarlos a los locales secretos y ocultos. De lo que viniera después se encargaría ella en persona.

La propuesta me pareció bien, nada especial, y acepté sin hacerme rogar demasiado.

No tenía yo muchos prejuicios, desde luego. Estuve allí un mes y después empecé a darme cuenta de que la cosa no era tan inocente como parecía, por lo cual decidí ir más a fondo y enterarme de lo que de veras estaba sucediendo tras los bastidores. La señora Celia comenzó a desconfiar y empezó a mostrarse más cautelosa conmigo.

Temí que desease desembarazarse de mí. Yo había llegado a hacer demasiadas preguntas acerca de sus posibles conexiones con la agencia de modelos y lo que allí se ocultaba.

—¿Y qué puedes decirnos acerca de cómo asesinaron a Marisa? — le pregunté.

—Trabajé pues para la señora Celia haciendo de gancho. Pero llegado un momento descubrí algo raro y decidí llegar hasta el fondo del asunto. Quise saber a qué atenerme.

Ella me llevó a su residencia secreta, allí donde cometía sus crímenes, para invitarme a colaborar y tentarme con el provecho que se podía sacar de la actividad. Cuando supe de qué se trataba, me negué categóricamente y salí de allí a toda prisa. Por eso ella temió que yo me fuera de la lengua y la denunciase, de modo que pensó en deshacerse de mí a la primera ocasión.

Yo supe de la muerte de Mario, o Marisa, como se prefiera. Sabía, sí, que Mario estaba desesperado/a y no era nada feliz, pero como consecuencia de su historia pasada se había vuelto también masoquista y alguna que otra vez nos había contado las fantasías que lo atormentaban. Puesto que una mujer, su madre, había hecho de él lo que ahora era, soñaba también con que una mujer lo matase, soñaba morir a los pies de una bella mujer, como nos decía. Sin embargo nunca creí que hablase en serio y llevase a cabo sus sueños.

Me enteré más tarde de lo que había pasado. Mario había puesto en orden todos sus asuntos. Había pagado sus deudas, había escrito a sus pocos amigos, incluso había devuelto a la Biblioteca pública los libros que había sacado de ella en préstamo. En las cartas se declaraba insatisfecho de la vida que llevaba, decía que se iba, que tiraba la toalla y que por favor nadie intentara localizarlo.

No era probable que alguien lo hiciera, porque no tenía amigos, vivía aislado y no se relacionaba casi con nadie; difícilmente se lo echaría de menos si de pronto dejaba de aparecer donde quiera que fuese; eso era lo que iba a suceder, de eso estaba seguro, porque se había propuesto morir aquella misma noche.

Había tomado tal drástica decisión después de ver en una revista clandestina un anuncio por palabras- una revista marginal impresa en una multicopista casera y distribuida ocultamente de mano en mano entre las personas familiarizadas con el asunto de que se trataba. Era una revista dedicada en exclusiva a la dominación femenina y todo lo relacionado con esa cuestión. En la sección de los anuncios personales había dado con uno que decía lo siguiente:

"Hombre sumiso ¿cree usted que la vida no tiene ya nada que ofrecerle? ¿No consigue encontrar el ama perfecta que lo gobernaría como usted lo desea? ¿Por qué no desaparecer en una orgía de total sumisión a manos (y pies) de la Señora? Deje que ella ponga fin a la inútil existencia de usted tras someterlo a todas las indignidades y humillaciones con las que continuamente sueña. No dude en llamar al siguiente número y será complacido."

Él había leído el texto una y otra vez con un escalofrío de emoción anticipando las posibilidades que se le ofrecía. Era muy masoquista, pero nunca había experimentado en persona las fantasías que lo asaltaban cada vez que veía una figura femenina autoritaria. Tal vez esta era la solución. ¿De qué valía su vida en todo caso? No tenía familia, vivía en una especie de limbo de frustración, soñando que una mujer lo dominase y lo humillase al extremo, pero sin atreverse a vivirlo.

Esta mujer que así se anunciaba, esta Señora, podría ser la respuesta a sus ruegos. Le costaría la vida, pero ¿qué importaba eso si una vez, sólo una vez, podía realizar sus sueños?

Llamó al número indicado.

Estaba a punto de acudir a la cita.

La Señora Celia le había explicado, no explicado, sino dicho con firmeza, que una vez que él se hubiese puesto en sus manos, no podría dar marcha atrás. Él se comprometía a dejarse matar sin protesta, porque ella no podía arriesgarse a que él la denunciara a las autoridades si por cualquier motivo se arrepentía de su decisión e incumplía su compromiso. Este era un negocio demasiado lucrativo y satisfactorio para ella como para tener que renunciar a él. Ella se comprometía a ser su verdugo a cambio de treinta mil euros. Él estuvo de acuerdo.

Se hallaba ante la puerta de una casa aislada en las afueras de la ciudad y presa de nerviosismo y excitación tocó el timbre. La puerta se abrió y él se halló cara a cara con la mujer que iba a matarlo en las próximas horas. Su aspecto no lo decepcionaba.

Era, sin duda, un buen ejemplar de las mujeres que había codiciado, anhelando no ser más que un juguete en sus manos. La Señora tendría unos cuarenta y cinco años y la negra melena le llegaba a los hombros. Vestía de negro de pies a cabeza; un traje de satén le moldeaba el cuerpo hasta las rodillas; enfundaba las piernas en unos leotardos de color negro brillante y calzaba zapatos negros de cuero de tacón alto.

Era una mujer dominadora en toda la extensión de la palabra y Mario no sentía el menor escrúpulo en entregarse a ella para que lo matara.

"Así que se ha decidido a venir", le dijo ella; "No todos lo hacen; en el último minuto muchos se acobardan, pero otros llegan hasta el final, y puedo asegurarle que ni uno deja de conseguir todo lo que deseaba antes del acto final y definitivo. Sin embargo le advierto de que una vez que usted entre aquí, no saldrá con vida y yo llevaré a cabo el acto por el cual usted está dispuesto a pagarme; esté seguro de eso".

"Entiendo, Señora", dijo Mario, poco menos que balbuceando.

"A partir de ahora, en el tiempo relativamente corto que pasaremos juntos, usted me llamará simplemente señora. Por lo tanto, si está completamente decidido será mejor que pase al interior."

Mario entró y siguió a la figura imponente que lo precedía hasta un gran salón donde la Señora le señaló con un gesto una silla y le ordenó que se sentara.

"Trajo el dinero, por supuesto," dijo ella, y Mario echó mano al bolsillo de la chaqueta del que sacó un sobre abultado.

"Todo lo que tengo, Señora," tartamudeó, al dárselo. "Treinta mil euros en billetes de cincuenta, tal como me dijo."

La que iba a ser su verdugo apenas miró el sobre mientras lo metía en un cajón. Hasta el momento nunca nadie la había engañado. ¿De qué hubiese servido? Sus clientes no volverían a necesitar el dinero después de visitarla, algunos incluso le daban más de lo que ella les había pedido, diciéndole que llegados al punto de no retorno al que habían llegado, nada importaba todo lo demás.

"Ahora –dijo ella- dígame exactamente qué quiere que yo le haga antes de matarlo.

Cuénteme sus sueños, hasta los más secretos, todo lo que desea que yo le haga y cómo quiere que yo lo trate. En particular, de qué forma quiere morir. Si puedo, lo haré exactamente como usted me lo pida. Hable".

Mario comenzó a describirle entonces con el mayor detalle todo aquello con que había soñado desde que era niño, unos deseos que lo habían atormentado toda su vida pero que nunca se había atrevido a poner en práctica. La Señora lo escuchó en silencio, que solo rompió de vez en cuando para aclarar algún punto concreto. Él terminó diciendo con nerviosismo que le gustaría que ella lo sofocase con sus partes secretas, del modo que mejor le pareciera, siempre que ellas fueran el instrumento del éxtasis que esperaba alcanzar en el momento de su liberación.

La Señora asintió.

"No habrá ningún problema. No me ha dicho usted nada que yo no haya escuchado muchas veces ya antes. Ustedes los hombres sumisos realmente no tienen mucha imaginación. De modo que haremos lo siguiente. A partir de este instante usted está completamente en mis manos. Lo someteré a todas las humillaciones que ha mencionado, y luego, tal vez, si me siento en forma y animada al respecto, añadiré alguna por mi cuenta; usted morirá tal como quiere, pero debo advertirle que el acto final correrá a cargo de una de mis amigas, puesto que lo que usted pide no es mi especialidad. Si está usted de acuerdo, la llamaré y ella lo matará sólo cuando usted haya tenido suficiente y esté contento de dejar este mundo. Esa es mi parte del trato. Mi amiga se llama Carol y se divorció de su esposo porque se hartó de sus abusos. Estará encantada de hacer lo que usted pide. ¿De acuerdo?"

"Sí, señora", respondió Mario, "Que sea como usted diga".

"También ella hace este tipo de cosas. La actividad es muy lucrativa y nos permite, a nosotras, las mujeres, traspasar ciertos límites. La sensación de poder y dominio total en el hecho de quitarle la vida a un mero varón es embriagante. Creo que ella va a disfrutar. Ahora, venga y coloque su cabeza entre mis piernas".

La Señora se puso en pie y se alzó el apretado vestido por encima de las rodillas hasta dejar al descubierto la parte superior de sus negras medias y un par de braguitas también negras de seda que se ajustaban a sus partes íntimas como una segunda piel. Mario se arrastró de rodillas y puso sus labios sobre la pierna de nailon justo por encima de la rodilla. Sencillamente le costaba creer lo que estaba haciendo. Estaba de verdad besando la pierna imponente de una soberbia mujer, algo con lo que siempre había soñado y que nunca se había atrevido antes a hacer. Instantáneamente su miembro se endureció y él puso su cara sobre la seda que cubría el muslo caliente mientras la entrepierna de sus pantalones se humedecía al instante con las primeras gotas que acompañaban su erección. El duro golpe que ella le asestó sobre la cabeza lo trajo bruscamente de vuelta a la realidad.

"Usted no hará NADA hasta que yo se lo permita y se lo diga ¿entendido? Ahora deje libre mi pierna y apártese de mí. Quiero su cara y su lengua entre mis muslos en señal de verdadera adoración, y nada más. ¿Entendido?"

"Sí señora," tartamudeó Mario con la cabeza dándole vueltas casi mareado; ella lo había golpeado con el puño cerrado. Sin embargo, él hundió su cara en el surco que la vagina formaba en las bragas de ella, jadeando ante el fuerte aroma de mujer que inmediatamente asaltó sus fosas nasales. En ese momento, cualquier duda que pudiera haber tenido sobre lo que en última instancia iba a suceder se desvaneció como humo en el viento. Lo que estaba experimentando por primera vez en su vida valía la pena de cualquier sacrificio. Su muerte a manos de esta maravillosa mujer era un precio pequeño a pagar.

Ella le apretó la cabeza profundamente en la entrepierna, moviendo sin piedad las caderas, sintiendo que una deliciosa sensación de total superioridad se adueñaba gradualmente de todo su ser. De eso se trataba. Demostrar su absoluto poder sobre un macho patético, mientras con el rostro sudoroso y la lengua babeando él le adoraba las intimidades.

Para Mario fue una experiencia de hacerle perder los sentidos, algo con lo que hasta aquel momento se había solo limitado a fantasear. Le costó mucho contenerse para no bajar las bragas de ella hasta las rodillas y hundir la lengua en aquel orificio de poderoso atractivo que se le ofrecía. Luego las cosas cambiaron.

En un momento él la adoraba con toda la devoción de que era capaz, y al siguiente ella se había apartado y le había dado un puntapié en el vientre. Él cayó al suelo retorciéndose, agarrándose el estómago con las manos, y tratando de respirar con ansia. Ella se puso de pie sobre él, con las piernas algo separadas y una leve sonrisa en el rostro.

"Eso es sólo una pequeña muestra de lo que mis pies son capaces de hacer. La realidad es un poco diferente de lo que usted había imaginado. ¿No cree?"

De alguna manera él se las arregló para asentir con una pequeña inclinación de cabeza. El vientre le dolía terriblemente.

Ella lo golpeó de nuevo con fuerza con la punta del pie, esta vez en el pecho. Él cayó de espaldas y ella inmediatamente se subió a su vientre, poniendo su tacón de aguja precisamente en el mismo lugar donde lo había pateado. El otro tacón siguió al primero, mientras ella apoyaba en la pared las manos para guardar el equilibrio. Simplemente se quedó inmóvil en aquella posición, para que todo su peso se concentrase en las puntas de sus tacones de aguja. Mario se retorcía en el suelo. A menudo había fantaseado con verse bajo los tacones de una mujer, pero nunca había imaginado que aquello pudiese llegar a doler tanto. Ella se retorció un poco, hundiéndole en la carne todavía más aquellos crueles tacones.

"Duele, ¿no? Y ni siquiera hemos empezado".

Comenzó entonces a caminar sobre él lentamente, paso a paso, hundiendo sin compasión sus tacones en la carne indefensa. Alzó un poco las puntas de los zapatos, para que todo el peso se concentrase en los agudos tacones bajo los cuales el cuerpo se retorcía. La agonía de Mario era intensa; aferró con las manos los suaves tobillos de ella para alejar de su cuerpo aquellos pies que lo torturaban, pero en vano. El peso que lo aplastaba era demasiado grande. Al llegar a su pecho ella se detuvo, uno de sus tacones hundido profundamente en su músculo pectoral izquierdo, el otro en el cuello.

Mario creyó que ella había cambiado de parecer e iba a matarlo al instante, pisándole el cuello antes de que él estuviese listo para morir. El tacón en la garganta casi le impedía respirar y su pecho parecía a punto de ceder bajo el peso que lo oprimía. Entonces, justo cuando él sabía que no podía aguantar más, sonó el timbre de la puerta de entrada.

La Señora como quien no quiere la cosa se bajó de él y dijo con indiferencia,

"Debe de ser Carol. Voy a abrirle. Quédese aquí y no se levante."

Tendido en el suelo, Mario se tocó todo el cuerpo y encontró manchas de sangre donde los tacones le habían perforado la piel. Era incapaz de ponerse de pie. El corazón le latía acelerado y él se sentía como si se hubiese caído de un caballo que galopase. Oyó pasos que se acercaban de nuevo al salón.

"Entonces ¿es él, no es así?" -dijo una voz que no reconoció.

"Sí, es él. Acaba de darse cuenta de lo que unos tacones de mujer son capaces de hacer cuando quien los lleva se toma la cosa en serio. No me extrañaría que ahora esté viendo sus fantasías desde otro punto de vista."

Mario alzó la cabeza y sintió en la garganta una punzada de dolor; vio a su lado otra dama, tal vez un par de años mayor que la Señora, que lo miraba con interés. Vestía con elegancia una blusa de color rojo, falda negra plisada, leotardos beige y un par de zapatos rojos de tacón alto tan amenazadores con los de la Señora.

"Usted ha venido aquí a que lo maten ¿no es verdad? He de decir que al principio me costó creer lo que Celia me decía".

"Celia", pensó Mario, una señora que se llama Celia hará que yo muera".

"Y no es el único", dijo la Señora, "he debido de tener siete u ocho antes. Es un juego muy divertido y muy lucrativo."

"¿Te dice él lo que quiere, como una especie de cosa ordinaria, o haces tú lo que bien se te ocurre?"

"No," dijo la Señora. Ellos me dicen lo que desean y yo trato de complacerlos. Casi todos piden lo mismo. No tienen mucha imaginación. Éste, por ejemplo, quiere morir asfixiado por un trasero, aunque me pregunto si ha cambiado de opinión después de lo que acabo de hacer con él. Quiere poner su cara entre mis piernas, ya sabes, lamerme las partes, ese tipo de cosas; y quiere también pasar la lengua por mis medias. Es más o menos lo que todos desean, nada demasiado fatigoso, y ciertamente nada que no puedas hacer."

"Están hablando de mí como si yo no estuviera aquí", pensó Mario, y de alguna manera eso me excita. "Para ellas, soy sólo un juguete que paga, y creo que me gusta que sea así."

"¿Alguna vez haces algo que no te hayan pedido?" dijo Carol.

"Oh, sí, me gusta introducir un poco de variedad en las actuaciones. Te lo voy a mostrar. Échame una mano".

Las dos mujeres se acercaron a él, lo pusieron de rodillas sin demasiadas contemplaciones y lo tendieron boca abajo sobre una silla. La Señora entonces sacó de un armario una vara larga y delgada y empezó a golpearle el culo con golpes aplicados al vuelo. Mario gritó y trató de apartarse.

"Písale el cuello, para que se esté quieto", dijo la Señora.

Carol lo hizo, de modo que le impidió cualquier movimiento que no fuera retorcerse.

Con el talón de Carol clavándose en su cuello y la vara causándole grandes ronchas en el trasero, Mario comenzó a sollozar y pidió que se detuvieran.

"Lo siento, pobrecillo", jadeó la Señora en pleno golpe. "Todo esto es parte del trato Si de veras quiere usted

368                                                    Cerinto

acabar, le basta pedirlo. Diga las palabras mágicas, "máteme ya", y yo pondré fin al tormento."

Hay que decir que Mario se lo planteó por unos momentos. Le dolía muchísimo el trasero, pero una vocecita le susurró al oído que todavía no había experimentado algunos de sus deseos más íntimos, por lo que sólo gimió y trató de soportar el dolor estoicamente. De repente, se detuvo la paliza.

"¿Te gustaría probar, Carol, ver en la práctica cómo se azota, por así decirlo?"

Carol dejó de pisar el cuello de Mario y la Señora la reemplazó. La paliza siguió hasta que Carol no pudo más y las dos damas se dejaron caer exhaustas sobre el sofá.

Mario se quedó allí, hecho puro dolor, tanto de su cuerpo pisoteado como de sus castigados espalda y trasero. La voz de la señora se dejó oír de nuevo, una voz que Mario estaba ahora empezando a temer.

"Vamos, acérquese aquí, no hemos terminado todavía. Venga a lamerme."

Mientras él se arrastraba penosamente hacia el sofá, la señora dijo a su amiga:

"Dame un poco de lubricante Carol, y escupe en él un par de veces, para hacerlo más interesante."

Carol sonrió y cuando la Señora se quitó las transparentes bragas, se arrodilló y comenzó a escupirle en la vagina desde corta distancia. Le abrió suavemente los labios mayores y escupió varias veces en el interior; a continuación, esparció con los dedos la saliva excedente en torno al orificio vaginal.

"Ahí lo tiene, señor Mario, a su disposición, ponga ahí la lengua y diviértase un poco."

Mario se arrodilló entre las piernas de la Señora y comenzó a lamerla; al principio el sabor lo disgustó, pero pronto venció la repugnancia y empezó a chupar el sobresaliente clítoris. Ella movía suavemente las caderas contra el rostro de él y con las manos le apretaba más a fondo los labios contra su intimidad cubierta de saliva.

"No lo hace tan mal si se tiene en cuenta que según me dijo es la primera vez" reflexionó la Señora. "Pena que no vaya a vivir para aprovechar sus capacidades que harían de él un perfecto servidor de las damas.

Carol lo miraba todo complacida, sentía como se le humedecían los bajos tan solo viendo el entusiasmo con que Mario usaba la lengua. Cuando la Señora se estremeció un poco con su primer orgasmo, ella le espetó:

"¿Puedo probar yo? Hace una eternidad que no siento penetrarme una lengua." La Señora asintió amablemente mientras acariciaba con las manos la nuca de Mario.

"Por supuesto, querida, sé mi invitada, y estoy segura de que él no pondrá ninguna objeción. Vamos, tú, lame a Carol y asegúrate de esmerarte en el asunto."

"Voy a pedirle que se extienda de espaldas sobre la alfombra para poder sentarme sobre su boca", dijo Carol sin aliento mientras se quitaba las bragas que, según Mario observó, eran de color lila.

Él se tendió en el suelo y vio como el trasero de ella le descendía sobre la cara. Tan pronto como tuvo sobre la boca los carnosos labios mayores de la mujer, empezó a chupar y lamerlos con avidez, olvidado por el momento del dolor que sentía. Casi de inmediato, sin embargo, Carol dejó de moverse sobre él y cambió de lado el peso.

"Demonios, necesito hacer pis, o no podré tener un orgasmo. ¿Podría usted abrir más la boca en mi honor?"

Mario abrió la boca, pero desconcertado. ¿Qué quería decir ella con eso de que tenía que mear?

No iría a mearse en él, ¿no era así? o, para ser más exactos mearse en su boca. Obviamente lo hizo; tiraba con los dedos de sus labios abiertos, a sólo unos centímetros de la boca abierta mientras se impacientaba.

"Vamos, ábrala más, no vamos a mojar la alfombra de la señora Celia, ¿verdad?"

Curiosamente, a pesar de que nunca antes se le había pasado por la cabeza, la idea de que una mujer guapa se le mease en la boca, no le parecía en absoluto tan mala idea. Después de todo nunca le volvería a suceder algo parecido, a menos que la Señora sintiera el capricho. Abrió la boca todo lo que pudo y un fino chorro de orina se la llenó de inmediato. Trató de no atragantarse y la tragó, sin que el sabor le pareciese demasiado repulsivo; un poco salado y amargo, tal vez, pero nada del otro mundo.

De alguna manera se las arregló para beber la mayor parte, sólo dejando que algunas gotas le corriesen por las mejillas y cayesen en la alfombra. Tan pronto como el chorro cesó, Carol descendió de nuevo sobre él con todo su peso y comenzó a cabalgarle el rostro con avidez. Le empujó la nariz y la boca contra su blando interior y el sabor de sus abundantes jugos se mezcló al de la orina, para producirle la más deliciosa sensación de total sometimiento que había experimentado en su vida. Era justamente lo que pedía, que esta mujer que ahora le cabalgaba tan majestuosa el rostro, lo matase. Aprovecha al máximo este momento, se dijo a sí mismo.

Cuando Carol tuvo un orgasmo, (casi inmediato) descansó por unos breves momentos, inmóvil, antes de alzarse y subirse como en sueños las cautivadoras bragas de color lila. Mario miró a su alrededor buscando a la Señora, pero no la vio por ninguna parte.

Volvió a mirar a Carol que se estaba ajustando a la entrepierna las bragas y decidió atreverse a lo que le rondaba por la cabeza; a fin de cuentas no tenía nada que perder.

"Eh, señora Carol, ¿me dejaría usted adorarla un poquito? Esas bragas lilas suyas me excitan muchísimo."

Carol sonrió con deleite.

"No veo por qué no. La señora Celia ha ido a alguna parte, así que podemos pasarlo bien nosotros dos hasta que ella vuelva. Tiéndase de nuevo."

Lleno de anticipación, Mario yació de espaldas otra vez y Carol a horcajadas sobre él, de cara a sus pies esta vez. El tejido lila le cubría tenso los glúteos cuando ella se le sentó sobre el rostro. El olor ahora ya algo familiar de lo femenino lo asaltó de nuevo a medida que ella se le sentaba sobre la cara con todo su peso. Se puso aún más cómoda y le aplastó la boca firmemente con su área vaginal. De pronto él se dio cuenta de que ya no podía respirar. No podía respirar lo más mínimo. Comenzó a sentir pánico y trató de sacársela de encima con todas sus fuerzas, pero todo fue en vano. Sencillamente ella pesaba demasiado y no daba muestras de querer cambiar de posición, aunque debía de haberse dado cuenta de que lo estaba asfixiando por los esfuerzos frenéticos que él hacía bajo ella. Vagamente, como desde muy lejos, oyó que le decía con total naturalidad.

"Ya sabes, esta es mi especialidad, la forma de ejecución que aplico a mis clientes. Es imposible describir lo que se siente sentada sobre la cara de un hombre sabiendo que se está asfixiando bajo tu culo. Lástima que nunca llegó la oportunidad de probarlo en mi pésimo ex marido.

Bueno, aquí me tienes a tu disposición, te asfixiaré con mi trasero tan pronto me digas que estás listo, ¿conformes? "

Con eso, la presión asfixiante sobre su rostro se alivió y él fue capaz de tomar un largo trago de aire. Ella no hizo ningún intento de levantarse, sino que siguió alzándose y bajándose sobre su cara, lo que le significó un montón de oportunidades para aspirar ese evocador material lila en la boca. De repente, se oyó otra voz.

"Vaya hombre, qué bonito, aprovechando mi ausencia para divertiros por vuestra cuenta. Mira tú que coincidencia, eso es exactamente lo que va usted a hacer por mí, pero con algunos extras."

Carol se alzó de la cara de Mario cubierta de sudor y él miró a la Señora. Estaba desnuda de cintura para abajo, vestida sólo con medias, sujetador y zapatos de tacón alto. Sus otras prendas sobre una silla.

Vamos, acérquese." "Si ha podido beber la orina de mi amiga, también podrá beber la mía. Le ayudará a enjuagarse la boca.

Todavía de pie se le situó sobre el rostro y dejó caer en su boca un delgado hilo de pis. Se tragó todo, incluso dando vueltas a la orina en su boca. Sus sentidos se habían apagado un tanto y el cuerpo estaba resintiendo los asaltos anteriores, pero no había tregua a la vista. La Señora se tomaba en serio sus obligaciones.

"Tiéndase de nuevo en el suelo, para que usemos un poco más los pies. Carol no lo ha visto aún."

"Oh, Dios mío ¿otra vez?" se dijo Mario incapaz de creer lo que estaba pensando.

Hasta esta misma noche, hubiera disfrutado con la idea de que me castigasen durante horas unos pies enfundados en zapatos de tacones altos.

Ahora pensaba de manera diferente.

Se acostó a regañadientes en la alfombra y las dos mujeres se le acercaron de pie a su lado.

"Vamos a jugar por algún tiempo, pero cuando usted tenga bastante y me lo diga, pasaremos a la escena final. ¿Entendido? "

"Se acerca pues el final", pensó él. Y se abandonó a la idea. "Vamos a ver lo que aguanto. Si me comporto como un hombre y todo eso."

Sonrió irónicamente para sí mismo y esperó el ataque. Las dos mujeres se colocaron a sus lados mientras él yacía boca abajo sobre la alfombra. Luego empezaron a patearle metódicamente las costillas con la punta del pie mientras él trataba con todas sus fuerzas de no gritar. Perdió la noción del tiempo; consciente únicamente de los golpes que recibía de los crueles zapatos, pero no dejó escapar ni una queja. Luego se dio la vuelta y empezaron a pisotearlo. Le pisotearon el vientre con los altos tacones, casi al ritmo de una canción. Adoptó la posición fetal, pero aun así no gritó. Comenzaron luego a patearle los costados. De pronto percibió que ya solo lo golpeaba un par de pies. Abrió entonces los ojos que había mantenido cerrados y vio a Carol de pie a un lado. Le dolía atrozmente todo el cuerpo, pero pensó: "Sólo un poco más, esta es la primera y única vez que voy a experimentar esto, y, en retrospectiva, no me gustaría pasar por ello de nuevo. Esta noche he aprendido algo aquí, aunque ya no me vaya a servir de mucho".

"Acabemos de una vez", pensó, "Creo que he demostrado lo que me proponía. Ha llegado el momento, Señora", pero todavía no dijo nada.

Entonces se dio cuenta vagamente de que el ataque se había parado.

De nuevo rodó sobre la espalda y vio que la Señora lo miraba atenta. De su expresión había desaparecido por completo su aire habitual de arrogante dominación. En realidad parecía mirarlo con compasión.

"¿Está usted listo?" le dijo en voz baja, "¿Quiere que esto termine?"

De algún modo él se las arregló para asentir con la cabeza, porque no pudo pronunciar ni una palabra. Por su parte ella hizo un breve gesto de haber comprendido y volviéndose a su amiga le dijo; ahí lo tienes, es todo tuyo.

Carol no se lo hizo repetir. Volvió a sentarse sobre el rostro de Mario, pero esta vez no se levantó. Dejó que se debatiera inútilmente hasta que sus esfuerzos se debilitaron y finalmente cesaron. Lo último que él alcanzó a ver en este mundo fue aquellos muslos enfundados en las medias y unas bragas de color lila que le descendían sobre el rostro. Él sólo tuvo tiempo de pensar "He puesto ahí mi cara; la he adorado, he bebido su orina, y ahora ella me está matando con su trasero tal como acordamos."

¡Y murió feliz!

Acabé de escribir este libro en el mes de febrero de 2016; lo había comenzado un día del año 1991.

# Acerca del autor

Nací y ahí empezó todo. Primero fui un niño, luego un adolescente, a seguir un adulto y ahora un anciano. He plantado un árbol, he escrito un libro y ha traído hijos al mundo. Algo de un  hippie en Inglaterra cuando era el tiempo de serlo, recorrí un poco el mundo, hice *auto stop* en Europa desde Estocolmo en Suecia hasta Nápoles y Pompeya en Italia, y un crucero por el río Amazonas, y fui un extra en el cine y la televisión. Toqué el saxofón, estudié el violín y Física cuántica. En Madrid eché las cartas del tarot en la plaza Mayor, luego practiqué el yoga y el trote y ahora hago senderismo. Oh, aborrezco la famosa trilogía de Stieg Larsson y nunca he podido acabar de leer el Ulises de Joyce.

Página de autor en Amazon

http://www.amazon.com/Cerinto/e/B007YH2276/ref=sr_tc_2_0?qid=1390056917&sr=1-2-ent

Vídeo de mis libros:  http://youtu.be/xERWmbZhywY

Uno de mis blogs:

http://cerinto.blogs-r.com/album          (blog de fotos, vacío)

http://cerinto.blogs-r.com/werblog/inicio   (blog de texto, Confidencias)

www.ingramcontent.com/pod-product-compliance
Lightning Source LLC
Chambersburg PA
CBHW062122280526
45788CB00001B/26